Fit für Ihre IT-Karriere

Mit harten Fakten und Schlüsselkompetenzen zum Erfolg

Margret Fischer

Willkommen bei Espresso Tutorials!

Unser Ziel ist es, SAP-Wissen wie einen Espresso zu servieren: Auf das Wesentliche verdichtete Informationen anstelle langatmiger Kompendien – für ein effektives Lernen an konkreten Fallbeispielen. Viele unserer Bücher enthalten zusätzlich Videos, mit denen Sie Schritt für Schritt die vermittelten Inhalte nachvollziehen können. Besuchen Sie unseren YouTube-Kanal mit einer umfangreichen Auswahl frei zugänglicher Videos:

https://www.youtube.com/user/EspressoTutorials.

Kennen Sie schon unser Forum? Hier erhalten Sie stets aktuelle Informationen zu Entwicklungen der SAP-Software, Hilfe zu Ihren Fragen und die Gelegenheit, mit anderen Anwendern zu diskutieren:

http://www.fico-forum.de.

Eine Auswahl weiterer Bücher von Espresso Tutorials:

- ▶ Peter Niemeier: Schnelleinstieg ins SAP®-Finanzwesen (FI)
  http://5041.espresso-tutorials.com
- ▶ Andreas Unkelbach, Martin Munzel: Schnelleinstieg ins SAP® Controlling (CO)
  http://4004.espresso-tutorials.com
- ▶ Claudia Jost: Schnelleinstieg in die SAP®-Einkaufsprozesse (MM)
  http://5004.espresso-tutorials.com
- ▶ Christine Kühlberger: Schnelleinstieg in die SAP®-Vertriebsprozesse (SD)
  http://5093.espresso-tutorials.com
- ▶ Björn Weber: Schnelleinstieg in die SAP®-Produktionsprozesse (PP)
  http://5005.espresso-tutorials.com
- ▶ Dr. Boris Rubarth: Schnelleinstieg in ABAP®
  http://5033.espresso-tutorials.com

espresso tutorials

All you can read:
Die SAP-eBook-Bibliothek

- ▶ Ihr zentrales Nachschlagewerk für wichtige SAP-Themen
- ▶ 30 Tage kostenfreier Testzugang unter http://free.espresso-tutorials.de

Bibliografische Information der Deutschen Bibliothek
Die Deutsche Bibliothek verzeichnet diese Publikation in der Deutschen Nationalbibliografie; detaillierte bibliografische Daten sind im Internet über http://dnb.ddb.de abrufbar.

Margret Fischer
Fit für Ihre IT-Karriere. Mit harten Fakten und Schlüsselkompetenzen zum Erfolg

ISBN:	978-3-9601-2712-3
Lektorat:	Anja Achilles
Korrektorat:	Christine Weber
Coverdesign:	Philip Esch, Martin Munzel
Coverfoto:	Fotolia #72725433 | olly
Satz & Layout:	Johann-Christian Hanke

Alle Rechte vorbehalten

1. Aufl. 2016, Gleichen

© Espresso Tutorials GmbH

URL: *www.espresso-tutorials.de*

Das vorliegende Werk ist in allen seinen Teilen urheberrechtlich geschützt. Alle Rechte vorbehalten, insbesondere das Recht der Übersetzung, des Vortrags, der Reproduktion und der Vervielfältigung. Espresso Tutorials GmbH, Zum Gelenberg 11, 37130 Gleichen, Deutschland.

Ungeachtet der Sorgfalt, die auf die Erstellung von Text und Abbildungen verwendet wurde, können weder der Verlag noch Autoren oder Herausgeber für mögliche Fehler und deren Folgen eine juristische Verantwortung oder Haftung übernehmen.

Feedback:
Wir freuen uns über Fragen und Anmerkungen jeglicher Art. Bitte senden Sie diese an: *info@espresso-tutorials.com*.

Inhaltsverzeichnis

Geleitwort		**9**
Vorwort		**11**
1	**Einleitung**	**15**
1.1	Wie es zu diesem Buch kam	15
1.2	Aktuelle Situation	16
1.3	Standortbestimmung	18
1.4	Situationsanalyse	22
1.5	Aufbau des Buches	23
2	**Der IT-Arbeitsmarkt**	**27**
2.1	Berufe mit Zukunft	27
2.2	Der Bewerbungsprozess	32
2.3	Die Gehaltsverhandlung	33
2.4	Angestellt oder Selbstständig	38
2.5	Projektarbeit als Selbstständiger	46
2.6	Der Business-Plan	52
3	**Coaching für ITler**	**55**
3.1	Was ist Karriere-Coaching?	55
3.2	Der richtige Job für mich	59
3.3	Wozu Coaching?	60
3.4	Burn-out	61
3.5	Selbstcoaching	65
4	**Meine Persönlichkeit: Wer bin ich?**	**75**
4.1	Überprüfen Sie Ihr Karrierepotenzial	75
4.2	Persönlichkeit	77
4.3	Persönlichkeitsentwicklung	82

4.4	Werte als Orientierung	84
4.5	Ziele definieren und erreichen	87
4.6	Meine Zukunftsvision	89

5 Kompetenzen, Fähigkeiten, Stärken: Was kann ich? 91

5.1	Was sollte ich als ITler draufhaben?	91
5.2	Lernen aus Erfolgen	103
5.3	Wie beurteilen andere, was ich kann?	106
5.4	Umgang mit Misserfolgen	110
5.5	Stärken und Schwächen	111

6 Mein idealer IT-Arbeitsplatz: Wohin will ich? 115

6.1	Arbeitsplatzanalyse	115
6.2	Ausblick ITK-Branche Deutschland	118
6.3	Interne Faktoren	129
6.4	Externe Faktoren	130
6.5	Zielsetzung	132
6.6	Umsetzung	132

7 Kommunikation 135

7.1	Kommunikation	135
7.2	Kommunikationsmodelle	139
7.3	Gesprächsführung	146
7.4	Konfliktfähigkeit	150

8 Soziale Medien 155

8.1	Soziale Medien im Überblick	155
8.2	Erfolgreich mit sozialen Medien	158
8.3	Blogs	163
8.4	Xing	165
8.5	LinkedIn	167
8.6	Facebook	169
8.7	Twitter	171

8.8	Weitere Netzwerke	173
8.9	Zukunft sozialer Medien	177

9　Was wir von IT-Persönlichkeiten lernen können　181

9.1	IT-Persönlichkeiten USA	181
9.2	IT-Persönlichkeiten Deutschland	186
9.3	Die reichsten IT-Persönlichkeiten	197

10　Akquise und Selbstdarstellung　199

10.1	Akquise	199
10.2	Selbstdarstellung	202
10.3	Vorstellungsgespräch	204
10.4	Vorbilder	208
10.5	Wie wirke ich?	209
10.6	Tipps aus der Praxis	211

11　Hindernisse antizipieren　213

11.1	Hürden akzeptieren	213
11.2	Hindernisse überwinden	214
11.3	Glaubenssätze	215
11.4	Sich und anderen verzeihen	217

12　Der Einstieg zu Ihrem Traumjob　219

12.1	Jobsuche	219
12.2	IT-Blogs	227
12.3	IT-Ausbildungsberufe	229
12.4	Studium und Weiterbildung	231

13　Die eigene Perspektive　245

Referenzen　249

Bildnachweise　258

Abkürzungsverzeichnis　259

INHALTSVERZEICHNIS

A	Die Autorin	262
B	Index	263
C	Disclaimer	266

Geleitwort

Was bedeutet Erfolg? Was Karriere? Was, die richtige Work-Life-Balance zu finden?

In der heutigen Arbeitswelt werden diese Fragen völlig unterschiedlich beantwortet. Viele Menschen sind hin- und hergerissen zwischen den Erwartungen, die von außen an sie herangetragen werden, und denen, die sie an sich selbst stellen.

Der beste Weg ist daher, nicht immer stärker in die Außensicht zu gehen, sondern sich erst einmal auf sich selbst zu besinnen. Das heißt, sich klar vor Augen zu führen, wer man ist. Wie viele Neigungen und Fähigkeiten man hat und welche Umgebungsfaktoren nötig sind, die entdeckten Stärken zur Entfaltung zu bringen bzw. weiter auszubauen. Welche positiven und kritischen Erfahrungen man gemacht hat. Welche Ziele man sich einst gesetzt hat und wo man heute steht.

Für diesen spannenden Prozess ist es von großer Bedeutung, sich nicht entfalten zu lassen, sondern sich selbst zu entfalten. Es gilt, Verantwortung für die einzelnen Schritte zu übernehmen, zu reflektieren, welche Netzwerke die geeigneten sind, und v. a., sich selbst mit den persönlichen Werten und Normen nicht aus dem Auge zu verlieren, sondern diese in Einklang mit der eigenen Lebens- und Arbeitswelt zu bringen.

Die IT-Welt ist in diesem Sinne besonders spannend und herausfordernd. Kaum eine andere Branche hat sich so schnell und mit einer derart großen interdisziplinären Ausrichtung entwickelt. Und auch die Chancen zum lebenslangen Lernen haben sich deutlich verbessert, sind aber in ihrer Mannigfaltigkeit kaum noch zu überschauen.

Umso wichtiger ist es, sich nicht überholen zu lassen, sondern immer wieder kurz innezuhalten und sich in die enorme Erfahrungswelt von IT-Experten entführen zu lassen, um schließlich durch gekonnte Fragestellungen und Reflexionen eine eigene Perspektive zu erarbeiten.

GELEITWORT

Kaum ein anderer beherrscht dieses Kunststück der konstruktiv kritischen Gegenüberstellung und der zielführenden Fragestellungen so wie Margret Fischer, mit der ich schon viele Jahre erfolgreich zusammenarbeite.

Dieses Buch ist ein Geschenk eines ITlers an sich selbst. Es enthält viele wertvolle Anregungen für die Entdeckung des eigenen Weges in der IT-Branche. Einen authentischen, erfolgreichen und glücklichen Weg.

Ihre Dorothee Karl

Prof. Dr. Dorothee Karl, Mannheim 2016

Vorwort

Was bedeutet für Sie Karriere? Was genau verstehen Sie unter Erfolg? Jeder Einzelne wird diese Frage für sich ganz individuell beantworten. Unter »Karriere« wird allgemein die persönliche Laufbahn eines Menschen in seinem Berufsleben verstanden. Laut Gablers Wirtschaftslexikon [1] ist eine Karrierestrategie die »spezifische Denk- und aktive Verhaltensweise, die Karriere nicht nur als hierarchisches Höhersteigen oder Entgeltsteigerung begreift, sondern v. a. als Nutzen des Verhaltens für andere.« Erfolg ist in erster Linie das Erreichen selbst gesetzter Ziele, zu deren Realisierung es Umsetzungskompetenz bedarf.

Sie benötigen für dieses Buch keine besonderen Vorkenntnisse. Ich richte mich an die Zielgruppen IT-Absolventen, IT-Quereinsteiger und IT-Experten sowie die, die es gern werden wollen. Das Einzige, was Sie wirklich brauchen, ist Mut, Durchsetzungskraft und den Willen, etwas zu bewegen. Langfristige Ziele führen zum Erfolg. Doch bevor Sie sich diese setzen, müssen Sie von Ihrem Vorhaben zu hundert Prozent überzeugt sein und danach der Auffassung folgen: »Ich schaffe es!« Dann kann Ihnen gar nichts passieren, und Sie brauchen auch keinen Motivationsguru: Selbst ist der ITler! Und nehmen Sie Ihren »inneren Schweinehund« ruhig mit auf die Reise ...

Vielen Dank an alle, die mich bei diesem Buch unterstützt haben. Allen voran an Anja Achilles, die das Buch lektoriert hat und mir mit wertvollen Anregungen zur Seite stand. Herzlichen Dank für die hilfreichen Erfahrungen in den Videostatements von Gerald Prior, Lars Kumbier und Anika Eichhorn. Danke an meine weiteren Interviewpartner: Professor Dr. Dr. August-Wilhelm Scheer, Professor Dr. Claudia Eckert, Professor Dr. Peter Liggesmeyer, Margret Klein-Magar, Professor Dieter Kempf, Stephan Kaleske, René Bock, Yasmine Limberger, Jürgen Hesse, Natascha Ljubic, Lutz Altmann und Christian Steeg. Durch diese gewährten Einblicke in einen langjährigen Erfahrungsschatz der Experten erhalten Sie einen großen Mehrwert. Danke an meine Praktikantin Katrin Kleinscheck, die viele Grafiken und Abbildungen für mich überarbeitet hat. Und natürlich an meine Verleger Martin Munzel und Jörg Siebert, die das Buchprojekt ermöglicht haben.

Bedanken möchte ich mich v. a. für das entgegengebrachte Vertrauen meiner Coachingkunden und die vielen persönlichen Erkenntnisse, die ich in der Arbeit mit ihnen erwerben konnte – ohne sie wäre dieses Buch nicht zustande gekommen.

Ich habe viel gelesen, gelernt und reflektiert in der Entstehungszeit dieses Buches. Es ist mir gelungen, wichtige Zusammenhänge zu erkennen und festzuhalten. Darüber hinaus hat mir die Recherche und das Schreiben für und über die IT-Branche sehr viel Spaß gemacht und meinen Horizont erweitert. Ich bin wieder, mit Freude, ein Stück in meiner Entwicklung gereift.

Dankbar bin ich insbesondere für meine Familie, meinen Mann Marius, unsere Kinder, die beiden Hunde. Meine vielfältigen Aus- und Weiterbildungen sehe ich als absolutes Privileg, meinen gewählten Beruf als Segen. Ich bin rundum zufrieden und erfüllt.

Widmen möchte ich diese Arbeit in Liebe meinen Eltern, die für mich Vorbilder sind und mich immer bei meinen Vorhaben unterstützt haben.

Dieses Buch ist kein weiterer IT-Karriereratgeber, sondern vielmehr ein Arbeitsbuch für Berufseinsteiger, -umsteiger und Berufserfahrene gleichermaßen. Denn nur, wenn man bestimmte Fähigkeiten und Fertigkeiten mitbringt und der berufliche Alltag zu großen Teilen auch Spaß macht, können Sie Aufgaben und Herausforderungen erfolgreich meistern. Umso wichtiger wird es für Sie, herauszufinden: Wer bin ich, was kann ich, und wie stelle ich mir meinen idealen Arbeitsplatz vor?

Ich wünsche Ihnen viel Spaß bei der Lektüre und viele wichtige Erkenntnisse auf Ihrem Weg zum nächsten Karriereziel.

Im Text verwenden wir Kästen, um wichtige Informationen besonders hervorzuheben. Jeder Kasten ist zusätzlich mit einem Piktogramm versehen, das diesen genauer klassifiziert:

Hinweis

Hinweise bieten praktische Tipps zum Umgang mit dem jeweiligen Thema.

Beispiel

Beispiele dienen dazu, ein Thema besser zu illustrieren.

Warnung

Warnungen weisen auf mögliche Fehlerquellen oder Stolpersteine im Zusammenhang mit einem Thema hin.

Video

Schauen Sie sich ein Video zum jeweiligen Thema an.

Übungsaufgabe

 Übungsaufgaben helfen Ihnen, Ihr Wissen zu festigen und zu vertiefen.

Zum Abschluss des Vorwortes noch ein Hinweis zum Copyright: Sämtliche in diesem Buch abgedruckten Screenshots unterliegen dem Copyright der SAP SE. Alle Rechte an den Screenshots liegen bei der SAP SE. Der Einfachheit halber haben wir im Rest des Buches darauf verzichtet, darauf unter jedem Screenshot gesondert hinzuweisen.

1 Einleitung

Lesen Sie, wie es zu diesem Buch kam. Informieren Sie sich über den aktuellen Stand der Informations- und Technologie-Branche und starten Sie mit einer eigenen Standortbestimmung. Nehmen Sie auch Ihr Privatleben unter die Lupe. Am Ende der Einleitung gebe ich Ihnen einen Überblick, welche Inhalte Sie in den folgenden Kapiteln erwarten.

1.1 Wie es zu diesem Buch kam

Am Anfang meiner Coaching-Tätigkeit kamen viele Diplom-Ingenieure und ITler zu mir, die gern an ihren *Soft Skills* arbeiten wollten. Mittlerweile bin ich mit einem Ingenieur verheiratet und kann ganz genau sagen, was die Vorzüge dieser Menschen sind: Sie sind verlässlich, strukturiert, analytisch, planen gerne, sind kalkulierbar, meistens sehr pflichtbewusst und exakt in ihrer Arbeit. Was ihnen häufig fehlt, ist das Zwischenmenschliche, der Zugang zu ihren Emotionen, das Hören auf den eigenen Körper, die Fähigkeit, auch mal »Fünfe gerade sein zu lassen«, Kreativität, gutes Kommunikationsgeschick, Netzwerken und die Fähigkeit, persönliche Kontakte aufzubauen.

Ursprünglich wollte ich Wirtschaftsinformatik in Karlsruhe studieren. Das wurde leider nicht zum Sommersemester angeboten. Und dann bin ich, weil es so gut lief, bei meinem Volkswirtschaftslehre-Studium hängen geblieben. Ich habe also mehr den Blick von außen auf die IT-Branche. Das ist vielleicht ganz gut, denn ich frage anders, bin an der einen oder anderen Stelle kritischer mit Sachverhalten oder schaue aus einer ganz anderen Perspektive darauf.

Daher habe ich mich entschlossen, dieses Buch zu schreiben: Immer wieder erlebe ich in meiner täglichen Arbeit, dass es darum geht: »Dinge, die man gut kann, wertzuschätzen und neue Dinge einfach dazuzulernen.« Ein eher optimistischer Blick auf die Welt ist lernbar. Auch wenn wir geprägt sind von unserer genetischen Disposition, unserem Umfeld und den Beziehungen, die wir in unserem Leben eingehen, haben wir einen ganz persönlichen Gestaltungsspielraum. Diesen sollten Sie nutzen und neue Kompetenzen erlangen. Brach liegende Ressourcen wollen erschlossen werden – privat wie beruflich.

Was heißt eigentlich IT?

Unter *Informationstechnik (IT)* versteht man alle Bereiche der Informations- und Datenverarbeitung einschließlich der dafür benötigten Hard- und Software. Sie stellt ein Bindeglied zwischen Elektrotechnik und Informatik dar. Historisch betrachtet, ist die IT aus der Elektrotechnik, der Elektronik und der Nachrichtentechnik hervorgegangen und befasst sich in der Hauptsache mit dem Hardwareaspekt.

In Abgrenzung dazu behandelt die *Informatik (IK)*, die aus der Mathematik entwickelt wurde, Softwareaspekte. Zusammen stellen IT und IK die Basis für erfolgreiche IT-Anwendungen dar. Bedeutendste Anwendung ist derzeit das über das Internet aufrufbare World Wide Web (WWW).

Google spuckt bei der Suche nach »IT« 19.670.000.000 Ergebnisse aus (Stand 02/2016). Dieses Thema scheint also Relevanz zu haben. IT heißt im Übrigen nicht nur Informationstechnik, sondern ist z. B. auch Bestandteil von »It-Girl« – einer meist jungen Frau, die durch starke Medienpräsenz im Rampenlicht steht. In diesem Kontext ist mit »It« das »gewisse Etwas« gemeint. Und damit schließt sich der Kreis, denn gibt es eine Branche, die so interessant, innovativ und visionär ist wie die IT-Branche?

1.2 Aktuelle Situation

Laut Fraunhofer-Institut für Arbeitswirtschaft und Organisation IAO und dem Bundesverband Informationswirtschaft, Telekommunikation und neue Medien e. V. ist die *Informations- und Telekommunikationsbranche (ITK-Branche)* in den letzten Jahren stetig gewachsen [2]. Abbildung 1.1 zeigt die Entwicklung der ITK-Branche von 2010 bis 2014. Während die Bereiche Consumer Electronics, Telekommunikationsdienste sowie IT- und TK-Hardware über die Jahre fast gleich blieben, wuchs der Bereich Software & IT-Services stetig. Für das Jahr 2016 wird ebenfalls Wachstum prognostiziert. Somit steigt auch der Bedarf an qualifizierten IT-Experten.

Im Informationszeitalter von heute herrschen andere Gesetze: Gefragt sind Schnelligkeit, *Vernetzung*, Kostenersparnis, Innovation, Veränderungsbereitschaft sowie Beziehungs- und Kommunikationsfähigkeit. Wo Sie sich früher eher die Frage gestellt haben: »Wie führe ich einen Beruf richtig aus?«, steht heute im Fokus: »Welcher Beruf ist der richtige für mich?« Konkret formuliert: »Wie schaffe ich es, meinen idealen IT-Arbeitsplatz als technikaffiner Mensch im Einklang mit meiner Persönlichkeit zu finden?«

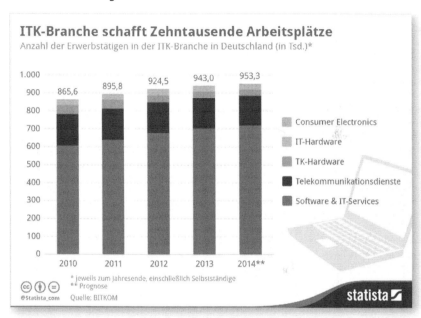

Abbildung 1.1: Entwicklung der ITK-Branche 2010 bis 2014 (Quelle: www.statista.com)

Meine Erfahrungen als Coach und Unternehmensberaterin von ITlern zeigen einen Bedarf an Selbstvermarktungsstrategien, Erweiterung emotionaler und sozialer Kompetenzen, Verbesserung der Kommunikation, Zusammenarbeit und Kontaktpflege [3]. Durch die in diesem Buch vorgestellten verschiedenen Praxisübungen können Sie Ihrem selbst gesteckten Ziel Schritt für Schritt näher kommen. Beginnen Sie einfach mit einem Kapitel, das Sie am meisten anspricht. So finden Sie ganz spielerisch neue, unbekannte Aspekte zu Ihrer aktuellen Situation: Es darf leicht gehen und Spaß machen.

Kommen Sie in einen *Flow*, sich mit Ihrer Karrieresituation zu beschäftigen. Betrachten Sie die Landschaft in Abbildung 1.2 und lassen Sie sich visuell inspirieren. Diese Kreativitäts-Technik nennt man *Visuelle Synektik*. Finden Sie sodann einen kognitiven Einstieg in das Thema mit nachfolgender Standortbestimmung.

Abbildung 1.2: Landschaft (Quelle: Margret Fischer)

1.3 Standortbestimmung

Mithilfe der Standortbestimmung in Tabelle 1.1 können Sie herausfinden, welche Bereiche Ihrer beruflichen Entwicklung ein »Update« gebrauchen können.

Welche Erkenntnisse kann mir eine Standortbestimmung bringen?
http://IT.espresso-tutorials.com In diesem Video erläutere ich die wichtigsten Faktoren für die persönliche Standortbestimmung.

Untersuchen Sie Ihre aktuelle berufliche Situation: In welchem Ausmaß treffen die folgenden Aussagen auf Ihre jetzige Situation zu? Entscheiden Sie sich, wenn möglich, eindeutig für Ja oder Nein.

		JA Trifft zu	Teils/ teils	NEIN Trifft nicht zu
1.	Ich habe Zweifel, ob meine jetzige Berufswahl wirklich das Richtige für mich ist.			
2.	Es ist schwierig, genügend Informationen über meinen Berufswunsch zu erhalten.			
3.	Ich fühle mich nach einer getroffenen Entscheidung oft unwohl.			
4.	Wichtige Bezugspersonen (z. B. Eltern, Partner, Freunde) finden meinen Wunschberuf unpassend.			
5.	Ich bin mir unklar über meine Stärken und Schwächen.			
6.	Ich fühle mich in mehreren Lebensbereichen unsicher.			
7.	Mit den beruflichen Informationen, die ich habe, komme ich nicht weiter.			
8.	Ich weiß nicht genau, wie der Berufsalltag in meinem Wunschberuf aussieht.			
9.	Es gibt andere Lebensprobleme und Belastungen, die bei mir erschwerend wirken.			
10.	Ich bin noch nicht sicher, welchen Beruf ich erfolgreich ausüben kann.			
11.	Es ist schwierig für mich, in meinem Wunschberuf den nächsten Schritt zu gehen.			
12.	Wichtige Entscheidungen zu treffen ist für mich immer schwierig.			

	JA Trifft zu	Teils/ teils	NEIN Trifft nicht zu
13. Es fällt mir schwer, alle Informationsquellen zu meiner beruflichen Situation ausfindig zu machen.			
14. Ich fühle mich durch familiäre, zeitliche oder finanzielle Verpflichtungen eingeschränkt.			
15. Ich kann mir nicht vorstellen, welche Berufstätigkeit mir auf Dauer Spaß machen würde.			
16. Ich treffe ungern Entscheidungen.			

Tabelle 1.1: Standortbestimmung (Quelle: Eigene Darstellung, in Anlehnung an http://ams-forschungsnetzwerk.at/downloadmhb/ 246_Checkliste%20zur%20Berufswahlsituation.pdf)

Auswertung

Vergeben Sie einen Punkt je Frage, die Sie mit »Ja, trifft zu« oder »teils/teils« bewertet haben, und addieren Sie alle zu den folgenden vier Themen zusammengefassten Punkte:

Bereich 1: Fragen 1, 5, 10, 15 → _____ Punkt/e
(Thema »Identität«)

Bereich 2: Fragen 3, 6, 12, 16 → _____ Punkt/e
(Thema »Entscheiden«)

Bereich 3: Fragen 2, 7, 8, 13 → _____ Punkt/e
(Thema »Informieren«)

Bereich 4: Fragen 4, 9, 11, 14 → _____ Punkt/e
(Thema »Hindernisse«)

Die Bereiche, in denen Sie mehr als einen Punkt erzielt haben, sollten Sie sich genauer anschauen:

Bereich 1: *Identität* – Klarheit und Selbstbewusstsein

Fragen Sie sich: »Wo sind meine echten Stärken und Schwächen? Was sind meine Neigungen, Talente und Fähigkeiten?« Versuchen Sie, diese persönlichen Eigenschaften möglichst ehrlich und prägnant für sich selbst zu formulieren. Sprechen Sie darüber mit einer Vertrauensperson, die Sie gut kennt, oder suchen Sie sich einen Coach Ihres Vertrauens. In den Kapiteln 4 und 5 finden Sie auch erste Anregungen, die Sie selbst durchführen können.

Bereich 2: *Entscheiden* – Entscheidungsschwierigkeiten

Fällt es Ihnen schwer, sich zu entscheiden? Zögern Sie Entscheidungen gern hinaus? Antworten Sie auf Fragen oftmals mit »ich weiß nicht«? Diese Schwierigkeiten haben mit fehlendem Mut und geringer Selbstklarheit zu tun. Das kann ganz unterschiedliche Gründe haben. Für stimmige Entscheidungen braucht es Verstand und Gefühl, Mut, Zuversicht und ebenso die Bereitschaft, Kompromisse in Kauf zu nehmen. Diese Einstellung kann man lernen.

Bereich 3: *Informieren* – Informationsbedarf

Es braucht Zeit und ist aufwendig, sich die nötigen Informationen für berufliche Entscheidungen zu beschaffen: Hinweise zu Berufs- und Bildungswegen sowie Karrierechancen in Büchern, Zeitschriften, Online-Medien sowie Auskünfte seitens Berufsinformationszentren und -beratungen. Neben allen Fakten sind speziell Ihre eigenen Lebenserfahrungen und Erlebnisse wichtig. Überlegen Sie, wie Sie sich ein noch besseres, umfassenderes Bild von Ihren offenen Fragen machen können. Wer kann Ihnen hierbei fachlich weiterhelfen?

Bereich 4: *Hindernisse* – Einschränkungen

Dieses Thema umfasst Einschränkungen wie begrenzte zeitliche oder finanzielle Mittel, persönliche Hemmnisse oder private Verpflichtungen. Untersuchen Sie in Kapitel 11, wie Sie Ihre Hindernisse antizipieren. Suchen Sie nach ganz unterschiedlichen Lösungsansätzen – gern auch mit *kreativen Methoden*. Oder gehen Sie bewusst gangbare Kompromisse im Umgang mit Ihren Hindernissen ein, eventuell mithilfe einer Beratungsstelle oder eines Business-Coaches. Es gibt für alles eine gute Lösung!

Jetzt haben Sie einen ersten Eindruck von Ihrem aktuellen Standort. Der Bereich mit der höchsten Punktzahl, sollte Priorität haben. Wie geht es Ihnen damit? Was denken Sie? Wie fühlen Sie sich? Wo können Sie konkret ansetzen? Um Ihren Status quo noch differenzierter erfassen zu können, ist es sinnvoll, auch Ihre privaten Einflussgrößen zu beleuchten.

1.4 Situationsanalyse

Jeder Mensch besteht aus einer Gesamtpersönlichkeit, d. h. Sie können Ihre berufliche Karriere nicht losgelöst von Ihren Ihrem privaten Umfeld analysieren. Beides gehört zusammen. Manchmal gelingt es Menschen, privat oder beruflich, etwas besonders gut hinzubekommen. Machen Sie sich bewusst: »Wie habe ich es gemacht?« Dann können Sie es auch auf den jeweils anderen Bereich übertragen.

Untersuchen Sie zunächst Ihre aktuelle private Situation – die sich natürlich auch auf Ihre berufliche Lage auswirkt – anhand folgender neun Fragen:

1. Wie geht es mir zurzeit mit meinem Privatleben?
2. Was ist mir wirklich am wichtigsten, was hat Priorität?
3. Welche Bedürfnisse habe ich?
4. Kenne ich meine privaten und beruflichen Ziele, was kann bestenfalls eintreten?
5. Was raubt mir aktuell Kraft, was stresst mich?
6. Wo gibt es Störungen, Ärgernisse, Unklarheiten oder Ambivalenzen?
7. Was genau ist meine Motivationsquelle, wer oder was gibt mir Energie?
8. Welche meiner Ressourcen nutze ich aktuell noch nicht?
9. Wie sehe ich mich in einem, drei und zehn Jahren?

Was genau haben Sie über sich herausgefunden? Was sticht Ihnen besonders ins Auge? Notieren Sie sich die wichtigsten Aspekte, die bei Ihnen in Resonanz gegangen sind. Wo spüren Sie aktuell den stärksten Leidensdruck, Drang nach Handlung oder Veränderung?

> **Gehen Sie strukturiert vor**
>
> Wählen Sie immer nur ein Thema, auf das Sie sich wirklich konzentrieren können. Bearbeiten Sie es, bis es sich stimmig für Sie anfühlt, es geklärt ist. Gehen Sie dabei in kleinen, systematischen Schritten vor, und nehmen Sie sich erst dann ein neues Thema vor.

Gleich zeige ich Ihnen, wie Ihnen die einzelnen Kapitel eine Hilfestellung dazu geben können.

1.5 Aufbau des Buches

Lassen Sie sich ausreichend Zeit, und suchen Sie am besten einen ruhigen Ort auf. Machen Sie es sich gemütlich. Vor jedem Kapitel ist es zunächst sinnvoll, dass Sie sich mit den genannten Begriffen der Kernthemen beschäftigen: Was bedeuten diese Begriffe für mich? Wie sind sie bei mir angelegt, definiert und auch bewertet?

- ▶ Kapitel 2 beginnt mit der Beleuchtung des IT-Marktes. Schauen Sie zuerst ganz unverbindlich an, wohin die Reise gehen könnte. Welcher Job könnte für Sie interessant sein? Sind Sie ein Unternehmertyp? Wie sieht es mit Ihrer Stressresistenz aus?
- ▶ In Kapitel 3 steigen wir mit Coaching für ITler ein. Danach können Sie die eine oder andere Selbstcoaching-Methode ausprobieren.
- ▶ Während Kapitel 4 Ihnen hilft, besser zu verstehen warum Sie so sind, wie Sie sind,
- ▶ fokussiert Kapitel 5 auf Ihre Kompetenzen, Stärken und den Umgang mit Misserfolgen.
- ▶ Wie Ihr idealer Arbeitsplatz aussehen könnte, ist Inhalt des Kapitels 6.
- ▶ Hinweise für eine gelungene Kommunikation oder den Impuls, wie Sie Ihre Kommunikation dauerhaft verbessern können, bekommen Sie in Kapitel 7.

- ▶ Welche Erfahrungen haben Sie mit den sozialen Medien? Wozu können Sie diese gezielt einsetzen? Das sind Themen von Kapitel 8.
- ▶ Was Sie von bekannten IT-Persönlichkeiten lernen können, erfahren Sie im 9. Kapitel.
- ▶ Wie Sie als Selbstständiger effektiv akquirieren können und sich gekonnt vorstellen, erfahren Sie in Kapitel 10.
- ▶ Hindernisse auf dem Weg zu einem erfolgreichen Job gehören dazu wie das Salz in der Suppe. Wie Sie gut lernen, damit umzugehen, sagt Ihnen Kapitel 11.
- ▶ Den richtigen Einstieg für Ihre IT-Karriere finden Sie in Kapitel 12.

Zugrunde gelegte Zahlen und das Datenmaterial stammen aus zitierten Studien und wurden z. T. direkt bei den herausgebenden Unternehmen und Institutionen erfragt, um möglichst aktuelle Bezugsgrößen zu erhalten. Zwischendurch finden Sie immer wieder Beispiele, Zitate sowie wertvolle Praxiserfahrungen befragter Experten. Um die einzelnen Kapitel etwas aufzulockern, sind in Video-Sequenzen von Gerald Prior, Lars Kumbier, Anika Eichhorn und mir unsere Erfahrungen und Empfehlungen für Sie festgehalten.

Gerald Prior ist seit mehr als fünf Jahren Geschäftsführer der Cofinpro AG, ein Beratungsunternehmen mit Fokus auf die Finanzindustrie und mehreren Standorten in Deutschland. Er hat am Karlsruher Institut für Technologie Mathematik studiert und war im Anschluss sechzehn Jahre CEO der entroy AG und zwei Jahre CEO der asknet AG. Herr Prior gibt uns Einblick in seine jahrzehntelange Führungserfahrung in IT-Unternehmen.

Lars Kumbier ist Informatiker (M. Sc.) und arbeitet als Consultant. Mit Erfahrungen in den Bereichen System- und Netzwerkadministration, Projektmanagement und Softwareentwicklung deckt er ein sehr breites Spektrum der Informatik ab. Über seine Dozententätigkeit als externer Lehrbeauftragter der SRH Hochschule Heidelberg gibt er sein Wissen an Studenten weiter.

Anika Eichhorn ist IT-Spezialistin mit Schwerpunkt Web-Entwicklung. Sie ist seit eineinhalb Jahren COO des neu gegründeten Unternehmens Dev6 Game Studio. Ihren Bachelor hat sie in »Virtuelle Realitäten – Game Development« an der SRH in Heidelberg absolviert.

Worauf Sie generell achten sollten

- Beziehen Sie auch Ihr Privatleben mit in die Analyse ein.
- Lassen Sie Emotionen in Maßen zu: Sie kommen und gehen.
- Sie müssen nicht alles alleine machen.
- Dennoch sind Sie der Spezialist für Ihr Leben. Erwarten Sie nicht, dass Sie von außen eine Anleitung bekommen, die passt.
- Sie sollten nicht alles auf einmal verändern wollen!

Handlungsempfehlungen

- Lokalisieren Sie Ihre »Baustellen«.
- Experimentieren Sie. Sie sind der Experte Ihres »Selbst«.
- Tun! – statt nur darüber nachzudenken, zu grübeln oder gar daran zu verzweifeln.
- Bei allem, was Sie tun, machen Sie sich klar: Es herrschen rosige Zeiten für ITler.

2 Der IT-Arbeitsmarkt

Wie gestaltet sich aktuell der Markt für die IT-Branche in Hinblick auf Angebot und Nachfrage, Trends und Möglichkeiten? Erfahren Sie mehr über Verdienstaussichten und Arbeitsformen. Besonderheit der Branche ist, dass die Tätigkeit als Freelancer eine lukrative Alternative zum Angestellten und mittelständischen Unternehmer darstellt.

2.1 Berufe mit Zukunft

In der IT-Branche gibt es eine Vielzahl interessanter und zukunftsträchtiger Beschäftigungsmöglichkeiten. Die Nachfrage nach bestimmten Qualifikationen wechselt im Vergleich zu anderen Branchen sehr schnell und erfordert eine hohe Flexibilität des potenziellen Kandidaten. Vorteil ist zweifelsohne, dass IT eine der sichersten Branchen und nicht mehr aus der Arbeitswelt wegzudenken ist. Nachfolgend werden die wichtigsten Berufe für die Jahre 2012 und 2015 kurz vorgestellt.

Die King University hat 2012 die folgenden fünf aussichtsreichsten IT-Berufe der Zukunft benannt (siehe Abbildung 2.1):

- *Mobile App Developer*
  Entwicklung und Anpassung von Webinhalten und Applikationen an Plattformen und Browser, Studium, Vollzeit, Kommunikationsfähigkeit, Selbstständigkeit, Methodenkompetenz, Teamfähigkeit
- *Database Administrator*
  Entwurf eines Datenbank-Managementsystems, Pflege und Sicherheit der Datenbank, Studium oder Ausbildung, Voll- oder Teilzeitstelle, als Informatiker freiberuflich möglich, Genauigkeit, Zuverlässigkeit, Selbstständigkeit

- *Software Engineer*
  Entwicklung von Software je nach Aufgabenbereich: Entwicklung, Projektleitung, Beratung, Verkauf, Studium, Ausbildung oder Quereinstieg
- *Video Game Designer*
  Entwicklung und Realisierung von Konzepten für Computer-, Video- und Handyspiele, Studium oder Ausbildung, Spielfreude, visuelle Gestaltung
- *Network Administrator*
  Einrichtung und Ablauf/Pflege eines Netzwerks, Studium oder Ausbildung, Lernwilligkeit, hohe Stressresistenz

Und wie setzt sich der Trend in den nächsten Jahren fort? Laut Computerwoche haben v. a. folgende IT-Jobs eine sichere Zukunft [4]:

- *Business-Architekt*
  fördert Fortschritte bei der Verschmelzung technologischer und geschäftlicher Prozesse, Zusammenhalt der Fachbereiche, effektive Nutzung von IT
- *Daten-Wissenschaftler*
  Selektion der wichtigen Daten, Sicherheit, Trend-Auswertungen, Optimierung der Unternehmens-Homepages
- *Social-Media-Architekt*
  Aufbau von Communities innerhalb des Firmennetzwerks, Steuerung des Dialogs zwischen Mitarbeitern und Kunden, Unabhängigkeit von den populären Social Media
- *Mobile-Experte*
  Aufbau mobiler Apps, Gestaltung mobiler Strategien, Sicherung mobiler Endgeräte
- *App-Entwickler für Unternehmen*
  Entwicklung mobiler Apps, Fokus auf Sicherheit und Compliance
- *Cloud-Architekt*
  Cloud-Integration unter dem Aspekt »Einfachheit«

Abbildung 2.1: Hottest Jobs in IT 2012 (Quelle: King University Online: http://online.king.edu by Chet Brock 2012)

Darüber hinaus stellt auch der *Social Media Manager* ein neues Berufsfeld dar. Natascha Ljubic ist Geschäftsführerin von IT-Business Development und bietet Beratung, Training und Vorträge über Social Media in Österreich an. Als studierte Wirtschaftsinformatikerin und Betriebswirtin investiert sie täglich ungefähr drei bis vier Stunden in die Pflege ihrer Kontakte [5]. Im folgenden von mir geführten Interview können Sie sich ein erstes Bild von ihrem aktuellen Arbeitsbereich machen.

Interview mit Natascha Ljubic im Oktober 2014

MF: Was ist aus Ihrer Sicht für einen erfolgreichen Social Media Manager wichtig?

NL: Social Media Manager, die verantwortlich sind für den Transport von Inhalten und Botschaften von Organisationen in den sozialen Medien, müssen sich laufend über die Social-Web-Entwicklungen weiterbilden. Es stellt für einige eine große Herausforderung dar, sich über Facebook, Google+, Xing, LinkedIn, Pinterest etc. täglich zu informieren. Laut Bundesverband Community Management e. V. (BVCM) gibt es ausführlich definierte Aufgabenbereiche, die es in der täglichen Praxis erfolgreich umzusetzen gilt. Aus meiner täglichen Beratungsarbeit beobachte ich v. a., dass es dem Social Media Manager nicht leicht gemacht wird, die Social-Media-Strategie im Einklang mit den Unternehmenszielen zu gestalten. Zumeist sind es Community Manager, die verantwortlich sind für die Entwicklung und Koordination sämtlicher Social-Media-Aktivitäten, die in Reporting und Monitoringaufgaben münden. Die größte Herausforderung ist es, die Schnittstellen zu den anderen Fachbereichen im Unternehmen sicherzustellen.

MF: Was sollte ein Notfallplan bei einem Shitstorm enthalten?

NL: Bei einem aufziehenden Sturm der Entrüstung ist es wichtig, die Fakten zu klären, die dazu geführt haben. Auch sollte man sich die Glaubwürdigkeit der Person ansehen, welche die Vorwürfe aufwirft. Die Schnelligkeit, mit der man auf die Anschuldigung reagiert, kann maßgeblich zum Erfolg beitragen. Je schneller eine Lösung für gerechtfertigte Problemfelder angeboten wird, desto besser ist es für die Online-

Reputation der Organisation. Auch die internen Strukturen zur Abklärung von offenen Fragen und zum Auffinden einer Lösung sind im Notfall für die Reputation lebensrettend.

MF: Was empfehlen Sie IT-Absolventen und IT-Experten für ihre berufliche Laufbahn?

NL: Wenn IT-Absolventen sich für den Berufszweig als Social Media Manager interessieren, sollten sie ein Social-Media-Projekt starten und Erfahrungen damit sammeln. Wenn es Spaß macht und man Erfolg damit hat, sollte man sich überlegen, ob man es zum Beruf machen möchte. Man muss bestimmte Eigenschaften im Umgang mit Menschen und Kenntnisse in der Kommunikation mitbringen. Die Technik lässt sich erlernen, aber der Umgang mit Menschen muss Spaß machen.

MF: Mit welchen weiteren Veränderungen rechnen Sie, bezogen auf die Entwicklung neuer Berufsbilder und Entwicklungen im Bereich Social Media?

NL: Das Berufsbild des Social Media Managers gibt es noch nicht lange in Unternehmen. Neben den Social Media Managern gibt es auch die Community und Reputation Manager, die zum Teil im deutschsprachigen Raum noch etabliert werden müssen. Meistens werden Marketingerfahrungen vorausgesetzt, die gepaart mit strategischen, informationstechnologischen und kommunikativen Kenntnissen in Stellenbeschreibungen gesucht werden. In Zukunft wird es nicht nur wichtig sein, die Social Media Communities für Organisationen aufzubauen und zu pflegen, sondern auch, strategische Konzepte und Kampagnen planen zu können, die zum Geschäftserfolg messbar beitragen.

Sowohl beim Social Media Manager als auch bei den anderen Zukunftsberufen ist auffällig, dass immer häufiger interdisziplinäre Anforderungen gestellt werden. Auch eine gewisse Eigeninitiative, sich weiterzuentwickeln, interessiert am Thema zu bleiben – eben *lebenslanges Lernen* – wird mehr und mehr zu einem wichtigen Erfolgskriterium.

Neue Entwicklungen im Markt wie z. B. die zunehmende Digitalisierung und Internationalisierung generieren ebenfalls moderne Berufsbilder. Halten Sie die Augen offen und schauen Sie nach neuen Trends und vielleicht auch Geschäftsideen. Mehr zum Thema »Soziale Medien« finden Sie in Kapitel 8.

2.2 Der Bewerbungsprozess

Das Prozedere einer Bewerbung ist nicht nur für die Suche nach einer neuen Stelle, sondern vielmehr für Ihr Selbstbewusstsein und eine gelungene Selbstdarstellung relevant. Folgende Checkliste kann Ihnen dabei helfen:

- **Foto**
  Ein Foto sagt mehr als tausend Worte. Investieren Sie in eine Visagistin und einen guten Fotografen. Der erste Eindruck auf einen Fremden entscheidet, ob er Sie sympathisch, interessant und kompetent findet oder nicht.

- **Lebenslauf**
  Der Lebenslauf sollte tabellarisch sein. Ab einer gewissen Berufserfahrung wird er chronologisch umgedreht, also mit dem Aktuellen beginnend. In erster Linie soll er Lust darauf machen, Sie kennenzulernen. Auf der Plattform »Karrierebibel« [6] können Sie für unterschiedliche Bedürfnisse geeignete Vorlagen für Ihren Lebenslauf finden: *http://karrierebibel.de/lebenslauf-vorlagen/*.

- **Stärkenprofil**
  Treten Sie selbstbewusst auf. Sagen Sie exakt und unverblümt, was Sie gut können, was Sie ausmacht. Bescheidenheit ist heutzutage keine Zier mehr. Und in Bewerbungssituationen ist die Gefahr, zu forsch oder arrogant zu wirken, eher gering. Bleiben Sie möglichst natürlich.

- **Zeugnisse**
  Sichten Sie Ihre Zeugnisse. Machen Sie sich noch einmal alle Erfolge bewusst. Und überlegen Sie, wie diese sinnvoll in einem Bewerbungs- oder Akquiseanschreiben zu platzieren sind, um zu beeindrucken.

- **Anschreiben**
  Das Anschreiben sollte genau eine DIN-A4-Seite umfassen, im journalistischen Schreibstil verfasst und gut strukturiert sein. Bei der Antwort auf eine Stellenausschreibung sollten wichtige Schlüs-

selbegriffe aufgenommen und ggf. auch Synonyme verwendet werden. Es macht Sinn, sich von einem erfahrenen Berufsberater, Texter oder auch PR-Berater unter die Arme greifen zu lassen. Oder vielleicht haben Sie einen Textprofi in Ihrem Bekanntenkreis?

▶ **Biografie-Arbeit**
Hierbei handelt es sich um eine vom US-Amerikaner Robert Neil Butler entwickelte, strukturierte Reflexion der eigenen Biografie in einem professionellen Rahmen. Darüber können Sie Ihren Blick auf die gegenwärtige Situation schärfen, sinnvoll die Zukunft planen, Ihr Selbstvertrauen stärken und Lücken in Ihrem Lebenslauf aufarbeiten.

▶ **Selbstmarketing**
Den meisten Menschen ist es unangenehm, sich selbst »verkaufen und anpreisen« zu müssen. Selbst den extrovertierten Verkäufertypen fällt das in einer Vorstellungssituation nicht immer leicht. Nach meiner Erfahrung ist es am erfolgversprechendsten, wenn Sie authentisch auftreten. Stehen Sie zu Ihrer Aufregung. Die ist in dieser Situation absolut normal und menschlich. Trauen Sie sich!

Sparen Sie nicht an der falschen Stelle!

Es macht durchaus Sinn, in Ihre berufliche Zukunft zu investieren: Sparen Sie nicht an der falschen Stelle. Ein Bewerbungsprozess ist meist nicht ganz billig. Das sollten Sie sich wert sein – akzeptieren Sie es als gute Investition und nicht als Ausgabe.

2.3 Die Gehaltsverhandlung

Wie viel verdienen Sie oder würden Sie gern verdienen? Anhand von 5.286 Datensätzen wurden von *www.gehalt.de* die durchschnittlichen IT-Gehälter im Jahr 2013 in Deutschland ermittelt (siehe Abbildung 2.2). Sie sind abhängig von der Branche, Unternehmensgröße, Qualifikation und dem Arbeitsort des Mitarbeiters [7].

Abbildung 2.2: IT-Gehälter 2013 (Quelle: www.gehalt.de/specials/Wer-verdient-wie-viel-im-IT-Bereich)

Tabelle 2.1 systematisiert zur besseren Übersicht die Bruttojahresgehälter für 2015 nach einigen Einzelbereichen. Den Zahlen liegt eine mittlere Betriebszugehörigkeit von 6–9 Jahren zugrunde.

IT-Berufsposition	Bruttogehalt p. a. in TEUR
IT-Leiter (CIO)	103–142
Projektleiter	74–92
Projektmanager	67–82
IT-Berater	61,5–84
Manager Qualitätssicherung	61,5–75,5
Datenbank-Entwickler	60–74
System- und Netzwerkadministrator	48,5–61
Anwender-Support	36

Tabelle 2.1: Bruttojahresgehälter nach IT-Bereichen 2015 (Handelsblatt, 2015) [8]

Während ein *Chief Information Officer (CIO)* im Durchschnitt über 120.000 Euro brutto im Jahr verdient hat, finden sich im Gehaltsbereich zwischen 60–90.000 Euro folgende Berufspositionen: Projektleiter, -manager, Berater und -Qualitätssicherheitsbeauftragter sowie Datenbank-Entwickler. System- und Netzwerkadministratoren liegen im Mittel etwas darunter, während Mitarbeiter im Anwender-Support mit weniger als 40.000 Euro zu den Geringverdienern im IT-Bereich gehören.

Auch wenn Gehälter in der IT-Branche je nach Firmengröße, Betriebszugehörigkeit und auch Berufserfahrung stark schwanken, so zeigen sie doch bis heute insgesamt eine steigende Tendenz.

In welchen Städten gibt es i. d. R. die besten Chancen, einen gefragten Job mit dem entsprechenden Gehalt zu finden? Abbildung 2.3 zeigt die beliebtesten *Tech-Hochburgen* in Deutschland, die im Rahmen einer europaweiten Untersuchung ermittelt wurden: München mit Rang 1 und Karlsruhe auf Rang 4, gefolgt von Darmstadt auf Rang 7. Berlin belegt Platz 15 und der Stadtkreis Heidelberg dank SAP Platz 22, obwohl hier eher Mediziner und Geisteswissenschaftler studieren. Grundlagen der Untersuchung im Auftrag der EU-Kommission waren: Wirtschaftstätigkeit, Innovation im ITK-Sektor sowie Forschung und Entwicklung aller europäischen Regionen in Bezug auf Intensität (u. a. Beschäftigungszahl, Umsatzsteigerung etc.), Vernetzung sowie Internationalisierung. Auf den Plätzen 2 und 3 rangierten im Übrigen die Städte London und Paris.

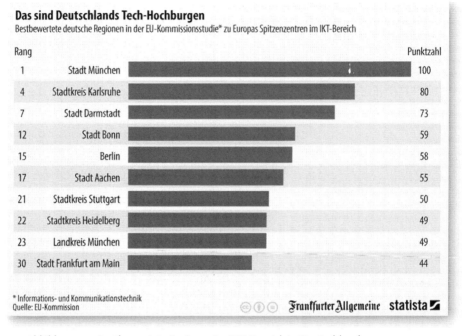

Abbildung 2.3: Bestbewertete Regionen im ITK-Bereich in Deutschland 2014 (Quelle: www.statista.com)

Ein letzter Blick in diesem Kapitel gilt den weltweiten IT-Ausgaben für die Jahre 2012 bis 2015.

Nach der in Abbildung 2.4 gezeigten Quelle wird für das Jahr 2015 mit weltweiten IT-Ausgaben in Höhe von rund 3,6 Billionen US-Dollar gerechnet. Die untersuchten fünf Bereiche Geräte, Datencenter-Systeme, Enterprise-Software, IT-Services und Telekommunikationsdienste sind jeweils in den letzten vier Jahren gestiegen, wobei die einzelnen Segmente ein unterschiedlich starkes Wachstum aufweisen. In Abschnitt 6.2.1 können Sie mehr darüber erfahren.

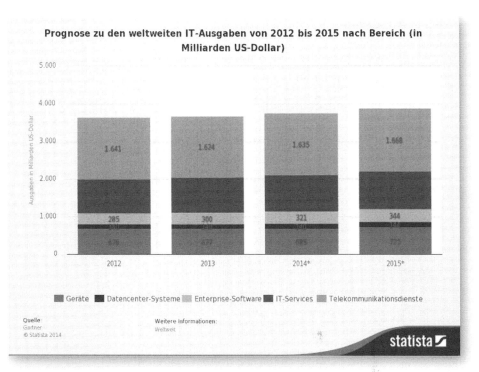

Abbildung 2.4: Prognose IT-Ausgaben weltweit, 2012 bis 2015 (Quelle: www.statista.com)

Aussichten für ITler

 Betrachtet man nun alle diese wirtschaftlichen Aspekte zusammen, kann man eigentlich nur jedem empfehlen, in die IT-Branche zu gehen. Wichtig für Ihre Arbeitszufriedenheit und einen stetigen Ausbau Ihrer Karriere ist lediglich, auf ein Zugpferd zu setzen, das Ihnen entspricht. Hierzu gehört auch die Überprüfung: Kommt für mich ein Angestelltenverhältnis oder eine Form der Selbstständigkeit infrage? Bin ich denn ein Unternehmer-Typ?

2.4 Angestellt oder Selbstständig

Wird man eigentlich als Unternehmer geboren? Vielleicht beschäftigt Sie ja diese Frage auch. Wissenschaftler haben sich ihr ausgiebig gewidmet und geben inzwischen eine eindeutige Antwort: Nein! Die *Entrepreneurship-Forschung* untersucht seit vielen Jahren nicht nur, wer ein Unternehmer ist, sondern auch, was ein Unternehmer tut: »Entrepreneurs are not born, they are made.« Erfolgreiche Unternehmer können ganz unterschiedliche Persönlichkeiten sein, bringen individuelle Erfahrungen mit und schauen auf eine einzigartige Erfolgsgeschichte. Laut Neurobiologen sind 50 Prozent der Persönlichkeitsmerkmale erblich bedingt und 50 Prozent veränder-, entwickel- und erlernbar [9]. Sie können also unternehmerisches Handeln auch lernen.

> **Angestellt oder doch lieber selbstständig?**
>
>
>
> http://IT.espresso-tutorials.com
>
> Lars Krumbier erzählt im Gespräch mit Jörg Siebert, wie er zur Selbstständigkeit im Bereich IT-Consulting kam.

Gibt es eine Persönlichkeitsstruktur, die dennoch förderlich ist? Antwort darauf gibt der *Traits Approach*. Folgende Persönlichkeitsmerkmale wurden durch Shaver und Scott (1991) [10] in einer umfassenden Literaturrecherche zusammengefasst:

- ▶ Leistungsmotivation
- ▶ *Internale Kontrollüberzeugung*
- ▶ *Risikoneigung*
- ▶ Streben nach Unabhängigkeit

> **Was wirkt sich noch positiv auf Unternehmertum aus?**
>
>
>
> Eigenschaften, wie z.B. eine klare Zielverfolgung, Selbstsicherheit, Optimismus, Kreativität und Problemlösungsverhalten können unternehmerisches Denken und Handeln positiv beeinflussen. Auch Emotionen haben einen direkten Einfluss auf unternehmerisches Tun (2010) [11].

Der Unternehmer und Buchautor Stephan Kaleske lässt uns in seine Erfolgsrezepte blicken und gibt Karriere-Tipps aus der Praxis weiter.

Stephan Kaleske, Geschäftsführer ZLex GmbH (persönliches Interview, geführt von Verfasserin, Juni 2015)

MF: Was würden Sie aus Ihrer Erfahrung Menschen empfehlen, die in der IT-Branche Karriere machen wollen?

SK: Mein Fokus liegt im Mittelstand und hier konkret auf den Branchen Maschinen- und Anlagenbau, Automotive, Diskrete Fertigung sowie Service- und Sozial-Dienstleister. Karriere bzw. meinen beruflichen Erfolg hatte ich in der betriebswirtschaftlichen Anwendung. Überzeugen konnte ich die Kunden durch ein sehr breites und tiefes Wissen im Bereich Finanzbuchhaltung und Controlling. Das bedeutet, ich kann den Kunden wesentlich mehr Nutzen bieten als ein reiner IT-/SAP-Berater. Im Prinzip weiß ich sehr konkret aus der Praxis, welche Anforderungen der Kunde i. d. R. hat. Zusätzlich kann ich aus über 50 erfolgreichen Projekten bzw. ca. 5.000 Schulungs- und Beratungstagen dem Kunden die Lösung aufzeichnen und bereits realisierte Lösungen vorstellen.

Karriere-Tipp: Fokussieren Sie sich nicht auf die IT – kommen Sie von den Anforderungen und denken Sie in Lösungen!

MF: Sie haben das Praxishandbuch »SAP® Query-Reporting« geschrieben. Welche Empfehlungen können Sie Interessenten weitergeben zum Thema SAP?

SK: SAP ist inzwischen ein eigener IT-Markt. Hier gilt es, je Modul und/oder Branche mindestens drei Projekte in Festanstellung bei einem Arbeitgeber erfolgreich abgeschlossen zu haben. Fokus im Mittelstand ist hierbei die ganzheitliche Beratung und, den Kunden gezielt zu unterstützen. Bei Großunternehmen ist es hingegen das Spezialwissen in einer Nische.

Karriere-Tipp: Prüfen Sie, wenn Sie im Moment in Festanstellung arbeiten, ob die SAP-Unternehmensberatung für Sie der richtige Job ist – insbesondere werden meistens eine hohe Reisebereitschaft sowie ein hohes Projekt-Engagement zum Ende des Projekts vorausgesetzt. Häufig ist

> gerade am Anfang des Berufseinstiegs eine »Work-Life-Balance« nicht gegeben, daher überlegen Sie, ob sich dies mit Ihrer Lebensplanung vereinbaren lässt. Eine Karriere ist dann nach langjähriger, erfolgreicher Projekttätigkeit nur als Selbstständiger möglich. Hierbei sollten Sie sich überlegen, ob Sie von Ihrem Naturell her für eine freiberufliche Tätigkeit geschaffen sind.
>
> **MF:** Was ist das Besondere an einer IT-Tätigkeit als Unternehmer?
>
> **SK:** Insbesondere können Sie sich als SAP-IT-Unternehmen nur mit einer gewissen Größe platzieren. Entsprechende Gewinne lassen sich dann jedoch nicht aus dem Beratungs-Segment erzielen. Aufgrund der unterschiedlichen Anforderungen sowie der unterschiedlichen Projektauslastungen erzielt das Beratungssegment bei einem SAP-Beratungsunternehmen eher sehr geringe oder keine Deckungsbeiträge. Interessant ist es im SAP-Bereich ab einer gewissen Unternehmensgröße, da sich dann der »Skaleneffekt« ergibt und auch die ständig wachsenden technischen Anforderungen (HANA, Cloud, Sybase, Business Objects etc.) bewältigt werden können.
>
> *Karriere-Tipp*: Versuchen Sie, eine Unternehmensgröße von mindestens 50 Mitarbeitern zu erzielen. Als Unternehmen sollten Sie auf eine hohe Kundenbindung bauen und Ihre Erträge aufgrund von Lizenzen oder wiederkehrenden Wartungs- und Service-Gebühren erzielen.

Unternehmerisches Planen, Denken, Fühlen und Handeln kommen bei einem Unternehmer aus einer Hand. Zielorientiertes Vorgehen sowie das Treffen von Entscheidungen sollten Ihnen als Selbstständiger liegen. Ebenso sollte Ihnen der Umgang mit Ihren Mitarbeitern Freude bereiten. Sie sollten über eine sehr gute Selbstdisziplin und ein hervorragendes Selbstmanagement verfügen, um erfolgreich zu sein. Die erwartete *Stressresistenz* und *Frustrationstoleranz* liegen bei Selbstständigen deutlich höher. In Abbildung 2.5 können Sie die wichtigsten Skills für Selbstständige ablesen:

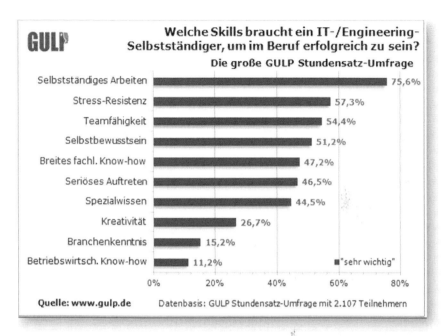

Abbildung 2.5: *Skills für IT-/Engineering-Selbstständige 2013*
(Quelle: www.gulp.de)

Neben den genannten Soft Skills sind natürlich Hard Skills von ebenso großer Bedeutung und Voraussetzung für erfolgreiches Arbeiten. Die wichtigsten *IT-Skills* werden in Abbildung 2.6, bezogen auf den europäischen Markt der *Freelancer* für die Jahre 2013 und 2014 visualisiert. Per Definition in Gablers Wirtschaftslexikon [12] ist »Freelancer« die »angelsächsische Bezeichnung für freiberuflich Tätige, i. d. R. von mehreren Arbeitgebern Aufträge erhaltende Personen, die nicht wie ein Arbeitnehmer in das Unternehmen des Auftraggebers eingegliedert sind. Im Gegensatz dazu bezieht sich der Begriff *Freiberufler* (Hervorhebung nicht im Orig., Anm. d. Verf.) nicht auf die Art eines Beschäftigungsverhältnisses, sondern ist die Sammelbezeichnung für ganz bestimmte wissenschaftliche und künstlerische Berufe (z. B. Ärzte, Architekten, Psychologen, Rechtsanwälte usw.), die sog. Freiberufe.«

Freiberuflich oder gewerbesteuerpflichtig?

Solange Sie als Selbstständiger Ihre Beratungsleistung oder Arbeitskraft zur Verfügung stellen und keine Produkte vertreiben, kann das zuständige Finanzamt Sie von der Gewerbesteuer befreien und als Freiberufler einstufen. Personen mit Studium haben gute Voraussetzungen. Je nach Hebesatz kann die Zahlung der Gewerbesteuer einen erheblichen zusätzlichen Posten verursachen. Eine Überprüfung lohnt sich in jedem Fall!

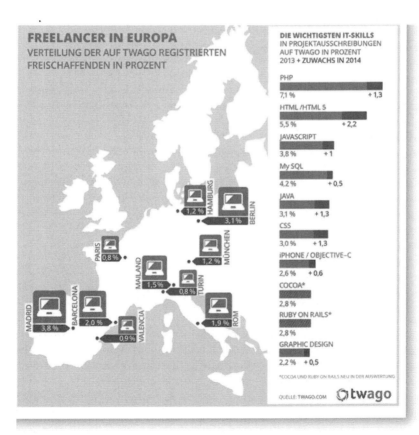

Abbildung 2.6: Freelancer in Europa 2013 (Quelle: www.twago.com)

Abgesehen von den Skills ist v. a. das notwendige Kapital ein weiterer Baustein, der in jedem Business-Plan für eine Gründung genau untersucht werden sollte. Im ersten Halbjahr 2013 wurden rund 137 Millionen Euro in IT- und Internet-Start-ups investiert (siehe Abbildung 2.7). Mehr als die Hälfte floss nach Berlin und über ein Viertel nach Bayern. Weniger als ein Viertel des *Venture Capitals* verteilt sich auf alle übrigen Bundesländer.

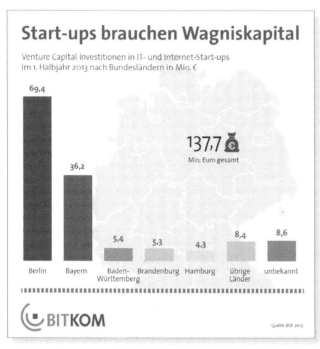

Abbildung 2.7: *Start-ups brauchen Wagniskapital 2013 (www.bitkom.org)*

Zur Entscheidung, ob und wie Sie sich selbstständig machen können, rate ich Ihnen dringend, Unterstützung anzufordern und einen Experten zu konsultieren. Voreilige, nicht zur Genüge überprüfte Entscheidungen haben schon einige Menschen in Unzufriedenheit und Konkurs geführt. Vor einem Beratungsgespräch sollten Sie auf jeden Fall eine Selbstanalyse mithilfe von Tabelle 2.2 vornehmen und die erste Fassung eines *Business-Plans* entwerfen (siehe Abschnitt 2.6) – so weit, wie Sie es allein schaffen. Im Anschluss ist das Hinzuziehen eines sachkundigen Beraters sinnvoll. Die Tabelle basiert auf meinen Erfahrungen und ist keineswegs vollständig. Sie erhalten aber recht schnell einen Eindruck, ob Selbstständigkeit eine Option für Sie ist oder nicht.

Angestellt	Selbstständig
Jobsicherheit	Projektsicherheit
Abhängigkeit von Unternehmen, Unternehmensführung, Machtverhältnissen, möglichen Intrigen	Abhängigkeit vom Markt, Ihren Kunden, Akquisetätigkeit
Persönlichkeit wichtig	Persönlichkeit besonders wichtig
Toleranz, Anpassungsfähigkeit, soziale Kompetenz	ausgereiftes Selbstkonzept
Weiterbildung nach Beurteilungsgespräch auf Kosten des Unternehmens	Weiterbildungen eigeninitiativ, auf eigene Rechnung
Teilverantwortung je nach Position und Aufgabe	Gesamtverantwortung
Anforderungen laut Stellenbeschreibung	unterschiedliche Anforderungen
Ausrichtung: Spezialist oder Generalist, je nach Ebene im Unternehmen	Ausrichtung: Generalist
Umgang mit Strukturen, Hierarchien	Umgang mit Unsicherheiten, Neuerungen
Hälftige Übernahme der Sozialabgaben	Sozialabgaben auf eigene Rechnung
6-wöchige Lohnfortzahlung	keine Lohnfortzahlung
bezahlter Urlaub	unbezahlter Urlaub
monatlich gleich bleibendes Einkommen	schwankendes Einkommen
risikoarmes Angestelltenverhältnis	risikoreiches unternehmerisches Denken und Handeln
Möglichkeit der Kündigung, Mobbing, Bossing	Möglichkeit des Versagens, des Konkurses oder der Pleite
Ziele des Unternehmens vertreten	Selbstverwirklichung anstreben
für andere arbeiten	für sich arbeiten

Tabelle 2.2: Angestellt oder selbstständig?

Wie sicherheitsorientiert sind Sie? Eine Garantie für Erfolg gibt es nicht: Die einzige Sicherheit bei der Berufswahl ist die Unsicherheit bezüglich der zukünftigen Entwicklungen. Davon können Sie Ihre Entscheidung nicht abhängig machen. Der Fall, dass Erwerbstätige ihr gesamtes Arbeitsleben – von der Ausbildung bis zur Rente – für ein und dasselbe Unternehmen arbeiten, wird immer seltener.

Wenn Sie sich für die Selbstständigkeit entschieden haben, sollten Sie realistisch einschätzen: Was kann ich alleine, und in welchen Punkten muss ich mir externes Wissen und Können dazukaufen? Neben den betriebswirtschaftlichen Fähigkeiten ist auch Ihr Umfeld nicht zu unterschätzen. Wie reagieren die Menschen, die Ihnen wichtig sind, auf eine mögliche Selbstständigkeit? Selbstständigkeit läuft auf allen Ebenen ab. Häufig habe ich erlebt, dass Gründer auf ihrem Weg zum eigenen Unternehmen erst einmal über ihre eigene Familiengeschichte gestolpert sind. Und sich zunächst Klarheit verschaffen mussten zu Themen wie: Warum stehe ich beruflich heute an diesem Punkt? Wie gehe ich mit den herausragenden Erfolgen meines Vaters um? Ebenso wird es schwer sein, mit Drive und Begeisterung in die gewählte Selbstständigkeit durchzustarten, wenn der Partner eine andere Sicherheitsorientierung hat und sich permanent Sorgen über die gemeinsamen Finanzen macht. Es lässt sich vergleichen mit der Entscheidung: Miete oder Wohneigentum? Wenn Sie ein Haus besitzen, müssen Sie sich um die Instandhaltung und Renovierung selbst kümmern – können es aber ganz nach Ihren Vorstellungen gestalten.

> **Welche Absicherung ist für mich wichtig?**
>
> Als Selbstständiger benötigen Sie unbedingt ein Krankentagegeld in ausreichender Höhe, das entsprechend Ihres Nettoverdienstes angepasst und auch aktualisiert werden sollte. Nach Meinung der Versicherungsexperten sind – unabhängig von der Arbeitsform – eine wirksame Altersversorgung und Berufsunfähigkeitsversicherung ratsam.
>
> Suchen Sie sich in jedem Fall einen Steuerberater, der sich mit dem Klientel »ITler« auskennt und sich entsprechend gut um Ihre Belange kümmern kann.

2.5 Projektarbeit als Selbstständiger

Doch es gibt auch einen Zwischenschritt zwischen dem Angestellt- und Selbstständig-Sein: die Projektarbeit auf eigene Rechnung.

Sowohl Tages- als auch Fachzeitschriften – wie etwa der Tagesspiegel und die Computerwoche – belegen, dass die Nachfrage nach IT-Freelancern stetig steigt [13]. Der Bundesverband Informationswirtschaft, Telekommunikation und neue Medien e. V. (BITKOM) zählte März 2015 an die 100.000 Freiberufler für den IT-Bereich [14]. Damit ergeben sich gute Aussichten für Personaldienstleister, die die anspruchsvolle Aufgabe haben, Projektanforderungen und Profil des ITlers zu matchen.»Unsere Kunden nutzen die von uns rekrutierten IT-Spezialisten, um eine hohe Flexibilität angesichts der sich ständig ändernden Marktanforderungen zu realisieren«, erläutert Christian Steeg, Director Contracting/Prokurist der Hays AG. Darüber hinaus gibt es auch reine Online-Plattformen, bei denen sich IT-Experten selbst vermarkten können und der Endkunde auf direktem Weg seine Projektbesetzung finden kann.

Unter *Bodyleasing* versteht man eine zeitlich begrenzte Art der Arbeitnehmerüberlassung, auch Leiharbeit, Temporärarbeit, Personalleasing oder Mitarbeiterüberlassung genannt. Im Gegensatz zur Zeitarbeit sind die extern Vermittelten Selbstständige und nicht Angestellte. Laut Interessenverband Deutscher Zeitarbeitsunternehmen (iGZ) in Münster wird bei dem hier beschrieben Agenturprinzip die Verlagerung des Weiterbeschäftigungsrisikos vom Projektdienstleister auf den IT-Freelancer übertragen.

In Tabelle 2.3 finden Sie eine Auswahl von Projektanbietern für die IT-Branche.

Unternehmen	Alphabetisch nach Domain
BJC BEST JOB IT SERVICES GmbH Hamburg	http://bjc-its.de
BRAIN FORCE Software GmbH München	www.brainforce.com/de/de/it-projekte-fuer-freiberufler.htm
DIS AG Düsseldorf	http://www.dis-ag.com/disag.aspx
emagine GmbH Eschborn	www.emagine.org/de/experten/projektangebote.html
Etengo AG Mannheim	www.etengo.de/projekte-finden.html
Freelancer.Net GmbH München	www.freelance.de/Projekte/K/IT-Entwicklung-

Unternehmen	Alphabetisch nach Domain
	Projekte/
freelancermap GmbH Nürnberg	www.freelancermap.de/projektboerse.html
GECO AG Hamburg	www.geco-group.com/it-specialists/jobs
Goetzfried AG Wiesbaden	www.goetzfried-ag.com/cms/de/fuer-experten/fuer-freelancer
GULP Information Services GmbH München	www.gulp.de/projekte
Harvey Nash GmbH Düsseldorf	www.harveynash.com/de/jobs-kariere/
Deutsche Medienagentur, Thomas Schwarzer Wettenberg	www.it-ausschreibung.de/ausschreibungen/
New Elements GmbH Nürnberg	www.it-projekte.de/projekte/nach-kategorien.html
JoinVision E-Services GmbH Wien | A	www.joinvision.com/jobs
mymotion.de GmbH & CO. KG Lippstadt	www.mymotion.de/projekte-finden.html
Neusta consulting GmbH Hamburg	www.neusta-consulting.de/projektboerse/
Origondo AG Zürich | CH	www.origondo.com/de/find-jobs
people4project GmbH München	www.people4project.com/
PASS Global Consulting Alliance AG Aschaffenburg	www.profi4project.com
Personality IT People Power GmbH Stuttgart	www.personality-it.de/freelancer/freelancer-sucht-it-projekt.html
audeoSoft GmbH Wiesbaden	www.resoom.de/
Questax GmbH Heidelberg	www.questax.com/it-jobs-freelancer
softwareXperts GmbH St. Pölten | A	www.sw-xperts.com/public/Projects.aspx
Team2Venture GmbH Berlin	www.twago.de/expert/adc/providers?r=adcell&bid=65581-50498

Tabelle 2.3: Projektanbieter für die IT-Branche

Diese Personaldienstleister verknüpfen Angebot und Nachfrage: Gewinnorientierte Unternehmen, Nonprofit-Organisationen und die gefragten IT-Spezialisten finden zusammen. Das Angebot von IT-Projekten ist unüberschaubar groß. Es gibt darüber hinaus noch eine Vielzahl kleinerer Anbieter, die Sie im Netz recherchieren können. Feststeht, dass Sie mit dieser Variante zum einen selbstständig sind, Ihre Projekte aussuchen und auch mal eine Pause einlegen können sowie zum anderen den Vorteil haben, die ganze Akquisearbeit nicht alleine machen zu müssen. Wie Akquise funktioniert erfahren Sie in Kapitel 10.

In Abbildung 2.8 sehen Sie René Bock, der im nachfolgenden Interview wichtige Fragen zu den Themen Human Resources, Karriereplanung, *werteorientierte Personalführung*, Anforderungen an IT-Freelancer, Konzept *Generation Y* und Aussichten für den IT-Markt beantwortet.

Abbildung 2.8: René Bock

René Bock, DIS AG (persönliches Interview, geführt von Verfasserin, Juni 2015)

MF: Herr Bock, Sie sind Human-Ressources-Berater bei der DIS AG und unterrichten an mehreren Hochschulen Human Resources. Was würden Sie aus Ihrer Erfahrung Menschen empfehlen, die in der IT-Branche Karriere machen wollen?

RB: Mit der Fragestellung ist schon eine wichtige Komponente vorweggenommen. Man muss es wollen. Karriere muss man wollen. Man muss immer am Ball bleiben, Eigenverantwortung übernehmen und Fähigkeiten schulen und entwickeln, die über das normale Fachwissen hinausgehen. Hier ist es wichtig, den Karriereweg zu finden, der am besten zur eigenen Persönlichkeit passt. Wenn man die vielfältigen Möglichkeiten der IT-Branche anschaut, kann man von der Spezialisten- über die Generalisten- bis hin zur Führungskarriere gehen (die Projekt- und Beraterkarriere sind in dieser Dreiteilung enthalten). Es liegt dann an Vorgesetzten und Experten aus dem Personalwesen, Talente zu erkennen und zu fördern. Zusammenfassend muss jeder für sich, wenn man Karriere »planen« will, folgende Fragen stellen: Was will ich, was macht mir Spaß bei einer späteren Tätigkeit, worin bin ich richtig gut, welche Optionen bietet mein Arbeitgeber, und welchen Karrierepfad will ich einschlagen? Als letzten Punkt, der aber mit am wichtigsten ist: In fast keiner anderen Branche ist die Halbwertszeit des Wissens so kurz wie in der IT-Branche, man muss durch permanente Weiterbildungen, Zertifizierungen und Lizenzierungen up to date bleiben.

MF: Wie sollten sich IT-Freelancer positionieren, um gut bei potenziellen Arbeitgebern anzukommen?

RB: Generell ist es eine Sparte auf dem Arbeitsmarkt, die sich mit rasender Geschwindigkeit weiterentwickelt. Also werden auch von einem Freelancer diese Anpassungs- und Entwicklungsfähigkeit gefordert. Viele Freelancer aus dem IT-Bereich, die ich kenne, werden sehr stark im Bereich IT-Consulting, Anwendungsentwicklung und zum Thema Industrie 4.0 in Projekten gesucht. Aktuelle Dauerbrenner sind IT-Management, Netzwerke, Lösungen im Bereich Security, Cloud Computing und

Big Data, Mobile-Anwendungen und eventuell noch Social-Media-Management-Projekte. Gerade in Bezug auf Industrie 4.0 wird jedoch erwartet, dass man Anforderungen und Strukturen von Firmen kennt und Prozesse im gesamten Unternehmen (z. B. Entwicklung, Produktion, Logistik, Support) abzubilden weiß. Hier wird oft noch betriebswirtschaftliches Wissen oder technisches Fachwissen abverlangt. Von Freelancern wird immer erwartet, dass sie die PS auf die Straße bringen, ob als Entwickler in Projekten oder als externe Berater. Sie sind ja selbst für ihren Erfolg verantwortlich und müssen mit verschiedensten Anspruchsgruppen permanent kommunizieren, um erfolgreich zu sein. Eine hohe Eigenmotivation, Durchsetzungsfähigkeit, Organisationsgeschick und exzellente Sozialkompetenzen werden hier erwartet.

MF: Was sind die Anforderungen an ITler, bezogen auf ein werteorientiertes Personalmanagement?

RB: Leider würde die vollständige Erörterung der Frage den Rahmen sprengen. Nun, man möchte mit der Werteorientierung nicht nur die Wertschöpfung eines Unternehmens steigern. Es ist eine Orientierung an den tatsächlichen Werten von Personen, der Gesellschaft aber auch des Unternehmens. Dies geht weit über das Konzept des ökonomischen Nutzens hinaus. Wir fragen nicht mehr nur nach dem: »Was können Sie?«, sondern auch »Wer sind Sie?«. Die Anforderungen an ITler sind hier ebenso zu setzen wie an alle anderen Mitarbeiter, vom Vorstand bis zum einfachen Angestellten. Es wird erwartet, dass man zur Kultur und zum Unternehmen ein hohes »Matching« der eigenen Wertevorstellungen mitbringt oder man fähig ist, sich dorthin zu entwickeln. Natürlich hat niemand 100 Prozent Übereinstimmung. Je nach Unternehmen sind diese anders definiert. Je nach Unternehmen können die Werte auch erhebliche Unterschiede zu den eigenen darstellen. Es ist oft ein Schlüssel zur langfristigen erfolgreichen Zusammenarbeit. Um die Frage aufzugreifen: Die Anforderungen an ITler (neben der reinen Fachkompetenz) leiten sich meist von den Unternehmenswerten und -zielen ab. Aber ich würde abschließend gern eine Gegenfrage einwerfen, die, wenn man Werteorientierung ernst nimmt, jeder stellen muss: Was sind die Anforderungen des Mitarbeiters an das Unternehmen, damit es für ihn ein gutes Unternehmen ist, in dem er lange bleiben möchte? Diese Frage ist viel interessanter für uns im Personalwesen. Jeder Bewerber sollte sich meiner Meinung nach nicht nur fragen: »Passe ich zum Unternehmen?«, sondern: »Passt das Unternehmen zu mir?«

MF: Welche Auswirkungen hat das Konzept »Generation Y« auf potenzielle Bewerber?

RB: Wir sprechen nun von einer Generation per Definition, also gehen wir nicht auf Individuen ein. Wie erwähnt – diese Generation fragt sich: »Passt das Unternehmen zu mir?«. Tatsächlich meint man, Unterschiede im Recruiting und der Motivation zu bemerken. Für definitive Aussagen würde aber weitere empirische Forschung benötigt. Ich finde Angehörige der Generation Y persönlich sehr spannend. Also entweder Studenten, von denen ich einige unterrichte, oder junge Arbeitnehmer am Anfang ihrer Karriere. Meist ist das Private noch nicht geregelt, und es gibt noch viel für das eigene Leben zu entscheiden. Dies ist aber bei allen Generationen so, wenn sie in einer gewissen Altersspanne sind. Ich denke, alleine durch die Möglichkeiten der Informationsgewinnung sind viele Generation-Y-Angehörige besser bzw. umfassender ausgebildet als jede Altersgruppe zuvor. Viele Arbeitgeber betrachten Angehörige der Gen-Y oft als disloyale Jobhopper und als schwierig, zu fordernd. Hier muss man sich meiner Meinung nach an die eigene Nase fassen. Anstatt an alten Strukturen festzuhalten, sollte man einfach mal fragen: Wie können wir es schaffen, als Arbeitgeber für diese selbstbestimmten, innovativen und gut informierten Menschen attraktiv zu werden und diese zu binden? Was wird erwartet? Was können wir bieten? Man darf nicht vergessen, es sind nicht »nur« potenzielle Bewerber und Mitarbeiter, sondern auch unsere Kunden, und sie bilden einen Teil der Gesellschaft. Ich habe sogar von einigen Studenten auf die Frage, wo sie denn gern arbeiten möchten, negative Antworten auf die größten Arbeitgeber erhalten, mit der Begründung, das seien zu starre Strukturen und zu konservative Vereine, da erkenne man ja ihr Potenzial gar nicht. Man darf nicht vergessen, dies ist eine Generation, die mit Information Management und Social Media groß geworden ist. Die wissen ganz genau, wo sie Informationen finden, wie sie Gegendarstellungen von Firmen interpretieren müssen und wie sie einen fundierten Vergleich mit der Realität und einer Corporate PR herbeiführen. Auch kommen viele Firmen mit ihren befris-

> teten Verträgen nicht weit. Gen-Yler erwarten oft ein individuelles Personalentwicklungskonzept von ihrem Arbeitgeber und ein entsprechendes und faires Gehalt. Ich habe in Bewerbungsgesprächen, die ich selbst führe, festgestellt, dass ein Fehlen dieser Anforderungen oft ein Wechselgrund ist. Wie es in ein paar Jahren aussieht, wenn viele Gen-Yler in das Alter kommen, um sich für eine Familie zu entscheiden, ist ja noch gar nicht bekannt. Ich empfehle daher Unternehmen, neben werteorientiertem Personalmanagement ebenfalls ein lebensphasenorientiertes Karrieremodell vorzuhalten.
>
> **MF:** Wie schätzen Sie die Beschäftigungssituation in der IT-Branche für die nächsten Jahre ein?
>
> **RB:** Nach wie vor sehr gut. Jedoch hat sich die Diversität exponentiell vervielfacht. IT gehört heute zum täglichen Leben wie die Wasserversorgung im alten Rom. Sie ermöglicht weltweite Kommunikation, Vorsprung durch Innovationen und sorgt für Sicherheit in vielen Lebensbereichen. Sie ist neben anderen Bereichen ein Wertebewahrer und Wertetreiber. Gerade bei Themen wie dem »Arbeitsplatz im Jahre 2050« bzw. der Flexibilisierung der Arbeitswelt, Abwehr neuer Gefahren und nicht zuletzt für eine ökonomischere Nutzung von wichtigen Ressourcen spielt die IT eine große Rolle – obwohl man das nicht immer so wahrnimmt. Fakt ist: IT ist ein Bestandteil unseres täglichen Lebens geworden, das Nervensystem des Business, der Gesellschaft. Ich sehe die Situation sehr optimistisch, obwohl sich die Tätigkeiten durch Optimierungen ebenfalls ändern können.

Vonseiten führender Personaldienstleister macht man sich also viele Gedanken, wie man potenzielle Arbeitnehmer und Freelancer unterstützen kann.

2.6 Der Business-Plan

Wenn Sie sich für die Selbstständigkeit in Richtung Projektarbeit oder Unternehmertum entschieden haben, dann sollten Sie sich intensiv mit der Recherche und Ausformulierung Ihres Business-Plans beschäftigen. Das Bundesministerium für Wirtschaft und Energie dokumentiert auf der Internetseite *www.existenzgruender.de* unter GRÜNDUNGSWERKSTATT • CHECKLISTEN & ÜBERSICHTEN • BUSINESSPLAN, was in einem Business-Plan enthalten sein sollte. Neben Angaben zur Gründerperson sind darin die angebotene Dienstleistung bzw. das Produkt genau zu beschreiben, eine Marktübersicht und Finanzierung zu erstellen und Überlegungen zur Organisationsform wie auch zum Marketing darzulegen.

Nachfolgend stelle ich Ihnen zusammengefasst die wichtigsten Eckwerte eines Business-Plans vor:

Zusammenfassung

- ▶ Name und Rechtsform des Unternehmens
- ▶ Mission und Vision
- ▶ Besonderheit des Angebots
- ▶ Zielgruppenanalyse
- ▶ Angebots-Portfolio
- ▶ finanzielle Situation
- ▶ strategische Planung
- ▶ Marketing

Gründerperson/en

- ▶ Qualifikation und Berufserfahrung
- ▶ Stärken und Schwächen
- ▶ Kompetenzen

Produkt/Dienstleistung

- ▶ Marktnische oder Alleinstellungsmerkmal
- ▶ gesetzliche Regelungen
- ▶ Chancen und Risiken bei entwicklungsintensiven Vorhaben

Marktübersicht
Kunden-, Konkurrenz- und Standortanalyse

Marketing
- ▶ strategische Marketingplanung
- ▶ »4 Ps«: Product, Price, Promotion, Place

Unternehmensorganisation/Personal
Organisationsstruktur, Mitarbeiter, Chancen und Risiken

Finanzierung
- ▶ Investitions-, Finanzierungs- und Liquiditätsplan
- ▶ Rentabilitätsplan

Unterlagen
Marktanalysen, Verträge und Lebenslauf

Zur Erstellung dieser Übersicht gibt es Unternehmensberater und Coaches, die Ihnen zur Seite stehen können. Darüber hinaus bieten die Industrie und Handelskammern (IHK), das Rationalisierungszentrum- und Innovationszentrum der Deutschen Wirtschaft (RKW), der Bundesverband mittelständischer Wirtschaft (BVMW) sowie die Kreditanstalt für Wiederaufbau (KfW) wichtige Informationen und Förderprogramme für Gründungswillige an.

> **Den Business-Plan sollten Sie auch für sich selbst machen!**
>
> Der Business-Plan ist das Herzstück einer jeden Gründung und sollte möglichst ausführlich und gewissenhaft erarbeitet werden. Dann kann er auch in den ersten Jahren als nützliches Controlling-Instrument dienen.

3 Coaching für ITler

Warum soll ich mich coachen lassen? Inwiefern hilft mir das bei der Suche nach dem stimmigen Beruf, der wirklich zu mir passt? In diesem Kapitel möchte ich Sie wachrütteln, für das Thema Coaching sensibilisieren und mit wichtigen berufsrelevanten Themen zum Nachdenken, Erforschen und Ausprobieren anregen.

3.1 Was ist Karriere-Coaching?

Bis dato existiert keine Definition von *Karriere-Coaching*. Der Roundtable der Coachingverbände einigte sich im März 2015 auf folgende Coaching Definition:

»Coaching richtet sich an einzelne Personen (bzw. Personengruppen) und fördert deren Fähigkeit zur Selbstorganisation im Berufs- und Arbeitsleben. [Es] unterstützt die Person bei der Gestaltung ihrer persönlichen Entwicklung, ihrer sozialen Rollen und ihrer Kooperationsbeziehungen sowie bei der Bewältigung ihrer Entscheidungs- und Handlungsanforderungen im Arbeitsleben. Coaching wird durch einen Coach ausgeübt, dessen Qualifizierung von einem Berufs- oder Fachverband anerkannt ist. Im Dialog zwischen Coach und Klient werden *Reflexions- und (Selbst-)Erfahrungsräume* eröffnet und Klärungsprozesse initiiert. Durch die Erschließung neuer Perspektiven werden Entwicklungspotenziale und Handlungsspielräume erschlossen, Lern- und Veränderungsprozesse angeregt und begleitet sowie die Entscheidungs- und Handlungsfähigkeit gestärkt.«

Wann ist Karriere-Coaching sinnvoll?

Karriere-Coaching kann eine Brücke zwischen Studium und Beruf schlagen, den nächsten Positionierungsschritt begleiten, bei kompletten Veränderungswünschen helfen oder dabei unterstützen, das Arbeitsleben z. B. gesundheitsfreundlicher oder auch effizienter zu gestalten.

Karriere-Coaching

http://IT.espresso-tutorials.com
Lassen Sie mich Ihnen in diesem Video kurz und knapp darlegen, wann ein Karriere-Coaching sinnvoll ist.

Manchmal kommen Kunden in meine Coaching-Praxis, die feststellen, dass sie im Berufsleben wunderbar aufgestellt sind, sich aber einfach mehr Zeit für ihre Hobbys wünschen. Für sie kann ein Sabbatical oder ein freier Tag in der Woche ungeahnte Möglichkeiten eröffnen. Die Mehrzahl ist allerdings bestrebt, ihr Berufs- und Arbeitsleben zu optimieren.

Wie finden Sie nun den stimmigen Beruf, der wirklich zu Ihnen passt? Das kann von sehr vielen unterschiedlichen Faktoren abhängen. In der Regel ist es ratsam, sich Unterstützung durch einen Experten zu nehmen. Denn neben der Selbstwahrnehmung ist immer auch die Fremdwahrnehmung mit einem aufrichtigen Feedback von großem Nutzen [15] für die Verwirklichung Ihrer beruflichen Ziele. Professionelle Coaches sind *interdisziplinär* geschult, blicken auf eine eigene Führungskarriere zurück und erarbeiten gemeinsam mit dem Kunden individuelle Strategien für die jeweilige Zielsetzung.

Was kann Coaching für ITler eigentlich leisten?

Es kann den Weg zu einem erfüllten Arbeitsleben stark verkürzen. Neben dem Karriere-Coaching ist auch die Karriereberatung ein wichtiger Baustein.

Hesse/Schrader sind führende Experten in der Bewerbungs- und Karriereberatung in Deutschland [16]. Seit 1992 existiert das von Jürgen Hesse (siehe Abbildung 3.1) gegründete Beratungsunternehmen in Berlin. Er hat Psychologie an der Freien Universität in Berlin studiert und war von 1982 bis 2009 Geschäftsführer der Telefonseelsorge Berlin.

Im nachfolgenden Gespräch gibt Herr Hesse wichtige Empfehlungen für Ihren nächsten Karriere-Schritt.

Abbildung 3.1: Jürgen Hesse

Jürgen Hesse (persönliches Kurz-Interview, geführt von Verfasserin, im November 2014)

MF: Herr Hesse, was würden Sie aus Ihrer Erfahrung Menschen empfehlen, die in der IT-Branche Karriere machen wollen?

JH: Sich Zeit nehmen, die Spielregeln der Arbeitswelt und insbesondere der Branche, in der man reüssieren will, zu analysieren, zu verstehen und für sich umzusetzen.

MF: Sie führen in Ihrem Hause Karriere-Coaching durch und beraten Menschen in Orientierungsphasen. Was sind hierbei die wichtigsten Ziele?

JH: Wir verfolgen drei Primärziele:
1. Orientierung, denn am schwierigsten zu finden ist immer der «Wegweiser»;
2. wir bieten ganz konkrete Hilfe und Unterstützung an, sei es bei den schriftlichen Bewerbungsunterlagen oder bei der Vorbereitung auf ein Interview bzw. *Assessment Center*, und
3. verhelfen wir unseren Kunden zu einem neuen Bewusstsein, was ihnen dann bei der erfolgreichen Platzierung auf dem Arbeitsmarkt ganz wesentlich hilft, Irrwege und Frust erspart.

MF: Sie haben als Slogan »Erfolg haben. Mensch bleiben.« Was bedeutet das genau?

JH: Ich bin davon überzeugt, dass jeder diesen Claim nicht nur versteht, sondern auch für sich ganz persönlich deuten, interpretieren kann.

MF: Wie schätzen Sie die Entwicklung der deutschen IT-Branche in den nächsten Jahren ein?

JH: Optimistisch!

In der Ruhe liegt die Kraft!

Es ist also sinnvoll, sich nicht mit Übereifer in das Projekt »neuer Job« zu stürzen, sondern achtsam und mit Bedacht vorzugehen. Prüfen Sie daher zunächst genau: Welcher Job passt zu mir? Welcher Beruf macht mir größtenteils Spaß? Wie sind die Arbeitsbedingungen? Gibt es weitere Aufstiegsmöglichkeiten, und lässt mir der favorisierte Karriereweg auch Raum für Authentizität – »ich selbst bleiben« – und Privatleben?

Laut Jürgen Hesse ist die IT-Welt gut aufgestellt und wird sich zum Besten entwickeln. Erst wenn Sie sicher sind, in welche Richtung die Reise gehen soll, widmen Sie sich Schritt für Schritt dem Bewerbungsprozess.

3.2 Der richtige Job für mich

Das Angebot in der IT-Branche ist groß und wird durch weitreichende Auswahlmöglichkeiten wie u.a. in Kapitel 2 dargestellt, begleitet. Finden Sie heraus: Was passt wirklich zu mir? Stellen Sie sich ganz ehrlich folgende Fragen:

- ▶ Ist die IT-Branche richtig für mich? Kann ich mich mit dieser stark wachsenden und innovativen Branche identifizieren? Gefallen mir die angebotenen Produkte und Dienstleistungen? Komme ich gut mit dem Schlag Menschen zurecht, die in der IT-Branche arbeiten?
- ▶ Was kann ich, was bringe ich mit? Welche Hard- und Soft Skills kann ich vorweisen? Auf welche erreichten Erfolge bin ich stolz? Kann ich gut kommunizieren? Strebe ich eine Führungsposition an? Ist mir Unabhängigkeit wichtig?
- ▶ Was sind meine Prioritäten? Arbeite ich in erster Linie, um Geld zu verdienen oder, um mich selbst zu verwirklichen? Wie wichtig sind mir Familie und Freizeit? Wie viel Verantwortung kann ich im Beruf übernehmen? Möchte ich selbstständig oder angestellt arbeiten?
- ▶ Welches Unternehmen passt zu mir? Wo würde ich gern arbeiten? Welche Arbeitsbedingungen entsprechen mir? Arbeite ich lieber allein oder im Team? Welche Rolle kann ich mir gut für mich vorstellen?

Ihre Jobwahl

Je eher Sie berücksichtigen, einen Job gemäß Ihrer Persönlichkeit, Ihren Interessen, Fähigkeiten und Möglichkeiten anzustreben, desto zufriedener werden Sie mit Ihrer Arbeit sein.

Entscheiden Sie sich für einen Job, bei dem Sie sich kompetent, professionell und souverän fühlen. Vermeiden Sie Unter- und Überforderung. Überprüfen Sie ebenso, wie wichtig Ihnen sinnerfülltes Tun ist und wie Sie mit beruflichen Krisen umgehen wollen. Dann steht auch dem privaten Glück nichts im Weg.

3.3 Wozu Coaching?

Coaching ist nicht nur ein Trend, sondern eine ernst zu nehmende Beratungsmethode. Die Suchmaschine Google liefert im Februar 2016 für das Schlagwort »Coaching« ungefähr 255 Millionen Einträge. Im Ursprung geht dieser Begriff auf das englische Wort »coach« für »Kutsche« oder »Kutscher« zurück. Als Metapher gesprochen, hat der Coach die Funktion, den Kunden zu seinem Ziel zu befördern.

Ihren Start hatte die Coachingentwicklung in den Siebzigerjahren in den USA. Die Einzelberatung von Topmanagern durch externe Berater kam Mitte der Achtziger nach Deutschland. Seit Beginn der Neunzigerjahre erfolgte eine Differenzierung nach Coachingformen und ab 2002 eine Professionalisierung von Coaching [17].

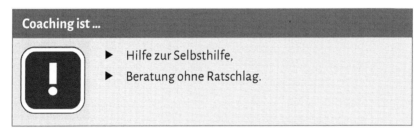

Coaching ist ...

- ▶ Hilfe zur Selbsthilfe,
- ▶ Beratung ohne Ratschlag.

Im Brockhaus wird unter Coaching die »Beratung von Führungskräften bei Problemen im Kommunikations- und Führungsverhalten und Schwierigkeiten im persönlichen Arbeitsverhalten« verstanden. Künzli liefert 2009 mit seiner Untersuchung zur *Wirksamkeitsforschung* von Coaching bei Führungskräften [18] folgende Effekte, die sich auf den Einsatz von Coaching zurückführen lassen:

1. Führungskräfte fühlen sich entlastet.
2. Sie entwickeln neue Perspektiven.
3. Ihre Reflexions-, Kommunikations- und Führungskompetenzen werden erhöht.
4. Führungskräfte handeln effektiver.

Wenn Sie darauf warten wollen, dass Coaching auf seine Wirksamkeit hin genügend untersucht und aufgrund einer quantitativen empirischen Untersuchung für wirkungsvoll befunden wird, dann müssen Sie sich vermutlich noch eine Weile gedulden. Es ist Ihre Entscheidung, für wichtige Berufsfragen einen Experten zu konsultieren oder eben nicht.

3.4 Burn-out

Das Phänomen Burn-out nimmt in Deutschland stetig zu. Laut World Health Organization (WHO, 1946) ist *Gesundheit* nicht nur das Fernbleiben von Krankheit, sondern auch »ein Zustand des vollständigen körperlichen, geistigen und sozialen Wohlbefindens« [19]. Durch gestiegene Komplexität, Druck und unsichere Beschäftigungsverhältnisse fühlen sich Arbeitnehmer und Selbstständige in der heutigen Arbeitswelt zunehmend überfordert. Dies zeigt sich u. a. in der gestiegenen Zahl der betrieblichen Fehltage, nicht selten aufgrund von Burn-out [20].

In der Studie »Arbeitsunfähigkeit und psychische Erkrankungen 2012« der Bundespsychotherapeutenkammer [21] wurde ausgewertet, dass die Krankschreibungen aufgrund von Burn-out seit 2004 um 700 Prozent gestiegen sind. »Immer mehr Unternehmen beauftragen deshalb externe Dienstleister, um ihren Mitarbeitern zeitnah Hilfe bei psychischen Problemen anbieten zu können«, erklärt Norbert Breutmann von der Bundesvereinigung der Deutschen Arbeitgeberverbände.

Obwohl Burn-out ein Syndrom und keine Erkrankung nach ICD-10 (International Statistical Classification of Diseases and Related Health Problems) darstellt, schreibt das Deutsche Ärzteblatt, dass bei 85 Prozent der wegen Burn-out Krankgeschriebenen eine zusätzliche Diagnose wie etwa Depression, Angsterkrankung oder Rückenschmerz diagnostiziert wird [22]. Somit kann Burn-out als wichtiger Hinweis auf entstehende Erkrankungen eingeschätzt werden. Abbildung 3.2 zeigt die *Prävalenz* von Burn-out in Deutschland nach Geschlecht, Alter und sozialem Status für das Jahr 2012.

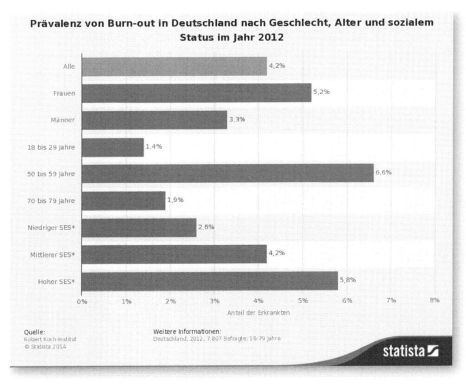

Abbildung 3.2: Prävalenz von Burn-out in Deutschland 2012 (Quelle: Robert-Koch-Institut, www.statista.com)

Die Prävalenz als Kennzahl der Epidemiologie misst die Krankheitshäufigkeit einer Population. Die zugrunde gelegte Studie des Robert-Koch-Instituts zur Gesundheit Erwachsener in Deutschland zeigt, dass Frauen mit 5,2 Prozent anfälliger für das Syndrom Burn-out sind als Männer mit 3,3 Prozent. Die Altersgruppe der 50- bis 59-Jährigen ist mit 6,6 Prozent am meisten gefährdet, wegen Burn-out krankgeschrieben zu werden.

Auch der soziale Status erweist sich als Einflussgröße auf Krankheiten und Risikofaktoren. Der Sozioökonomische Status (SES) spiegelt die schulische und berufliche Qualifikation, den Berufsstatus und das Einkommen wider.

> **Wer ist besonders von Burn-out betroffen?**
>
> Je höher der SES-Index ausfällt, desto größer ist auch die Wahrscheinlichkeit, an Burn-out zu erkranken. Fühlen Sie sich manchmal überfordert, erschöpft, ausgelaugt, gestresst? Stehen Sie neben sich?

Exemplarisch für die Verbreitung von Burn-out in Unternehmen wird in Tabelle 3.1 die Quote der erkrankten Mitarbeiter großer DAX-Unternehmen ausgewiesen. Auffällig ist als deutlicher Ausreißer die Firma K+S mit 0,2 Prozent: Hier ist die Zahl der Burn-out-Erkrankten im Vergleich zu allen anderen Unternehmen verschwindend gering.

Woran liegt das? Man findet auf der Firmenhomepage unter dem Link NACHHALTIGKEIT den weiterführenden Link MITARBEITER und dort folgendes Statement: »Wir möchten die Arbeitsbedingungen und -prozesse gesundheitsgerecht gestalten, damit unsere Mitarbeiter – insbesondere auch bei längerer Lebensarbeitszeit – gesund und motiviert arbeiten können. Die Aktivitäten orientieren sich am individuellen Bedarf, der betrieblichen Situation und landesspezifischen Gegebenheiten und Gesetzen. Schwerpunkte der Programme zur Gesundheitsförderung bilden Präventions- bzw. Beratungsangebote, die Förderung individueller Gesundheit oder arbeitsplatzgestaltende Maßnahmen«.[23]

Bei den verbleibenden neun Unternehmen beträgt der Anteil der Burn-out-Erkrankten im Durchschnitt 7,3 Prozent aller beschäftigten Mitarbeiter.

	Anzahl Burn-out-erkrankter Mitarbeiter	Anteil der Burn-out-Erkrankten in Prozent
Allianz	3.400	8,3
Bayer	2.000	5,6
BMW	5.200	7,1
Commerzbank	3.200	7,2
Daimler	11.400	6,8
Dt. Bank	1.900	7,6
Henkel	700	8,4

	Anzahl Burn-out-erkrankter Mitarbeiter	Anteil der Burn-out-Erkrankten in Prozent
Infinion	600	7,5
K + S	20	0,2
Metro	6.600	7,2

Tabelle 3.1: Burn-out Erkrankungen unter Mitarbeitern ausgewählter DAX-Unternehmen im Jahr 2011 (Quellen: manager magazin, Asklepios Kliniken)

Diese Zahlen sind erschreckend und bedeuten nicht nur enorme Verluste für die Volkswirtschaft, sondern sollten auch als Aufforderung gelten, selbst aktiv zu werden [24]. Wie geht es Ihnen mit Ihrem körperlichen, psychischen und sozialen Wohlbefinden? Übernehmen Sie Eigenverantwortung für Ihre Gesundheit, und vermeiden Sie unnötige Belastungen, unklare Situationen und ungünstige Arbeitssituationen. Mögliche Schutzfaktoren nach Antonovsky (1985) [25] und Bandura (1970) [26] sind:

- ▶ gesunde Lebensführung,
- ▶ regelmäßige Bewegung,
- ▶ Stressbewältigung,
- ▶ gute Konstitution,
- ▶ ausreichend Schlaf,
- ▶ Selbstvertrauen,
- ▶ Disziplin, Zielstrebigkeit,
- ▶ Widerstandfähigkeit,
- ▶ Optimismus, Lebenslust.

Mit den nachfolgenden Übungen zum Thema »Selbstcoaching« können Sie sich in Momenten von Überlastung selbst weiterhelfen.

Weiterführende Literatur

Wenn Sie sich intensiver mit diesem Thema beschäftigen wollen, dann empfehle ich z. B. »Burn-out for experts« vom Springer-Verlag [27] als internationalen Band zur Prävention im Kontext von Arbeit und Leben.

3.5 Selbstcoaching

Im Folgenden stelle ich Ihnen sieben Selbstcoaching-Methoden aus meiner Praxis vor, die bei einer Vielzahl von Kunden wirkungsvoll waren. Diese sind einfach anzuwenden und auch im Team mit einem Partner gut durchzuführen: Experimentieren Sie damit! Tragen Sie aktiv zu Ihrer Selbstfürsorge und Gesundheitsprävention bei!

3.5.1 Freiraum herstellen

Die Methode *Freiraum herstellen* bedeutet, zunächst einmal bei sich selbst anzukommen und einen guten Zugang zum eigentlichen Thema zu erlangen. Nehmen Sie Abstand zu verwirrenden Gedanken und Gefühlen. Im ersten Schritt sammeln Sie alle Themen, die Sie aktuell beschäftigen.

Im zweiten Schritt wählen Sie das Thema aus, das für Sie im Moment am wichtigsten ist. Stellen Sie alle anderen Themen zunächst zur Seite.

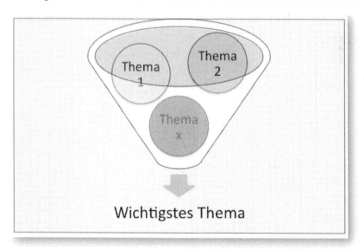

Abbildung 3.3: Freiraum schaffen

Nachdem Sie, wie in Abbildung 3.3, das priorisierte Thema herausgefiltert haben, suchen Sie sich bitte ein passendes Objekt, um ihre weiteren Anliegen zu deponieren. Packen Sie alle Probleme, die Sie jetzt nicht betrachten wollen, aus dem Weg. Lassen Sie sich durch nachfolgende Bilder für Ihren Prozess inspirieren. Sie können sich fokussieren, ohne andere Gedanken zu »verlieren«, indem Sie Themen gedanklich

- in verschiedene Nebenzimmer positionieren,
- in eine Kiste packen, ins Regal stellen oder einen anderen Platz dafür finden,
- nacheinander ausatmen,
- vor dem geistigen Auge auf eine Brücke stehend wie Blätter im Fluss vorbeiziehen lassen,
- auf Wolken setzen und ziehen lassen,
- als Wandbilder aufhängen,
- unten lassen, während Sie in einem Heißluftballon nach oben fliegen.

Durch Auswahl einer dieser Optionen haben Sie allen Themen Raum gegeben und können sich jetzt mit Ihrer gesamten Aufmerksamkeit auf das Thema einlassen, das wirklich wichtig und dringlich ist oder den größten Leidensdruck bei Ihnen auslöst.

3.5.2 Stimmigen Abstand einnehmen

Bei der Abstandsübung geht es um das Finden eines stimmigen inneren und auch äußeren Abstands zu dem ausgewählten Thema oder Problem. Wenn die Betrachtung des Problems nicht lösungsorientiert vorangeht, kann Ihnen eine Abstandsübung helfen, konstruktiv weiterzuarbeiten. Nehmen Sie hierzu eine Decke, Schnur, Papier oder ähnliche Gegenstände und legen Sie diese vor sich auf den Boden. Im Zentrum befindet sich das Problem. Probieren Sie nun mehrere Positionen selbst aus:

1. Gehen Sie in das Problem hinein, d. h., stellen Sie sich in die Mitte der Decke, des Schnurkreises, Papiers oder sonst gewählten Gegenstands. Identifizieren Sie sich mit dem Problem. Lassen Sie sich Zeit. Welche Gefühle und Körperwahrnehmungen haben Sie? Bewerten Sie nichts, nehmen Sie sie im ersten Schritt einfach nur an. Betrachten Sie sie möglichst aus einer neutralen Haltung.

2. Dann entfernen Sie sich, indem Sie sich langsam von dem gewählten Gegenstand, so lange von Ihrem Thema wegbewegen, bis Sie gar nichts mehr wahrnehmen können, das Problem Sie also völlig »kaltlässt«. In dieser Position haben Sie sich so weit von dem Thema dissoziiert, dass es sich anfühlt, als hätten Sie gar kein Problem. Nehmen Sie diese Situation ganz bewusst wahr. Machen Sie sich klar, dass Sie Ihre Wahrnehmungen beeinflussen können.

3. Anschließend bewegen Sie sich langsam wieder auf den Gegenstand zu, der Ihr Problem charakterisiert. Finden Sie einen guten inneren Abstand. Dieser stimmige Abstand befindet sich dort, wo Sie ein Problem und das dazugehörige Gefühl in Maßen spüren, sodass Sie sich voll handlungsfähig fühlen.

> **Stimmiger Abstand**
>
> Genau hier ist die gute Stelle, an der Sie sich fragen sollten: Was ist mein nächster Schritt? Was kann ich Konstruktives zur Problemlösung unternehmen? Wie kann ich nun handeln und mich wieder ganz als Herr der Situation fühlen? Wie kann ich Gefühl und Verstand zusammenbringen? Das mag Ihnen im ersten Moment merkwürdig erscheinen. So ging es mir auch. Probieren Sie es einfach einmal aus.

3.5.3 Inkongruenz aufdecken

Waren Sie auch schon einmal in der Situation, dass Sie sich durch das Nebeneinander gegensätzlicher Gefühle, Gedanken oder Aussagen hin- und hergerissen fühlten? Ist es Ihnen schwergefallen, eine stimmige Einschätzung der Situation abzugeben, eine gute Entscheidung zu treffen? Dann waren Sie in einem Zustand der Inkongruenz. Ihr *Selbst- und Idealbild* sind in diesem Moment nicht deckungsgleich, d. h., Sie wünschen sich, anders zu sein, als Sie sich tatsächlich wahrnehmen. Das kommt vor. Hierbei geht es nicht um ein »Entweder-oder«, sondern um ein »Sowohl-als-auch«.

Wer kennt das nicht, dass zwei unterschiedliche innere Anteile sich melden? Beachten Sie beide Aspekte, und geben Sie nicht einer Instanz den Vorzug. Denn wer sein inneres Team kennt, kann sein ganzes Potenzial ausschöpfen.

3.5.4 Gewaltfrei kommunizieren

Wenn Sie vorhaben, eine Situation wertschätzend zu klären, anstatt mit alten erlernten Mustern zu reagieren, dann probieren Sie das Modell der *Gewaltfreien Kommunikation* nach Marshall Rosenberg aus [28]. Der Ansatz basiert auf dem *Personzentrierten Ansatz* von Carl Rogers [29] und besteht aus vier Teilen:

1. wertfrei beobachten,
2. eigene Gefühle benennen,
3. Bedürfnisse ausdrücken,
4. konkrete Bitte äußern.

Das folgende Beispiel, bei dem eine Projektarbeit nicht zum vereinbarten Zeitpunkt fertiggestellt wurde, soll die Funktionsweise der gewaltfreien Kommunikation verdeutlichen (siehe Tabelle 3.2).

	Gewaltfreie Kommunikation
Beobachtung	»Ich habe meinen Part nicht rechtzeitig fertig bekommen.«
Gefühl	»Das ärgert mich selbst.«
Bedürfnis	»Ich hätte es auch gern geschafft, habe aber nicht mit so vielen Hindernissen gerechnet.
Bitte	»Seien Sie bitte nicht zu wütend. Ich werde ihn so schnell wie möglich bis nächste Woche beenden.«

Tabelle 3.2: Beispiel für gewaltfreie Kommunikation

Wichtig ist zunächst, dass Sie die Verantwortung für Ihre Ergebnisse und Gefühle in kritischen Situationen übernehmen. Danach werden Alternativen oder Lösungsvorschläge gesucht und klar benannt, je nach Situation wird die Bitte als Angebot, Appell oder Kompromiss formuliert. Auf diese Weise wird es Ihnen leichtfallen, schnell wieder einen Konsens mit Ihrem Gegenüber herzustellen.

Beziehungsgestaltung

Der beschriebene Umgang mit sich und anderen Menschen fördert vertrauensvolle Beziehungen. Sie können diese vier Schritte der Kommunikation zur friedlichen Konfliktbewältigung im persönlichen und beruflichen Umfeld einsetzen.

3.5.5 Erfolgstagebuch

Haben Sie sich schon mal gefragt, was erfolgreiche Menschen von weniger erfolgreichen unterscheidet? Zum einen haben sie gelernt, mit ihren Misserfolgen umzugehen, und zum anderen machen sie sich ihre Erfolge bewusst. Damit können auch Sie beginnen. Schreiben Sie ein Erfolgstagebuch, und stellen Sie sich dabei folgende Fragen:

- ▶ Was habe ich heute als Erfolg erlebt?
- ▶ Was ist mir besonders gut geglückt?
- ▶ Welches Ereignis hat mich erfreut?
- ▶ Wem habe ich heute Gutes getan?
- ▶ Wer hat mir heute Gutes getan?
- ▶ Welches Ziel oder Teilziel habe ich erreicht?
- ▶ Was habe ich heute gelernt?

> **Wie bereite ich mich auf Erfolg vor?**
>
> Erfolg bedeutet für jeden Mensch etwas anderes. Manche Erfolge ergeben sich automatisch, andere bedürfen der Motivation, Disziplin, Ausdauer, Geduld und Zuversicht. Daran können Sie jederzeit ganz in Ihrem Tempo arbeiten. Schritt für Schritt. Laden Sie den Erfolg ein, Teil Ihres Lebens zu werden!

Ausführlicher können Sie sich mit diesem Thema in den Abschnitten 5.2 (Lernen aus Erfolgen) und 5.4 (Umgang mit Misserfolgen) beschäftigen.

3.5.6 Zeitmanagement

Wie sieht es mit Ihrem Zeitmanagement aus? Haben Sie den Eindruck, dass Sie alles gut im Griff haben, just in time sind? Oder sind Sie häufiger gestresst und in Zeitnot? Kommen Sie immer auf den letzten Drücker? Gutes Timing ist Voraussetzung für ein erfolgreiches Berufs- und Privatleben. Für Ihre berufliche Entwicklung können Sie einmal folgenden Fahrplan austesten:

- ▶ realistische Zeitpläne erstellen,
- ▶ Prioritäten setzen,
- ▶ Pausen einplanen,
- ▶ Nein sagen,
- ▶ sich nicht ablenken lassen,
- ▶ unangenehme oder große Aufgaben einfach beginnen,
- ▶ Zeitpuffer schaffen,
- ▶ strukturiert vorgehen.

> **Zitat**
>
>
> »Es ist nicht wenig Zeit, die wir haben, sondern es ist viel, die wir nicht nutzen.«
> (Seneca)

> **Wie Sie sinnvoll mit Ihrer Zeit umgehen**
>
>
> Zeit hat man nicht, Zeit nimmt man sich. Gehen Sie achtsam mit Ihrer Zeit um. Eliminieren Sie Zeitfresser und Energievampire. Arbeiten Sie nach einem vernünftigen Ablagesystem: »dringlich und wichtig«, »wichtig« und »unwichtig«. Lassen Sie sich unterstützen. Planen Sie auch Zeit für sich alleine ein – Sie sind wichtig! Und achten Sie auf Freiräume. Vielleicht ist manchmal weniger mehr.

3.5.7 Zufriedenheits-Radar

Das Zufriedenheits-Radar ist in sieben Sektoren untergliedert, die jeweils bestimmten Lebensbereichen zugeordnet sind:

- ▶ Beruf und Karriere,
- ▶ persönliche Entwicklung,
- ▶ Gesundheit und Wohlbefinden,
- ▶ Partnerschaft, Familie und soziale Kontakte,
- ▶ Finanzen und Sicherheit,
- ▶ Freizeit und Entspannung,
- ▶ Sinn und Glaube.

> **Übung zur persönlichen Zufriedenheit**
>
>
> Stellen Sie sich zu jedem Sektor folgende Frage:
>
> *Wie zufrieden bin ich in diesem Bereich?*
>
> Null Prozent Zufriedenheit heißt Achsenmittelpunkt, 100 Prozent (oder 10 auf einer zehnstufigen Skala) bedeutet äußerster Kreis.
>
> Tragen Sie auf diesem Kreisdiagramm (siehe Abbildung 3.4) Ihre aktuelle Bewertung im jeweiligen Lebensbereich auf einer Stufe zwischen 1 und 10 ein, wobei 1 völliger Unzufriedenheit entspricht.
>
> Anschließend verbinden Sie die einzelnen Punkte – so wie im Beispiel in Abbildung 3.5.

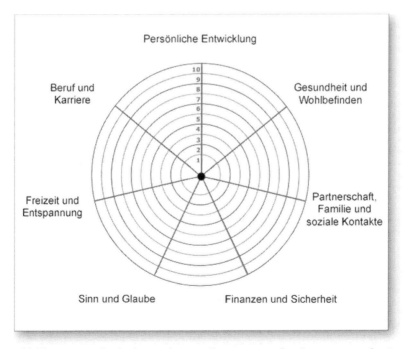

Abbildung 3.4: Zufriedenheitsradar (Quelle: www.ams-forschungsnetzwerk.at)

*Abbildung 3.5: Beispiel Zufriedenheitsradar
(Quelle: www.ams-forschungsnetzwerk.at)*

Meistens stellt sich das Zufriedenheits-Radar als Kreis mit vielen Ecken und Kanten dar. Wenn Sie ihn etwas abrunden wollen, dann können Sie sich folgende Fragen stellen:

1. Was macht Sie in welchem Bereich zufrieden?
2. Wie viel Zeit verwenden Sie jeweils für einen Bereich?
3. Was wollen Sie verbessern oder erreichen?
4. Wollen Sie einen Bereich vergrößern?
5. Welche(n) Bereich(e) müssten Sie dann entsprechend verkleinern?
6. Welchen Einfluss hat das auf Ihre berufliche Tätigkeit?
7. Was sind Ihre nächsten konkreten Schritte?

Grenzen erkennen, Grenzen setzen

- ▶ Schätzen Sie Ihre Chancen und Möglichkeiten realistisch ein. Holen Sie sich dazu auch eine Fremdeinschätzung.
- ▶ Nehmen Sie sich und Ihre Wahrnehmungen ernst, und gehen Sie diesen auf den Grund.
- ▶ Finger weg vom erstbesten Jobangebot, das gar nicht zu Ihnen passt!

Handlungsempfehlungen

Professioneller Input bringt Sie schneller an Ihre Ziele. Daher empfehle ich:

- ▶ Lassen Sie sich durch einen Coach Ihres Vertrauens unterstützen. Jeder Mensch hat »blinde Flecken«. Und ein externer Berater bringt frischen Wind in angestaubte Angelegenheiten.
- ▶ Zum Thema »Selbstständigkeit« kann ein kompetenter Unternehmensberater weiterhelfen.
- ▶ Bei gesundheitlichen Problemen suchen Sie bitte einen Facharzt auf.

Vernachlässigen außerdem nicht Folgendes:

- ▶ Seien Sie ehrlich zu sich.
- ▶ Übernehmen Sie v. a. Eigenverantwortung.
- ▶ Testen Sie unterschiedliche Selbstcoaching-Methoden [30].

4 Meine Persönlichkeit: Wer bin ich?

Wie kann ich mich selbst besser kennenlernen, herausfinden, wer ich bin? Welche Eigenschaften machen mich aus? Und wie kann ich das in Erfahrung bringen? Beschäftigen Sie sich mit Ihrer Persönlichkeit und deren Entwicklung. Die Auseinandersetzung mit Ihren persönlichen Werten und der Aspekt »Authentizität« können Sie auf diesem Weg unterstützen.

4.1 Überprüfen Sie Ihr Karrierepotenzial

Potenzialanalysen sind systematische Untersuchungen, die Ihre unterschiedlichen Fähigkeiten einschätzen helfen. Hierbei werden Kompetenzen bestimmten Kriterien zugeordnet. In der Regel wird eine Potenzialanalyse zur Mitarbeiterbindung in Unternehmen eingesetzt [31]. Sie können diese aber ebenso zum Finden Ihres idealen Arbeitsplatzes nutzen.

Diese Tests eignen sich als hilfreicher Einstieg in die realistische Beurteilung verschiedener Kompetenzen, die in Tabelle 4.1 kurz vorgestellt werden.

Es existieren ganz unterschiedliche Verfahren zur Beurteilung von Persönlichkeit, Leistung und Motivation. Die daraus resultierenden Testergebnisse vermitteln Ihnen einen Status quo, der zur Auseinandersetzung mit sich in Bezug auf das zugrunde gelegte Thema anregen soll. Idealerweise führt das Verstehen der eigenen Bewertung zur Selbstreflexion sowie Vervollkommnung Ihrer Kompetenzen.

Harte Faktoren

Fachkompetenz

Fachkompetenz ist die Fähigkeit, berufstypische Aufgaben und Sachverhalte nach theoretischen Gesichtspunkten zu meistern.

Methodenkompetenz

Unter Methodenkompetenz wird die Fähigkeit verstanden, Fachwissen zu erlangen, einzusetzen und zur Problemlösung anzuwenden. Hieraus bilden sich Schlüsselqualifikationen.

Veränderungskompetenz

Veränderungskompetenz ist die Fähigkeit zur Bewältigung von Veränderungen im Umfeld und der Bereitschaft zu lebenslangem Lernen.

Weiche Faktoren

soziale Kompetenz

Die Sozialkompetenzen, oft auch »Soft Skills« genannt, gliedert sich in kommunikative, integrative und kooperative Fähigkeiten. Entscheidend sind hierbei die eigene Frustrationstoleranz und Belastbarkeit.

Kommunikationskompetenz

Kommunikationskompetenz – als wichtigste soziale Kompetenz – bedeutet, effektiv, bewusst und authentisch zu kommunizieren.

emotionale Kompetenz

Die Fähigkeit, Emotionen anderer zu erkennen und entsprechend darauf zu reagieren, bedeutet emotionale Kompetenz.

Reflexionskompetenz

Das eigene Verhalten in unterschiedlichen Situationen zu beleuchten und daraus weitere Schlüsse zu ziehen, wird als Reflexionskompetenz definiert.

Tabelle 4.1: Kompetenzen im Überblick

Das Bochumer Inventar zur berufsbezogenen Persönlichkeitsbeschreibung (BIP) misst Eigenschaften und Verhaltensweisen, die für den beruflichen Erfolg relevant sind [32]. Es werden vier Persönlichkeitsbereiche untersucht:

- ▶ Berufliche Orientierung,
- ▶ Arbeitsverhalten,
- ▶ soziale Kompetenzen und
- ▶ psychische Konstitution.

Man kann den Test entweder in Form eines Selbst- und Fremdbeschreibungsinventars oder als Anforderungsprofil durchführen. Das Ergebnis einer Selbstbeurteilung können Sie einsehen unter: *http://www.testzentrale.de/fileadmin/redakteure/testzentrale_de/bip-online/mstrbip.pdf*.

4.2 Persönlichkeit

Jeder Mensch ist einzigartig, selbst eineiige Zwillinge. Im Jahr 2015 umfasste die Weltbevölkerung 7,32 Milliarden Menschen. Und keiner ist wie der andere: Unsere Welt ist voller Individualisten.

Wissenschaftler verschiedener Fachrichtungen haben bestätigt, dass unser Zentralnervensystem nur begrenzt Informationen verarbeiten kann, nämlich maximal 50 bis 60 Bit pro Sekunde. Unsere fünf Sinne nehmen die Realität allerdings weitaus differenzierter wahr: Das Auge sendet pro Sekunde mindestens zehn Millionen Bit an das Gehirn, die Haut eine Million, das Ohr und der Geruchssinn je 100.000 und der Geschmackssinn ungefähr 1.000 Bit. Zur Vereinfachung und Reduktion von Komplexität nehmen wir nur einen Bruchteil der an die Sinne gesendeten Bits wahr – gerade einmal ein Prozent. Das nennt man *selektive Wahrnehmung*.

Und welche Informationen aus diesem einen Prozent bei uns ins Bewusstsein strömen, ist zum einen stark davon abhängig, worauf wir gerade fokussiert sind, und zum anderen davon, welche Erfahrungen wir bislang in unserem Leben gemacht haben. Daher neigen wir auch dazu, Menschen bestimmten Kategorien zuzuordnen. Dazu kann es hilfreich sein, sich auf den ersten Blick an extremen Ausprägungen zu orientieren.

Bedenken Sie jedoch: In der Regel finden wir eher Menschen sympathisch, die uns ähnlich sind oder die wir als attraktiv empfinden. Und für einen ersten Eindruck gibt es keine zweite Chance. Gestalten Sie daher Ihr Äußeres und Ihr Auftreten ansprechend, bleiben Sie dabei aber authentisch. In Abschnitt 7.1.2 und Kapitel 9 bekommen Sie weitere Impulse zum Thema »Selbstdarstellung«.

Unter *Persönlichkeit* wird die Gesamtheit der Persönlichkeitseigenschaften verstanden. Die Forschung beschäftigt sich mit der Untersuchung der Persönlichkeitsdimensionen. Dazu gehören laut Asendorpf (2012) [33] Besonderheiten der körperlichen Erscheinung und Regelmäßigkeiten von Verhalten und Erleben. Diese Eigenschaften sollen bestimmt und gemessen werden, um so Menschen besser zu verstehen und deren Verhalten einzuschätzen.

4.2.1 Big-Five-Persönlichkeitstest

Der *Big-Five-Persönlichkeitstest (B5T)* nach Costa/Mc Crae (1987) ist ein wissenschaftliches Modell der Psychologie, nach dem die fünf Hauptdimensionen der Persönlichkeit untersucht werden [34]. Eine Persönlichkeit lässt sich mithilfe der folgenden fünf unabhängigen, stabilen Eigenschaften beschreiben:

- ▶ Neurotizismus,
- ▶ Extraversion,
- ▶ Offenheit für Erfahrungen,
- ▶ Gewissenhaftigkeit,
- ▶ Verträglichkeit.

Neurotizismus spiegelt das individuelle Maß emotionaler Störbarkeit. Das Pendant wäre emotionale Stabilität, Ich-Stärke. Aktivität und zwischenmenschliches Verhalten kennzeichnen das Persönlichkeitsmerkmal *Extraversion*, das im Gegensatz zu Introversion steht. *Offenheit für Erfahrungen* bedeutet: Neuem gegenüber aufgeschlossen zu sein, der Fantasie freien Lauf zu lassen und eine Experimentierfreude mitzubringen. Dem gegenüber stehen Ausprägungen von Konventionalität, Starre und Inflexibilität.

Der Grad an Selbstkontrolle, Genauigkeit und Zielstrebigkeit wird unter der Dimension *Gewissenhaftigkeit* zusammengefasst. Das Gegenteil ist Schlampigkeit, Mangel an Struktur und Chaos. Unter *Verträglichkeit* werden Verständnis, Wohlwollen und Mitgefühl subsumiert, es ist eine Form von altruistischem Verhalten – konträr zum Egoismus. Folgende Tabelle 4.2 liefert zum besseren Verständnis eine Übersicht der Faktoren je nach Ausprägung.

Faktor	schwach ausgeprägt	stark ausgeprägt
Neurotizismus	selbstsicher, ruhig	emotional, verletzlich
Extraversion	zurückhaltend, reserviert	gesellig, aktiv
Offenheit für Erfahrungen	konsistent, vorsichtig	erfinderisch, neugierig
Gewissenhaftigkeit	unbekümmert, nachlässig	effektiv, organisiert
Verträglichkeit	kompetitiv, misstrauisch	kooperativ, freundlich, mitfühlend

Tabelle 4.2: Übersicht der »Big Five«

Wo finden Sie den BT5?

Dieser Persönlichkeitstest wird im deutschsprachigen Raum am häufigsten eingesetzt und wurde von der Stiftung Warentest im Juli 2014 mit »sehr gut« bewertet [35].

Sie können den Test kostenfrei im Psychologie-Portal Psychomeda durchführen:
http://www.psychomeda.de/online-tests/persoenlichkeitstest.html.
Vergleichen Sie hierzu auch die Auswertungen von Satow (2011) [36].

Die Wissenschaft geht von einer unterschiedlich hohen erblich bedingten Komponente bezogen auf die einzelnen Persönlichkeitsmerkmale aus.

Die Heritabilität als Maß für die Erblichkeit von Eigenschaften

	Neurotizismus	40 %
	Extraversion	54 %
	Offenheit für Erfahrungen	**57 %**
	Gewissenhaftigkeit	49 %
	Verträglichkeit	42 %

Die Zahlen zeigen: Ihre Persönlichkeit ist ungefähr zu 50 % erblich bedingt und zu 50 % von Umweltfaktoren abhängig. Auffällig dabei ist, dass der Grad an Offenheit für Erfahrung mit 57 % den höchsten Wert darstellt und somit die Persönlichkeitseigenschaft ist, die mit größter Wahrscheinlichkeit eine genetische Disposition aufweist. Die gute Nachricht: Den niedrigsten Wert hat Neurotizismus.

Vorteile dieses Tests sind sein geprüftes Konzept und eine leichte, schnelle Durchführbarkeit. Kritikpunkt ist, dass sich die menschliche Persönlichkeit nicht auf fünf Persönlichkeitsmerkmale reduzieren lässt.

Nichtsdestotrotz hilft der B5T einen Status quo zu erhalten; er lädt zur Auseinandersetzung mit den im Testergebnis ausgewiesenen persönlichen Tendenzen ein. Denn das Verstehen Ihrer eigenen Bewertung soll Ihnen helfen, sich besser kennenzulernen und abzuleiten, wo es Entwicklungsbedarf für Sie gibt.

4.2.2 DiSG Persönlichkeits-Modell

Ein weiteres Persönlichkeitsmodell ist das *DiSG-Verhaltensmodell*. Dieses können Sie einsetzen, um Einsichten in Ihre individuellen Einstellungen, Verhaltensweisen und Potenziale am Arbeitsplatz zu gewinnen [37]. Dadurch können Sie lernen, sinnvolle Arbeitsbeziehungen aufzubauen, Ihre Kommunikation zu verbessern und Ihre Führungsfähigkeiten auszubauen. Dieser Test untersucht, welche der nachfolgenden Anteile in welcher Kombination bei Ihnen vorherrschen. Die einzelnen Typen lassen sich wie folgt charakterisieren und werden in Abbildung 4.1 grafisch dargestellt:

D   DOMINANT: Personen, die v.a. dem D-Typ entsprechen, sind durchsetzungsfähig, risikobereit, entscheidungsfreudig, konsequent und direkt. Sie treten meist etwas autoritär auf und übernehmen oft von sich aus das Kommando.

i   INITIATIV: I-Typen sind teamfähig, kommunikativ und knüpfen gern Kontakte. Sie können andere mitreißen und begeistern und zeichnen sich durch Optimismus und Vielseitigkeit aus.

S   STETIG: Personen mit hoher S-Ausprägung sind sympathisch, hilfsbereit, loyal-konservativ, beständig und geduldig. Sie entwickeln i. d. R. ein spezielles Können und halten eher an einmal festgelegten Arbeitsabläufen fest.

G   GEWISSENHAFT: G-Personen sind qualitätsbewusst und streben nach Perfektion. Sie hinterfragen kritisch, analysieren und konzentrieren sich auf Fakten. Strukturierte Arbeitsabläufe werden gern angenommen, wenn diese qualitativ hochwertige Ergebnisse gewährleisten.

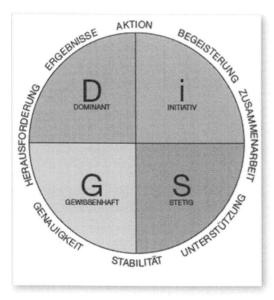

Abbildung 4.1: *DiSG®-Modell*

DiSG-Profil und sein Nutzen

Dieser Test ist kostenpflichtig und kann online bei einem zertifizierten DiSG-Trainer durchgeführt werden. Lernen Sie, mit Unterstützung des Testergebnisses sich selbst, aber auch Ihr Gegenüber besser zu verstehen bzw. einzuschätzen. Dies erleichtert Ihnen in Ihrem Arbeitsumfeld – unabhängig davon, ob Sie nun Angestellter oder Freelancer sind – die Interaktion mit anderen.

Was können Sie nun mit Ihren diversen Testergebnissen anfangen? Welche neuen Erkenntnisse leiten Sie daraus ab? Wie können Sie Ihre Persönlichkeit weiterentwickeln?

4.3 Persönlichkeitsentwicklung

Die Persönlichkeitsentwicklung ist ein lebenslanger, dynamischer Prozess, der sich über alle Lebensbereiche vollzieht. Der gewählte Beruf gilt hierbei als wichtiger Einflussfaktor. Fachwissen wird dabei schlicht als Voraussetzung angesehen, während den sozial-kommunikativen Kompetenzen eine deutlich größere Bedeutung zukommt. Persönlichkeitseigenschaften sind grundsätzlich in jedem Alter zu gestalten. Basis für das Verhalten sind neben den oben genannten Persönlichkeitsdimensionen die persönlichen Einstellungen. Dauerhaft können Sie Verhaltensänderungen nur durch einen Wandel Ihrer Einstellungen bewirken.

Herausforderung Persönlichkeitsentwicklung

Meist findet eine Persönlichkeitsentwicklung nicht in Ihrer Komfortzone statt. Nehmen Sie Ihren inneren Schweinehund angeleint und gut gelaunt mit auf die Reisen. Vielleicht braucht er auch einen Kauknochen? Oder Sie ein Beißholz? Beides darf sein.

Interessante Persönlichkeiten haben es geschafft, durch Persönlichkeitsentwicklung ihr inneres Potenzial und ihr äußeres Verhalten miteinander in Einklang zu bringen: Sie kennen ihre Stärken und Grenzen und können auch kritische Situationen oder Konflikte in Beruf und Privatleben souverän meistern. Menschen, die in ihrer Persönlichkeitsentwicklung weit fortgeschritten sind, agieren und kommunizieren authentisch [38]. Doch was genau ist Authentizität?

4.3.1 Authentizität

Das griechische Wort für Authentizität (»authentikós«) setzt sich aus den Worten »autos« (»selbst«) und »ontos« (»seiend«) zusammen und kann somit als »selbst seiend« übersetzt werden. Authentisch zu sein, bedeutet, seinem wahren Selbst, also seinen Gedanken, Emotionen, Bedürfnissen, Vorlieben und Überzeugungen gemäß zu handeln und sich dementsprechend auszudrücken [39]. Echtheit, Natürlichkeit, Originalität, Individualität, Ursprünglichkeit, Wahrhaftigkeit, Glaubwürdigkeit sind Merkmale, die den Begriff »Authentizität« näher beschreiben können.

Die Sozialpsychologen Michael Kernis und Brian Goldmann (2006) [40] benennen vier Dimensionen, die erfüllt sein müssen, damit wir uns selbst als authentisch erleben:

> **Die vier Dimensionen von Authentizität**
>
>
>
> 1. Bewusstsein: Stärken, Schwächen, Motive, Werte, Gefühle und Bedürfnisse kennen
> 2. Ehrlichkeit: unvoreingenommene Verarbeitung von Informationen, die das eigene Selbst betreffen
> 3. Konsequenz: Handlungen einer Person stimmen mit ihrem eigenen Selbst überein und werden nicht von äußeren Einflüssen bestimmt
> 4. Aufrichtigkeit: offener Austausch und das Zeigen des wahren Selbst in sozialen Beziehungen

Ist Authentizität lernbar? Ja, aber nicht durch Üben oder Training. Authentizität erfährt man erlebnisorientiert in einem geschützten Rahmen, der es einem ermöglicht, sein wahres Gesicht mehr und mehr zu zeigen, wenn man sich angenommen und wertgeschätzt fühlt. Es ist, als ob man eine Maske abnehmen würde.

Gerade im Beruf werden oft aus Unsicherheit Rollen gespielt, die nicht zur eigenen Person passen. Natürlich herrschen im Berufsalltag andere Gesetze als im Privatleben. Dennoch können und sollten Sie gerade bei der Arbeit einen Modus finden, sich nicht permanent zu verstellen.

Oft wird vergeblich versucht, durch Kommunikationstrainings die Authentizität der Teilnehmer zu schulen. Denn die authentische Kommunikationsfähigkeit setzt ein Curriculum voraus, das die Persönlichkeitsentwicklung fördert. Doch weder in der Schule noch in der Ausbildung der meisten Berufe wird Wert darauf gelegt, authentische *Absolventen* zu entlassen. Und im späteren Berufsalltag findet sich häufig eine von Konkurrenz und Rivalität geprägte Stimmung, die nicht dazu einlädt, wahrhaftig zu sein.

Ein authentischer, fassadenfreier Kommunikationsstil kann nur in einem geschützten Rahmen per Selbsterfahrung gelernt werden.

4.4 Werte als Orientierung

Ihre persönlichen Werte sind der Schlüssel zur Identität und Steuerungsgrößen im Berufs- und Privatleben. Das persönliche Wertesystem beeinflusst in starkem Maße die eigenen Wahrnehmungsprozesse, Bedürfnisse, Normen, Handlungen sowie emotionalen Reaktionen. Erst wenn Sie Ihre inneren Steuerungsgrößen kennen, können Sie bewusster damit umgehen.

Das Tool »Werte priorisieren« in Tabelle 4.3 können Sie immer dann anwenden, wenn Sie in einer Sinnkrise stecken, nach Orientierung suchen oder eine nicht lokalisierbare Unzufriedenheit verspüren.

Meine Werte

Welche Werte sind Ihnen wichtig?
Erstellen Sie eine Rangfolge von 1 (am wichtigsten) bis 12 (am unwichtigsten). Vergeben Sie jede Ziffer nur einmal.

Selbstverwirklichung Die bestmögliche persönliche Entfaltung erreichen. Eigene latente schöpferische Fähigkeiten voll verwirklichen.	
Zufriedenheit Das Leben genießen, glücklich sein, Freude haben und sich vergnügen.	
Sicherheit Eine sichere und beständige Stellung in beruflicher und finanzieller Hinsicht erlangen.	
Fachwissen Auf einem Fachgebiet eine Autorität werden. Fachmännisches Geschick und Vollkommenheit erreichen.	
Zuneigung Ein glückliches Familienleben entwickeln, Geselligkeit, Freundschaft und Wärme erlangen bzw. austauschen.	
Unabhängigkeit Die Möglichkeit haben, frei zu denken und zu handeln, sein eigener Herr zu sein. Möglichst eigenverantwortlich handeln.	
Anerkennung Bekannt werden. Anerkennung, Auszeichnung oder einen hohen sozialen Status erlangen.	
Gesundheit Körperliches, mentales und seelisches Wohlbefinden behalten oder erlangen.	
Vermögenserwerb Viel Geld verdienen. Größtmögliches materielles Wohlbefinden für sich selbst und die Familie erreichen.	

Loyalität Treue, Verbundenheit mit einer Person, Gruppe oder Gemeinschaft. Im Interesse eines gemeinsamen übergeordneten Zieles handeln.	
Führung Eine einflussreiche Führungsrolle erlangen. Macht haben. Ziele mit anderen erreichen.	
Motivation *Umsetzungskompetenz* erlangen. Streben nach wünschenswerten Zielobjekten, die zur Zielerreichung in eine Handlungsbereitschaft mündet.	
Erfolg Ziele erreichen. Sowohl emotionale Ziele wie Anerkennung als auch sachliche Ziele wie Einkommen.	
Selbstbewusstsein Erkennen der eigenen Persönlichkeit. Selbsterfahrung erwerben und Zuversicht haben.	

Tabelle 4.3: Werte priorisieren

Wie sieht Ihr Ergebnis aus? Haben Sie damit gerechnet? Schreiben Sie die wichtigsten fünf Werte auf Metaplankarten. Pinnen Sie diese an ein Whiteboard, Ihren Kühlschrank, oder legen Sie die Karten einfach auf den Boden. Wie geht es Ihnen damit? Fehlen noch wichtige Werte, dann ergänzen Sie diese einfach. Eine gute Hilfestellung ist: »Ich kann mir ein Leben nicht vorstellen ohne ...«. Wenn Sie im Anschluss den Eindruck haben, dass es jetzt stimmig ist und Sie sich gut durch die gesammelten Werte repräsentiert fühlen, dann starten Sie in die nächste Runde.

Suchen Sie für jeden Wert eine Person, die genau diesen Wert in Ihren Augen repräsentiert. Es kann jemand aus Ihrer Familie, ein Lehrer oder Vorgesetzter, eine Person des öffentlichen Lebens oder sogar eine fiktive Figur sein – ganz wie Sie wollen. Machen Sie sich nun bewusst, wodurch diese Personen die entsprechenden Grundsätze leben. Dieser Hinweis kann Ihnen helfen, diese Maßgaben auch bei sich selbst besser zu etablieren.

Finden Sie mithilfe von Tabelle 4.4 heraus, welche Ihrer wichtigen Werte Sie zu wie viel Prozent in Ihrem privaten und in Ihrem beruflichen Umfeld leben:

	Wert im privaten Kontext in %		Wert im beruflichen Kontext in %	
	Soll	Ist	Soll	Ist
Wert 1				
Wert 2				
Wert 3				
Wert 4				
Wert 5				

Tabelle 4.4: Werte nach Ausprägung im privaten und beruflichen Kontext

Wo finden Sie die größte Abweichung zwischen Ist und Soll? Wo sehen Sie im Moment den größten Handlungsbedarf für sich? Nehmen Sie sich Zeit und reflektieren Sie, welchen Wert Sie um wie viel Prozent steigern wollen. Suchen Sie hierzu das Gespräch mit einer Person Ihres Vertrauens.

Setzen Sie sich Ziele, die Ihnen helfen, den ausgewählten Wert zu steigern. Es kann sinnvoll sein, bestimmte Einstellungen oder auch konkrete Verhaltensweisen zu verändern. Je klarer Ihre Werte sind, desto leichter wird es Ihnen fallen, kurz-, mittel- und langfristige Ziele abzuleiten.

4.5 Ziele definieren und erreichen

Definieren Sie Ihr Ziel: Beschreiben Sie Ihren Wunsch so konkret und positiv wie möglich. Steigen Sie klein ein, und setzen Sie sich keine zu hoch gesteckten Ziele. Überlegen Sie, wie bedeutsam Ihnen Ihr Vorsatz ist. Geben Sie Ihre Einschätzung auf einer Skala von 0 (überhaupt nicht wichtig) bis 10 (besonders wichtig) an. Sie sollten einen Wert erreichen, der über 6 liegt. Sonst sind Sie zu wenig motiviert und werden vermutlich die Umsetzung Ihres Zieles nicht erreichen.

4.5.1 Regeln für Ziele

Definieren Sie Ihr Ziel in Ich-Form und Präsens. Damit stellen Sie sicher, dass die eigene Identifikation mit dem Ziel hergestellt wird. Ziele sollten positiv formuliert werden, da das Gehirn Verneinungen nicht übersetzen kann. Wenn Sie sich beispielsweise wünschen, keinen Misserfolg zu haben, liegt der Fokus auf Misserfolg und nicht auf Erfolg. Besser wäre also ein Ziel »hin zu« und nicht »weg von« auszudrücken. Ebenso ist es wichtig, qualitative Merkmale, wie zum Beispiel »Ich werde Erfolg haben« in eine konkrete Skalierung zu überführen. Das könnte lauten: »Auf einer Erfolgsskala von 0 bis 10 stehe ich zurzeit bei 2 und werde auf eine 6 kommen.«

Vermutlich kennen Sie die Regeln der SMART-Zielsetzung; SMART ist das Akronym für »Specific Measurable Accepted Realistic Timely«. In Tabelle 4.5 werden die Merkmale für eine gelungene Zielsetzung vorgestellt:

Buchstabe	Bedeutung	Regeln zur Zieldefinition
S	spezifisch	präzise, eindeutig
M	messbar	quantifizierbar
A	akzeptiert	annehmbar, attraktiv, motivierend
R	realistisch	erreichbar und umsetzbar
T	terminiert	klare Terminvorgabe

Tabelle 4.5: Smart-Regeln für Ziele

Wann verfolge ich ein Ziel?

Sie werden ein Ziel nur dann wirklich anstreben, wenn die Zielerreichung für Sie positiv besetzt ist und es unangenehm wäre, das gesetzte Vorhaben nicht zu erreichen.

4.5.2 Ziele visualisieren

Stellen Sie sich vor, wie es sich anfühlt, wenn Sie Ihr Ziel erreicht haben. Je konkreter die dabei aufkommenden inneren Bilder sind und je mehr diese auch mit Ihren Emotionen verknüpft sind, desto stärker wirkt sich die Visualisierung auf die Zielerreichung aus. Am besten lassen Sie einen inneren Film ablaufen: Sehen Sie sich in bewegten, farbigen Bildern selbst zu, wie Sie sich

Ihrem Ziel immer weiter nähern. Vielleicht fällt Ihnen diese Imagination schwer, dann probieren Sie die nächste Übung aus:

> **Ziellinie laufen**
>
> Lesen oder sagen Sie sich Ihr definiertes Ziel noch einmal laut – oder auch nur in Gedanken – vor. Stellen Sie sich das Gefühl vor, das Sie haben werden, wenn Ihr Ziel erreicht ist. Suchen Sie sich eine Strecke drinnen oder im Freien, die Ihrer Zielstrecke entspricht.
>
> Schreiten Sie diese ganz in Ihrem Tempo vorwärts ab – in dem Bewusstsein, dass es sich genau um den Weg handelt, den Sie zurücklegen müssen, um an Ihr Ziel zu kommen. Lassen Sie alle aufkommenden Gedanken oder Hindernisse zu. Bleiben Sie unter Umständen stehen und halten Sie inne.
>
> Wenn Sie am Zielpunkt angekommen sind, kosten Sie dieses Gefühl aus, das Sie dann haben werden, wenn Ihr Ziel erfüllt ist. Vielleicht haben Sie den Impuls, eine bestimmte Geste zu machen?
>
> Wiederholen Sie diese Übung mehrfach, damit sich das gesetzte Ziel besser in Ihrem Bewusstsein verankern kann.

4.6 Meine Zukunftsvision

Noch nie gab es so viele unterschiedliche Möglichkeiten, das eigene Leben erfüllt zu gestalten. Was ist Ihr Zukunftstraum? Welche Richtung wollen Sie für Ihren weiteren beruflichen Weg einschlagen? Je besser Ihr ausgewählter Beruf zu Ihrer persönlichen und *beruflichen Zukunftsvision* passt, desto zufriedener werden Sie sein. Oder von der anderen Seite betrachtet: Nur wenn Sie wissen, wie Sie sich Ihre Zukunft vorstellen, können Sie alles daran setzen, diese auch zu erreichen.

Malen Sie sich Ihr Zukunftsbild so genau wie möglich mit allen Einzelheiten aus. Wo stehen Sie in einem, in fünf und in zehn Jahren – beruflich und privat? Meine berufliche Zukunftsvision ist, ein Unternehmen mit vielen Mitarbeitern zu führen, eine verglaste Front, Wasser in der Nähe, Gesichter vieler zufriedener Mitarbeiter. Es fühlt sich herausfordernd und absolut stimmig an. Mit 65 Jahren sehe ich mich in einem Seminarhaus in Südtirol ...

Kreieren Sie Ihre berufliche Zukunftsvision so konkret wie möglich: Wo werden Sie arbeiten? Was genau werden Sie tun? Mit wem? Wie wird Ihr Arbeitsplatz aussehen? Welche Beziehung haben Sie zu Ihren Kollegen oder Kooperationspartnern? Wie viele Stunden arbeiten Sie pro Woche? Wie kommen Sie zur Arbeit? Wie viel verdienen Sie? Haben Sie eine Führungsposition? Worin haben Sie sich weitergebildet? Gibt es weitere Meilensteine, die Sie erreicht haben? Wie wird die IT-Branche aussehen? Welche innovativen Angebote wird es geben? Welche weiteren Details sind wichtig? Gehen Sie den Einzelheiten auf die Spur.

Führen Sie das Prozedere in einem zweiten Schritt auch für Ihr Privatleben durch: Wo werden Sie leben? Mit wem? Wie wird Ihre Freizeit aussehen? Welche Kontakte werden Sie pflegen? Nehmen Sie sich auch genügend Zeit für sich? Wie sieht es gesundheitlich bei Ihnen aus? Ernähren Sie sich ausgewogen? Machen Sie regelmäßig Sport? Schlafen Sie ausreichend? Wie zufrieden werden Sie sein? Was wollen Sie erreicht haben?

Denken Sie daran:

- Nobody is perfect!
- Nehmen Sie sich an, wie Sie sind. Dies ist eine bewusste Entscheidung, die Ihnen niemand abnehmen kann. Tun Sie es einfach! Es gibt kein besseres »Ich«.

Handlungsempfehlungen zu: »Wer bin ich?«

- Lernen Sie sich besser kennen!
- Machen Sie die Tests, um leichter in die Thematik zu starten.
- Nutzen Sie die 50 % Gestaltungsspielraum Ihrer Persönlichkeit, um zufriedener und erfüllter zu sein.
- Beschäftigen Sie sich mit Ihren Werten.
- Setzen Sie sich konkrete Ziele – kurz-, mittel- und langfristige.
- Gehen Sie pfleglich mit sich und Ihrer Umwelt um.

5 Kompetenzen, Fähigkeiten, Stärken: Was kann ich?

Was kann ich durch Erweiterung meiner Kompetenzen erreichen? Sie lernen in diesem Kapitel, wie Sie sich verbessern können. Lassen Sie sich überraschen, wie effizient es sein kann, durch Misserfolge persönlich zu wachsen. Außerdem erfahren Sie, wie Sie Fremdeinschätzungen sinnvoll nutzen, eigene Stärken in Szene setzen und Schwächen annehmen können.

5.1 Was sollte ich als ITler draufhaben?

Eine erfolgreiche Tätigkeit in der IT-Branche hängt gleichermaßen von der Erfüllung der *Hard Skills* und *Soft Skills* ab. Falls Sie als Schulabgänger oder Quereinsteiger einen IT-Beruf ausüben wollen, können Eignungstests hilfreich sein. Auch für IT-Spezialisten, die an ihrer Karriere basteln wollen, eignet sich eine Analyse. Im Internet finden sich mit den Suchbegriffen »IT-Eignungstest«, »IT-Test«, »Testverfahren IT« viele unterschiedliche Verfahren, die Ihnen wichtige Erkenntnisse über folgende Kompetenzen liefern:

- Fachkompetenz,
- Methodenkompetenz,
- Persönlichkeitskompetenz,
- Sozialkompetenz.

Was kann ich durch Kompetenzerweiterung erreichen?

Während Fach- und Methodenkompetenz zu den Hard Skills zählen, werden Persönlichkeits- und Sozialkompetenzen den Soft Skills zugeordnet. Je besser Ihre Kompetenzen ausgeprägt sind, umso aufgeschlossener, flexibler und befähigter werden Sie sich fühlen und sich den Veränderungen der Arbeitswelt stellen können.

Abbildung 5.1: Yasmine Limberger

Es folgt ein Interview mit der Dipl.-Betriebswirtin und Autorin Yasmine Limberger (Abbildung 5.1), die seit mehr als fünfzehn Jahren in der IT-Branche arbeitet und auf langjährige Erfahrungen in der Auswahl von IT-Fach- und Führungskräften zurückgreifen kann [41].

Yasmine Limberger (persönliches Interview, geführt von Verfasserin, Juni 2015)

MF: Was würden Sie aus Ihrer Erfahrung Menschen empfehlen, die in der IT-Branche Karriere machen wollen?

YL: Wer in der IT Karriere machen will, braucht eine Leidenschaft für Technologie. Als reiner Anwender, der sich gut mit der Bedienung von Systemen auskennt, kommt man nicht weit.

Man muss sich schon früh mit IT-Technologien beschäftigen, Neues ausprobieren, sich in die Konzepte und Codes reindenken können. Aber auch das technische Wissen allein ist heute nur die Grundvoraussetzung, um in der IT Karriere zu machen. Es geht insbesondere darum, zu erkennen, wie IT das Business unterstützen kann. Man benötigt also auch Weitblick und muss sich im Laufe seiner Karriere Branchen- und Prozesskenntnisse aneignen. Aufgrund der vielen Schnittstellen in der IT sollte man zudem ein echter *Teamplayer* sein, der sich in virtuellen Umgebungen und multinationalen Teams gut zurechtfindet. Um erste Praxiserfahrungen zu sammeln, sollte man bereits während der Ausbildung oder des Studiums Praktika absolvieren bzw. die Möglichkeit nutzen, in die verschiedenen IT-Bereiche reinzuschauen. Ein guter Einstieg in die IT ist ein gut organisiertes *Traineeprogramm* in einem Unternehmen, das neben technischen Skills auch Einblicke in die Businessabläufe vermittelt.

MF: Welche Empfehlungen können Sie Interessenten zum Thema »Netzwerken in der IT-Branche« weitergeben?

YL: Ein gutes Netzwerk ist heute in allen Bereichen wichtig, um weiterzukommen. In der IT sollte man sich schon früh ein Netzwerk zu anderen IT-Interessierten aufbauen, um sich über Technisches auszutauschen, aber auch, um zu erfahren, welches Unternehmen welche Karriereperspektiven bietet. Sich nur auf Online-Bewertungsportale zu verlassen, ist nicht zu empfehlen. Besser ist es, eigene Kontakte zu nutzen, denen man vertraut, um sich über offene Stellen und Unternehmenskulturen zu informieren. Aber auch im Unternehmen selbst sind persönliche Kontakte wichtig. Wer weiterkommen will, muss seine Leistung im Unternehmen sichtbar machen und darf keine Berührungsängste zu Führungskräften haben. Vielmehr sollte man seine Karriere nicht dem Zufall überlassen, sondern mit einem Karriereplan selbst in die Hand nehmen, sich weiterbilden und Kontakte pflegen.

MF: Was ist das Besondere an einer IT-Tätigkeit? Warum ist ein Job in der IT-Branche so spannend?

YL: Ein Job in der IT wird nie langweilig, wenn man seiner instinktiven Neugier sowie der Dynamik an Innovationen und technischen Neuheiten folgt. Es gibt in der IT-Branche so viele interessante Rollen und Jobs,

> und ständig kommen neue dazu. Vor allem aber kann man mit seiner Arbeit etwas bewirken. Man kann Lösungen schaffen, die anderen helfen, besser zusammenzuarbeiten oder Prozesse einfacher abzubilden. Man ist an der Entwicklung von Systemen, Anwendungen und Modellen beteiligt, die möglicherweise eine enorm große Reichweite haben. Daher ist es eben für einen IT-Experten auch eine wichtige Eigenschaft, mit Weitblick und einem hohen Qualitätsanspruch an seine Arbeit heranzugehen.

Zusammengefasst könnte man also sagen: Mit guten Netzwerken, persönlichen Kontakten und Kompetenzen als echter Teamplayer kommen Sie auf der IT-Karriereleiter besser voran. Neben den fachlichen Voraussetzungen, braucht es auch Leidenschaft für Technologie, Aufgeschlossenheit und Weitblick. Die Karriere sollte nicht dem Zufall überlassen werden. Je nach angestrebter Position sind Branchen- und Prozesskenntnisse sowie ein Verständnis der Businessabläufe von Vorteil. Nachfolgend wenden wir uns den einzelnen Kompetenzen zu.

5.1.1 Fachliche Kompetenz

Der Begriff *Fachkompetenz* umfasst die Bereiche Fachwissen, -kenntnisse und -fertigkeiten sowie Berufserfahrung. Er beschreibt die Fähigkeit, alle fachlichen Kenntnisse und Fertigkeiten zur Bewältigung beruflicher Aufgaben erfolgreich einzusetzen. Hierzu gehören für die IT-Branche u. a.:

- logisches Denken,
- technisches Verständnis,
- analytische und konzeptionelle Fähigkeiten,
- Basiswissen,
- Erkennen von Abläufen,
- Englischkenntnisse,
- Zusatzqualifikationen.

Können Sie logisch denken? Logisches Denken ist eine kognitive Fähigkeit, bei der man durch folgerichtiges Denken zu resultierenden Aussagen und

Schlussfolgerungen kommt. Hierbei kommen Sie von etwas Vorhandenem zu etwas Neuem: Muster, Kausalzusammenhänge, Ähnlichkeiten, Regelmäßigkeiten sowie das Schließen auf etwas Unbekanntes.

Haben Sie technisches Verständnis? Technisches Verständnis beruht auf Grundwissen der Physik und Mathematik. Sie erkennen, wie Einzelteile zusammenarbeiten müssen, um eine übergeordnete Instanz zum Laufen zu bringen.

Sind Sie geübt in analytischen und konzeptionellen Anforderungen? Können Sie komplexe Systeme in seine Elemente bzw. Subsysteme zerlegen, diese klassifizieren sowie zwischen ihnen kausale und finale Zusammenhänge aufdecken? Wissen Sie, wie abhängige Variablen zu beeinflussen sind, damit das IST möglichst exakt mit dem SOLL übereinstimmt?

Wie gut ist Ihr IT-Basiswissen? Kennen Sie sich mit Hardwareaufbau und -konfiguration, Software, Inbetriebnahme, Informationsverarbeitung in IT-Systemen etc. aus?

Können Sie Abläufe effizient gestalten? Es geht darum, Abläufe zu verstehen, genau zu beschreiben, Optimierungspotenzial zu erkennen und Verbesserungen durchzuführen.

Sind Ihre Englischkenntnisse ausreichend? Englisch ist für Anwendungen, Programmierungen sowie für die Kommunikation in der IT-Branche unabdingbar. Auch im Rahmen der *Globalisierung* wird Englisch zur Verständigung immer wichtiger.

Welche Zusatzqualifikationen können Sie vorweisen? Welche anerkannten IT-Zertifikate von Softwareherstellern oder bzgl. Programmiersprachen haben Sie? Je nach Thema kann Ihnen der Erwerb sinnvoll aufeinander abgestimmter Maßnahmen einen entscheidenden Wettbewerbsvorteil bieten. Zum Beispiel empfiehlt sich für einen SAP-Spezialisten die Recherche bei: *http://www.sap.com/germany/training-education*.

Die Überprüfung der fachlichen Kompetenzen ist nicht nur für IT-Einsteiger, sondern auch für IT-Experten von Bedeutung. Vielleicht wollen Sie gewisse Lücken – die jeder von uns hat – durch die Belegung eines spezifischen Kurses beheben? Oder Sie wollen bereits vorhandene Stärken weiter ausbauen?

5.1.2 Methodische Kompetenz

Methodenkompetenz ist die Befähigung, Arbeitsabläufe mit geeigneten methodischen Vorgehensweisen angemessen und effizient zu gestalten.

In der Methodenkompetenz geht es darum, mittels planmäßiger Verfahren zu effizienten Lösungsstrategien zu gelangen. Ziele sollen durch methodisches Vorgehen erreicht werden. Relevanz haben u. a. folgende Eigenschaften, Vorgehensweisen und Methoden:

- strukturiertes Vorgehen,
- Prozessorientierung,
- Projektmanagement,
- Scrum (Vorgehensmodell des Projekt- und Produktmanagements),
- strategische Planung,
- Konzentration auf das große Ganze,
- Lösungsorientierung,
- Anwendung von Problemlösungstechniken,
- *Kreativitätstechniken*.

Aufgrund der kurzen Technologiezyklen in der IT-Branche wird eine adäquate Ausbildung in methodischen Kompetenzen zunehmend wichtig. Laut *IT-Kompetenzbarometer* nach Professor Dr. Frank Bensberg [42] werden derzeit folgende Fähigkeiten vom Arbeitsmarkt besonders erwartet: Projektmanagement und Kundenorientierung.

> **Soft Skills sind nicht zu unterschätzen!**
>
>
> Neben den Hard Skills »Fach-« und »Methodenkompetenz«, die Voraussetzung für den Wunschberuf sind, spielen auch persönliche Kompetenzen eine große Rolle: Häufig wird der Fehler gemacht, in erster Linie nach den fachlichen Kenntnissen zu schauen. Berücksichtigen Sie auch Ihre Soft Skills!

> **Was sollten IT-Mitarbeiter mitbringen und wie wichtig ist Authentizität?**
>
> http://IT.espresso-tutorials.com
> Nach meinem kurzen Statement zur Bedeutung von Hard- und Soft-Skills erläutert Gründer Lars Krumbier die Wichtigkeit von »authentischer Berufswahl«.

5.1.3 Persönliche Kompetenz

Inwieweit eine Person in der Lage ist, die erforderlichen inneren Einstellungen und personalen Fähigkeiten zur Bewältigung beruflicher Situationen einzubringen, wird mit *Persönlichkeitskompetenz* bezeichnet.

Unter einer *Persönlichkeit* im Sinne eines Individuums mit einer führenden Rolle verstehen wir i. d. R. einen begabten, charaktervollen, entschiedenen Menschen mit starker Ausstrahlung. Dieser kann gut mit seinen Mitmenschen interagieren und sich in der Umwelt angemessen behaupten.

Aufgaben werden aus eigener Einsicht, Stellungnahme und Entscheidung selbstständig und selbstverantwortlich bewältigt. Auf folgende Charaktereigenschaften wird u. a. Wert gelegt, um als Persönlichkeit wahrgenommen zu werden:

▶ Selbstdisziplin,

▶ Zuverlässigkeit,

▶ Ehrlichkeit,

▶ Lern- und Leistungsbereitschaft,

▶ Selbstständigkeit,

▶ Flexibilität,

▶ Verantwortungsbewusstsein,

▶ Selbstvertrauen,

▶ Ausdauer, Belastbarkeit, Durchhaltevermögen,

▶ Kritikfähigkeit,

- ▶ Gewissenhaftigkeit,
- ▶ Loyalität,
- ▶ Selbstklarheit.

Dabei machen einen wesentlichen Teil solche Faktoren aus, die das *Selbstkonzept* beschreiben. Laut Dorsch (Lexikon der Psychologie [43]) wird »Selbstkonzept« definiert als »das Gesamtsystem der Überzeugungen zur eigenen Person und deren Bewertung. Dazu gehört u. a. das Wissen über persönliche Eigenschaften (Persönlichkeitsmerkmal[e]), Kompetenzen, Interessen, Gefühle und Verhalten.«

Voraussetzung für die persönliche Entwicklung ist zunächst, dass Sie sich so akzeptieren, wie Sie sind. Sonst wird das auch kein anderer tun. Die erste Stufe in diesem Prozess ist die Selbstwahrnehmung, d. h., Sie machen sich bewusst, was Sie denken, fühlen und tun. Die Steuerung dessen mündet in die Selbstkontrolle und geht über in die Selbstdisziplin, die Sie befähigt, das auszuführen, wofür Sie sich zuvor entschieden haben. Wenn Sie dann auf Basis der auf diese Weise erlangten Erfahrungen genügend Vertrauen in den Prozess erhalten haben, steigert sich mit der Zeit auch Ihr Selbstvertrauen, was Sie einen weiteren Schritt in Richtung Selbstverwirklichung bringt.

Selbstverwirklichung

Erkennen Sie, welche Potenziale in Ihnen stecken! Werden Sie der, der Sie sein können, und nutzen Sie Ihre Ressourcen, um das Optimum aus sich herauszuholen.

5.1.4 Soziale Kompetenz

Wer sich mit anderen Personen situationsadäquat auseinandersetzen und konstruktiv sowie zielorientiert handeln kann, hat ein hohes Maß an *Sozialkompetenz*.

Im Berufsleben treffen wir stets auf andere Menschen – Vorgesetzte, Kollegen oder Kunden –, zu denen Beziehungen aufgebaut werden müssen. Wir arbeiten zusammen, und das möglichst konstruktiv.

KOMPETENZEN, FÄHIGKEITEN, STÄRKEN: WAS KANN ICH?

Beziehungsgestaltung im Berufsleben

Ein angebotenes »Du« können Sie nicht mehr zurücknehmen. Ein »Du« schafft Nähe, wo vielleicht Distanz sinnvoller wäre. Überlegen Sie genau, wem Sie Eintritt in Ihre Privatsphäre gewähren – auch wenn es unüblich ist.

Basis der Beziehung

Wie bei allen Beziehungen ist auch im Job Vertrauen die Basis einer guten Beziehung. Bauen Sie vertrauensvolle Beziehungen auf, in denen man sich aufeinander verlassen kann. Tun Sie sich und anderen einen großen Gefallen. Wird Ihr Vertrauen jedoch missbraucht, ziehen Sie sofort individuell stimmige Konsequenzen!

Kommunikationskompetenz ist ein wichtiger Bestandteil der sozialen Kompetenz: Trotz anhaltender Vernetzung – zunehmender Nutzung digitaler Netzwerke, Computerisierung und Virtualisierung – hat Kommunikationsfähigkeit als Berufskompetenz eine hohe Bedeutung in unserer Arbeitswelt von heute und morgen [44].

Nutzen Sie die Macht der Farben.

Erörtern Sie, welche Kompetenzen bei Ihnen in welchem Maß ausgeprägt sind, welche Sie weiter ausbauen und welche verfeinern wollen. Sie können einen farblichen Anker zum Ansporn und zur Unterstützung einsetzen. Lassen Sie sich dabei von folgendem Farb-Kompetenzkanon inspirieren:

▶ **Blau** als Lieblingsfarbe der Deutschen und Farbe der Arbeit steht z. B. für Harmonie, Rationalität, Sicherheit, Vertrauen, Treue und Zuverlässigkeit, aber auch Härte oder Stolz.

▶ **Grün** kann Hoffnung, Sicherheit, Erneuerung und auch Lösung symbolisieren. Im Negativen steht sie eher für Neid, Gleichgültigkeit und Stagnation.

> ▶ **Rot** ist die Farbe des Feuers. Sie hat Signalwirkung und wird mit Vitalität, Kraft, Leidenschaft, Lebenswillen, Liebe und im ungünstigen Fall mit Macht, Wut oder Kampf assoziiert.
>
> ▶ **Magenta** steht für Idealismus, Mitgefühl, Dankbarkeit, aber auch Arroganz und Dominanz.
>
> ▶ **Türkis** ist die Farbe der Kommunikation, Wachheit, Klarheit, Freiheit ebenso wie der Distanziertheit und geistigen Leere.
>
> Seien Sie ruhig ein bisschen kreativ, denn Farbe macht das Leben stets ein bisschen bunter, fröhlicher und leichter. Suchen Sie sich z. B. einen farblich passenden Gegenstand, eine Postkarte, oder malen Sie selbst ein Bild, das Sie gut sichtbar auf Ihrem Schreibtisch platzieren können. Überlegen Sie genau, wie Sie die ausgewählte Kompetenz fördern können.

Ausgesuchte Kenntnisse und Fähigkeiten der Sozialkompetenz im Umgang mit anderen sind:

- ▶ Respekt,
- ▶ Wertschätzung,
- ▶ Anerkennung,
- ▶ Konfliktfähigkeit,
- ▶ Kompromissfähigkeit,
- ▶ Hilfsbereitschaft,
- ▶ Menschenkenntnis,
- ▶ Sprachkompetenz,
- ▶ Wahrnehmung,
- ▶ Kritikfähigkeit,
- ▶ Zivilcourage,
- ▶ interkulturelle Kompetenz.

Häufig in Stellenausschreibungen im Profil des potenziellen Bewerbers gefordert sind soziale Kompetenzen zur Verbesserung der Zusammenarbeit, wie zum Beispiel

- ▶ Kommunikationsfähigkeit,
- ▶ Kooperation,
- ▶ Teamfähigkeit,
- ▶ soziale Interaktion,
- ▶ sicheres Auftreten.

Im weiteren Sinne ist auch die *Führungskompetenz* ein Teil der Sozialkompetenzen. Wenn Sie Führungskraft oder Entrepreneur sind, ist es unabdingbar, sich mit den *Grundsätzen wirksamer Führung* nach Malik und einem *Überblick bzgl. der Kompetenzen* auseinanderzusetzen.

5.1.5 Grundsätze wirksamer Führung nach Malik

In seinem Klassiker der Managementliteratur, »Führen, Leisten, Leben«, untersucht der Autor Fredmund Malik [45] die Frage:»Was ist in dieser Situation richtig?« und hält zum individuellen und situativen Führen an. Seine sechs Grundsätze guter Führung lauten:

- ▶ **Resultatorientierung**
  Es kommt auf Resultate an! Effektivität, Output- statt Inputorientierung. Der Fokus liegt auf Erfolg und Pflichterfüllung – »Ergebnisse sollen Freude machen«.
- ▶ **Beitrag zum Ganzen**
  Ganzheitliches Denken ist gefragt. Spezialist oder Generalist? Flache Hierarchien und der Schlüssel zur Motivation sind Vehikel auf dem Weg.
- ▶ **Konzentration auf Weniges**
  Prioritäten setzen, Wesentliches fokussieren, Disziplin, Zeitmanagement und Führen mit Zielen sind die Schlagworte.
- ▶ **Stärken nutzen**
  Bereits vorhandene Stärken nutzen bei der Rekrutierung, Stellenbildung und Potenzialanalyse. Stärken mit Aufgaben zur Deckung bringen. Schwächen erkennen und annehmen. Lernen von den Großen.
- ▶ **Vertrauen**
  Gegenseitiges Vertrauen aufbauen. Robustheit der Führungssituation herstellen: Zuhören, echt sein, charakterlich integer. Trennung von Intriganten, Fehler zugeben sowie Offenheit und Geradlinigkeit leben.

▶ **Positive und konstruktive Einstellung**
Chancen statt Probleme wahrnehmen. Von Motivation zur Selbstmotivation kommen. Entscheidung für eine positive Grundhaltung, Befreiung von Abhängigkeiten wie z. B. Stimmungslagen. Geben Sie Ihr Bestes!

Diese sechs Grundsätze sollten im Zusammenhang realisiert werden und sind aufgrund ihrer Wechselwirkungen besonders effizient. Wenden Sie diese Gesetze an, und beobachten Sie Ihr Verhalten. Die einzelnen Kompetenzen werden Sie auf Ihrem Weg unterstützen.

5.1.6 Systematik der Kompetenzen

Wie in allen Branchen steigt auch in der IT-Branche beim Erklimmen der Karriereleiter die Anforderung an soziale und konzeptionelle Kompetenz. Das bedeutet: Die Führungskompetenz erhält gegenüber der technischen zunehmend an Gewicht. Unter *sozialer Kompetenz* versteht man die funktionale Fähigkeit des Managers oder Unternehmers, Kommunikation aufzubauen. Hierzu zählen auch die *emotionale Kompetenz* und Selbstkompetenz. Letztere haben wir bereits unter den persönlichen Kompetenzen in Abschnitt 0 näher beleuchtet. Die *konzeptionelle Kompetenz* ist das Erkennen von Zusammenhängen – den *Big Pictures*. Menschen mit Führungsauftrag fehlen leider häufig sowohl die soziale als auch die konzeptionelle Kompetenz, was aber meist als Defizit des Systems und nicht des Individuums zu bewerten ist.

Emotionale Intelligenz

Emotionale Intelligenz [46] ist Voraussetzung für die Soft Skills und zugleich ein Teil dieser Kompetenzen. Sie besteht aus kommunikativer Intelligenz und *Empathie* – also vorhandenem Einfühlungsvermögen im Umgang mit anderen Menschen – sowie der *Affektkontrolle*, der Fähigkeit, sich selbst und die eigenen momentanen Wünsche zugunsten langfristigerer Ziele zu beherrschen.

> **Emotionale Intelligenz**
>
>
> http://IT.espresso-tutorials.com
> Hier erfahren Sie von mir, was man unter emotionaler Intelligenz versteht und wo sie gefragt ist.

5.2 Lernen aus Erfolgen

Es ist Ihre Entscheidung, wie Sie in die Welt schauen: Sie bestimmen, ob das Glas halb voll oder halb leer ist. Fördern Sie positive mentale wie auch emotionale Erlebnisse in Ihrem Leben.

> **Jeder Tag ist voll von Erfolgen und Misserfolgen.**
>
>
> Beziehen Sie sich auf das Gute, Schöne, Positive, Erfreuliche, und halten Sie es fest. Solange Sie eigene Fehler erkennen und zugeben können, ist alles im grünen Bereich.

Überlegen Sie zunächst: Was ist für mich Erfolg? Wie nehme ich diesen wahr? Und darf ich Erfolg haben? Das hört sich zuerst eigenartig an, ist aber bei genauerer Betrachtung eine berechtigte Frage. Ich habe schon mehrere Personen gecoacht, die aus Loyalität zu einem Familienmitglied erfolglos blieben. Nach Auflösung der Situation stand dem Erfolg nichts mehr im Weg. Eine hilfreiche Perspektive ist: Wer ist zufrieden und wer unzufrieden, wenn ich Erfolg habe?

Notieren Sie die Antworten für die nachfolgende Übung »Lernen aus Erfolgen« in Tabelle 5.1:

> **1. Wertschätzung der eigenen Arbeit und Person**
> ▶ Was schätzen Sie an sich selbst?
> ▶ Was schätzen Sie an Ihrer Arbeit?
> ▶ Was gefällt Ihnen an Ihrem Arbeitsplatz?
> ▶ Worauf sind Sie stolz?

2. Positive Erfahrung durch Erfolge

Denken Sie an einen Moment in Ihrer Vergangenheit, in dem Sie einen Erfolg in Ihrer Arbeit oder Zusammenarbeit hatten.

Was genau ist passiert?

Warum war das wichtig für Sie?

Was war das Besondere für Sie?

Was war besonders in der Zusammenarbeit?

Wie haben Sie den Erfolg erlebt?

3. Entwicklungspotenziale

Schließen Sie für einen Moment die Augen und stellen Sie sich vor, es geschieht ein Wunder: Über Nacht haben Sie Ihren Traum-Job angetreten. Führen Sie sich diese Situation klar vor Augen.

Wie fühlen Sie sich?

Was sind die ersten drei Dinge, die Ihnen auffallen?

Was hat sich verändert?

Was genau hat sich verbessert?

Wie fühlt sich diese neue Situation insgesamt an?

4. Die nächsten Schritte

Was können Sie tun, um Ihrem Traum-Job näherzukommen?

Welche Kompetenzen müssen entwickelt werden?

Tabelle 5.1: Lernen aus Erfolgen (Quelle: In Anlehnung an Bruck/Weber, 2000 [47])

Wie sind Ihre neuen Erkenntnisse? Was genau werden Sie jetzt tun? Sind Sie motiviert? Oder benötigen Sie noch etwas, um durchzustarten wie eine Rakete – siehe Abbildung 5.2?

Abbildung 5.2: Starten Sie wie eine Rakete im Bewusstsein Ihrer Erfolge (Quelle: www.morguefile.com, by clarita 2008)

Bislang ging es viel um Selbsteinschätzung und Selbstanalyse, was natürlich immer den ersten Schritt darstellt. Wenn Sie sich mit einem Thema beschäftigt haben und in Resonanz gekommen sind, dann können Sie gut mit der *Fremdeinschätzung* durch eine andere Person umgehen.

5.3 Wie beurteilen andere, was ich kann?

Wie werden Sie von anderen Menschen gesehen? Die Differenzielle Psychologie definiert Fremdeinschätzungen als »Einschätzung des Verhaltens oder der Persönlichkeit einer Person durch Dritte, entweder auf der Grundlage von Fragebogen oder von Verhaltensbeobachtung« [48]. Im Arbeitsalltag sollte zur Leistungsbeurteilung regelmäßig eine Begutachtung der relevanten Kompetenzen durchgeführt werden. Nur dann können Sie als Arbeitnehmer seitens des Unternehmens sinnvoll gefördert werden und sich weiterentwickeln. Eine weitere Dokumentation Ihrer Leistung ist jedes Zeugnis, so auch das Arbeitszeugnis.

5.3.1 Arbeitszeugnis

Es folgt das Beispiel eines *Arbeitszeugnisses* für einen Systemprogrammierer. Analysiert man dieses Zeugnis, dann lässt es sich in folgende Teile untergliedern:

- ▶ Einleitung,
- ▶ Aufgaben (1. Abschnitt),
- ▶ Fachkompetenzen (2. Abschnitt),
- ▶ Zusatzqualifikationen (3. Abschnitt),
- ▶ Methoden- und Persönlichkeitskompetenzen (4. Abschnitt),
- ▶ soziale Kompetenzen (5. Abschnitt),
- ▶ Schlussformel (6. Abschnitt).

Alles, was sich in einem Zeugnis niederschlägt, ist gleichermaßen auch für Ihre *Bewerbung* von Bedeutung.

Zeugnismuster für einen Systemprogrammierer

Herr Manfred Meier, geboren am (...) in Bonn, trat am (...) in unser Unternehmen ein und war bis zum (...) in der Abteilung Software-Qualitätssicherung als Systemprogrammierer und Berater tätig.

Die Schwerpunkte seiner Aufgaben waren:

▶ Wartung und Pflege der Entwicklungsrechner bezüglich der Software-Konfiguration und SW-Releasestände,

▶ Optimierung der Entwicklungsrechner-Systemkonfiguration,

▶ Mitentwicklung eines Automatiktests für IOCS.

Herr Meier betreute und beriet Kunden außerdem im Bereich Fax- und E-Mail-Softwarelösungen auf der Basis von Windows NT und Compaq-Servern. Sein Verantwortungsbereich reichte dabei von der technischen Beratung bis zur Realisierung und Systemimplementierung. Zu unseren Kunden zählten vor allem mittlere Unternehmen, teilweise im Ausland, sodass Herr Meier häufig auch Auslandsreisen unternahm. Die gestellten Aufgaben erfordern ein umfassendes und fundiertes Wissen im Bereich UNIX, C und C++ sowie im Bereich der Systemkonfigurationen.

Herr Meier verfügt über ein hervorragendes Fachwissen auch in Nebenbereichen, welches er ständig aktualisiert beziehungsweise erweitert. Zusätzlich zum staatlich geprüften Informatiker »Computer- und Kommunikationstechnik« ist er Microsoft Certified Product-Spezialist, Compaq Accredited Systems Engineer »Server Integration, Windows NT« sowie Compaq Accredited Systems Engineer Professionals »Intranet/Internet«. Er verstand es stets, sein Wissen mit großem Fachkönnen effektiv und zielorientiert umzusetzen.

Seine Projekte führte er mit großer Organisations- und Planungskompetenz, Kreativität sowie Innovationsorientierung stets zu sehr guten Abschlüssen. Dabei möchten wir seine ausgeprägte Problemfindungs- beziehungsweise Problemlösungsfähigkeit, durch die er sämtliche Prozesse reibungslos gestalten konnte, besonders hervorheben. Herr Meier ist hoch motiviert, sehr belastbar, selbstständig und zuverlässig. So engagierte er sich auch stets über die normale Arbeitszeit hinaus zum Wohle des Unternehmens. Herr Meier arbeitete stets zu unserer vollsten Zufriedenheit.

In seiner Projektgruppe und bei unseren Kunden war Herr Meier wegen seiner freundlichen Art und seiner Kooperationsfähigkeit sehr respektiert und beliebt. Auch in komplexe Teamstrukturen gliederte er sich stets vorbildlich ein. Seine Vorgesetzten schätzten besonders seine Fachkompetenz und seine hohe Kundenorientierung. Zudem bewies Herr Meier auch im internationalen Kontext eine gute Kommunikationsfähigkeit. Herrn Meiers Verhalten gegenüber Vorgesetzten, Kunden und Mitarbeitern war stets einwandfrei.

Leider möchte sich Herr Meier neuen Herausforderungen widmen und verlässt unser Unternehmen mit dem heutigen Tag. Wir bedauern diesen Schritt, danken ihm für die geleistete sehr gute Arbeit und wünschen ihm auf seinem weiteren Karriere- und Lebensweg alles Gute und weiterhin viel Erfolg.

Ort, Datum, Unterschrift

Wie wird dieses Zeugnis von fachlicher Seite beurteilt?

Gutachten

- ▶ Die Einleitung ist in Ordnung.
- ▶ Herrn Meiers Fachwissen wird mit »sehr gut« bewertet.
- ▶ Die Leistungsbeurteilung liegt bei »sehr gut«.
- ▶ Die Führungsbeurteilung liegt bei »gut«.
- ▶ Die Schlussformel ist in Ordnung.

Fazit: Das Zeugnis wird insgesamt mit »sehr gut« bewertet (Quelle: Arbeitszeugnisse, Kp. 40, Musterzeugnis) [49].

Und wie liest sich das Zeugnis für Sie? Erfüllte es einen nicht mit Stolz, würden Sie Vergleichbares von sich selbst lesen? Nicht immer fällt eine Beurteilung so positiv aus. In der Regel ist ein Abgleich von Selbst- und Fremddeinschätzung ein erster wichtiger Schritt. Gerade bei Abweichungen sollten Sie dem auf den Grund gehen. Und eine negative Beurteilung ist besser als gar keine. Dann können Sie dem Missstand ins Auge sehen und sich auf den Weg der Besserung machen.

5.3.2 Feedback

Neben der schriftlichen Beurteilung ist das mündliche *Feedback* weit verbreitet.

Die gute Nachricht ist, dass sich offenes und effektives Feedback lernen lässt. Die schlechte, dass diese Methode oft in einem unpassenden Kontext angewendet wird und dadurch schnell zu Verletzungen der Persönlichkeit führen.

Können Sie gut Feedback geben? Und wie gehen Sie mit Kritik um? Intention der Methode »Feedback« ist, störende Verhaltensweisen zu korrigieren. Hierbei ist ein offener und wertschätzender Umgang mit Kritik notwendig. Denn eine Rückmeldung kann nur dann nützlich sein, wenn es für den Feedback-Nehmer annehmbar ist. Erreicht wird dies, indem sich der Feedback-Geber in sein Gegenüber einfühlen kann.

Jedoch führt ein kritisches Feedback meist erst einmal zu Ablehnung und einer Rechtfertigung seitens des Feedback-Nehmers. Um dem entgegenzuwirken, sollte ein Feedback stets als Ich-Botschaft und positiv formuliert sowie an konkreten Situationen festgemacht werden. Nur dann fühlt sich das Gegenüber nicht verletzt und kann das Feedback annehmen.

Am Ende des Gespräches ist es immer auch sinnvoll, sein Gegenüber von den Vorteilen der Verhaltensänderung zu überzeugen. Feedback kann somit als Methode einer guten *Konfliktprophylaxe* angesehen werden.

Zitat von Marc Twain

»Die größte Macht hat das richtige Wort zur richtigen Zeit.«

Nach dem Lernen aus Erfolgen und Fremdeinschätzungen, komme ich zum Lernen aus Niederlagen. Ich habe mich selbst herangewagt, hierzu das im Folgenden beschriebene Modell zu gestalten mit dem Ziel, den Umgang mit Misserfolgen besser nachvollziehen und verarbeiten zu können.

5.4 Umgang mit Misserfolgen

Erfolgreiche Menschen haben gelernt, auch Niederlagen und Misserfolge zu nutzen. Die folgende Systematisierung der Reaktionen auf Misserfolgserlebnisse mit dem Akronym »SIEG« basiert auf Erfahrungen aus meiner langjährigen Praxis. Die einzelnen Phasen erfolgen sukzessive und greifen ineinander, laufen also nicht getrennt voneinander ab. Inwieweit welche Phase ausgeprägt ist, hängt stark von der Persönlichkeit und Methodenkompetenz des Betroffenen sowie der Schwere der Situation ab. Tabelle 5.2 zeigt die vier Phasen des Misserfolgs:

S	Stress	Leugnen, Abwehr, Nicht-Wahrhaben-Wollen, Hadern
I	Integration	Durchspielen der Situation, Begreifen, Lernauftrag
E	Emotion	Zweifel, Unsicherheit, Angst, Scham, Schuldzuweisungen
G	Gewinn	Neuorientierung, Optimismus

Tabelle 5.2: Die vier Phasen des Misserfolgs

Phase 1 ist gekennzeichnet durch eine *individuelle Stressempfindung*. Diese reicht oft von Wut, Ärger, Schrecken bis hin zu körperlichen Symptomen wie Bauchschmerzen, Herzrasen, Schwindel. In dieser Zeit fühlen sich Menschen leicht ungerecht behandelt. Die Niederlage will nicht akzeptiert werden: »Warum ich? Warum muss mir so etwas passieren?« Durch die Abwehr und das Leugnen des Vorfalls entsteht eine Inkongruenz zwischen Kognition und tatsächlich Erlebtem. Es wird so lange gehadert, bis der Misserfolg sich mehr und mehr aufdrängt.

In Gedanken wird das unerwünschte Ereignis immer wieder durchgespielt – dies erinnert an das bekannte Hamsterrad –, und zwar so lange, bis in Phase 2 die Situation endlich als unausweichlich und real angenommen wird. Dann erst wird der Fehlschlag wirklich begriffen und kann angenommen werden. Es schließen sich bei einer Reflexion des Prozesses Fragen an, wie: »Was ist mein Anteil am Misslingen? Was kann ich daraus lernen?« In dieser Phase der *Integration* kommen meist noch ähnlich heftige Gefühle auf.

Der Verarbeitungsprozess ist in der 3. Phase durch unterschiedliche *Emotionen* charakterisiert. Meist handelt es sich um Unsicherheit, Schuld, Angst und Zweifel. Bei größeren Misserfolgen sind auch Scham und Verletzung eine mögliche Folge. Dann werden Gesichtsverlust oder soziale Ablehnung gefürchtet. Hierbei ist es wichtig, die Gefühle in einem adäquaten Rahmen zuzulassen, ihnen den benötigten Raum zu geben. Wie alle Gefühle ebben diese nach einer gewissen Zeit wieder ab.

Der Prozess mündet in die letzte Phase 4: den *Gewinn*. Nach dem Durchleben der Niederlage wird eine Neuorientierung eingeleitet. Je bewusster und selbstverständlicher die Phasen 1 bis 3 durchlebt werden, umso optimistischer kann man wieder in die Zukunft blicken. Ideal wäre, nächsten Misserfolgen irgendwann mit der Frage: »Was kann ich Neues lernen?« zu begegnen. Viele erfolgreiche Menschen haben vor ihrem Durchbruch eine lange Serie von Misserfolgen durchlebt. Denken Sie nur an Thomas Alva Edison, als er die Glühbirne erfunden hat.

Misserfolg als Teil des Erfolgs

Erfolg und Misserfolg gehören zusammen und sind Teil des Gesamterfolges. Sie kommen und gehen. Nutzen Sie die Niederlage für ein persönliches Fazit, und gehen Sie erhobenen Hauptes mit einer gewaltigen Portion Optimismus zum nächsten wichtigen Meilenstein Ihres Erfolges.

Erfolge basieren auf der Wahrnehmung Ihrer vorhanden Stärken und Talente sowie der Anerkennung Ihrer Schwächen.

5.5 Stärken und Schwächen

Stärken sind Fähigkeiten und Fertigkeiten, über die Sie verfügen. Peterson und Seligman [50] filtern sieben dieser positiven menschlichen Merkmale zur Beschreibung von Stärken:

1. Ihr Auftreten wird begrüßt, das Fernbleiben bedauert.
2. Eltern versuchen, Stärken an ihre Kinder weiterzugeben.
3. Es existieren Institutionen und Rituale zu deren Kultivierung.
4. Stärken besitzen eine gewisse Stabilität über Zeit und Situation.
5. Sie werden in den meisten größeren Kulturen anerkannt.
6. Es gibt Rollenmodelle für Stärken.
7. Es sind besondere Ausprägungen von Stärken zu beobachten, z. B. bei Hochbegabten.

Es handelt sich um als vorteilhaft bewertete Eigenschaften, die eine positive Auswirkung auf den Träger selbst und seine Mitmenschen haben. Machen Sie sich ein erstes Bild Ihrer Stärken mithilfe des Stärkenprofils in Abbildung 5.3.

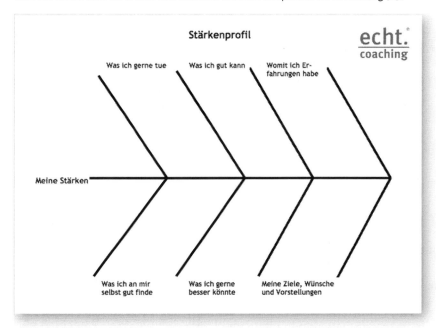

Abbildung 5.3: Stärkenprofil

Was fällt Ihnen auf? Gibt es in den verschiedenen Feldern Übereinstimmungen? Können Sie für sich eine Reihenfolge nach Wichtigkeit festlegen? Was werden Sie damit tun? Vielleicht unterstützt Sie die nächste Übung, um noch klarer zu sehen.

Übung zu persönlichen Stärken

Schreiben Sie mindestens 15 eigene Stärken auf. Denken Sie dabei an Ihre Kindheit, Jugend und Ihr Erwachsenenalter sowie an private und berufliche Situationen. Versuchen Sie, die wichtigsten Stärken aufzuspüren, die Sie ausmachen. Clustern Sie alle Stärken thematisch und finden Sie maximal fünf Überbegriffe.

Wie geht es Ihnen mit Ihren fünf Stärkegruppen? Versuchen Sie, diese Überbegriffe in eine Sequenz von 1 bis 5 zu bringen von: »darüber verfüge ich schon ganz lange« bis hin zu »das ist am ehesten neu für mich«. Gestalten Sie eine Collage, ein Bild, oder suchen Sie Gegenstände für die einzelnen Stärken. Positionieren Sie diese an einem günstigen Ort, wo Sie sie Tag für Tag sehen, wahrnehmen und immer mehr verinnerlichen können. Auf diesem Fundament können Sie aufbauen, niemand kann es Ihnen wegnehmen.

Schwächen sind nachteilige menschliche Eigenschaften und Unzulänglichkeiten. Machen Sie sich auch Ihrer Schwächen bewusst. Was können und mögen Sie gar nicht? Bei der Berufswahl sollten Sie ungeliebte Dinge minimieren. Gerade in Phasen der Umorientierung ist es wichtig, die eigenen Grenzen zu berücksichtigen.

Übung zu individuellen Schwächen

Schreiben Sie jetzt Ihre Schwächen auf, am besten anhand konkreter Beispiele und bewerten Sie sie, je nach Ausprägung von (–) bis (– – –).

Schauen Sie wohlwollend auf sich und Ihre Schwächen. Sie gehören zu Ihnen. Nehmen Sie Ihre Schwächen an, aber legen Sie sie – bildlich gesprochen – in eine Schublade.

Eine kleine Unterstützung bei Ihrem Prozess »Schwächen akzeptieren«, habe ich noch für Sie: Überlegen Sie mal, was die positive Intention Ihrer Schwäche sein könnte, und ergänzen Sie bitte folgende Sätze:

- ▶ Hallo, ich bin Dein(e) _____.
- ▶ Ich bin die Art von Schwäche, die _____.
- ▶ Manchmal beschreiben mich andere als _____.
- ▶ Am liebsten tauche ich auf, wenn _____.
- ▶ Durch mich fühlst du dich _____.
- ▶ Besonders intensiv bin ich, wenn _____.
- ▶ Meine positive Intention ist _____.

Alleskönner gibt es nicht

- ▶ Jeder Mensch mit besonderen Stärken hat auch Schwächen. Lernen Sie, damit umzugehen. Nehmen Sie sie an, und geben Sie ihnen einen Platz, aber nicht zu viel Raum.
- ▶ Legen Sie dazu Ihre Schwächen unter folgendem Pfad ab: C:\ICH\meine_Schwächen_gehören_zu_mir.
- ▶ Denken Sie daran: Jeder Misserfolg ist auch eine Lösungsoption.

Mein Umgang mit Stärken und Schwächen

Verfolgen Sie eine klare Strategie!
1. Akzeptieren Sie sich genau so, wie Sie sind.
2. Machen Sie sich bewusst: Was kann ich wirklich gut, was macht mich aus?
3. Welche Eigenschaften sind für meinen Traumjob relevant?
4. Legen Sie fest: An der Kompetenz _____ werde ich zuerst arbeiten.

6 Mein idealer IT-Arbeitsplatz: Wohin will ich?

Zum Wohlfühlen bei der täglichen Arbeit müssen vielerlei Kriterien erfüllt sein: beispielsweise fachliche, menschliche, leistungsgerechte, örtliche und zeitliche. Doch für jeden Menschen sieht der »optimale Arbeitsplatz« anders aus. Daher ist zunächst eine genau Analyse der angebotenen Möglichkeiten wichtig: Was bietet die IT-Branche in Deutschland? Wie passen Angebot und individuelle Vorgaben zusammen? Daraus lassen sich konkrete Ziele und Umsetzungsoptionen ableiten.

6.1 Arbeitsplatzanalyse

Unter *Arbeitsplatzanalyse* findet sich nach Gabler Wirtschaftslexikon folgende Definition:»Systematische Beschreibung eines Arbeitsplatzes und der für ihn typischen Arbeitsvorgänge zur Bestimmung der physischen und psychischen Anforderungen, die von ihm an den Menschen gestellt werden« [51]. In erster Linie dient diese Untersuchung einer Arbeitsplatzbewertung und anschließenden Verbesserung der Arbeitsbedingungen. Führen Sie anhand von Tabelle 6.1 eine Einschätzung Ihrer aktuellen Arbeitssituation durch.

Arbeitsplatzanalyse

Das gefällt mir an meinem Arbeitsplatz:
Das stört mich an meinem Arbeitsplatz:

Der Grund, warum ich unzufrieden bin, ist: (z. B. Kollegen, Chef, Kunden, ...)
Ich habe die Möglichkeit, das, was mir nicht gefällt, zu verändern: (bitte ankreuzen) ☐ ja ☐ ein bisschen ☐ nein
Um mich in eine schlechte Stimmung bezüglich meiner Arbeitssituation zu versetzen, ... **... müsste ich mir häufig sagen:** (z. B. Ich werde hier ausgebeutet; mir wird sowieso nicht gedankt, ...) **... müsste ich vermehrt tun:**
Um mich in eine optimistische, freudige Stimmung zu versetzen ... **... müsste ich mir sagen:** **... müsste ich vermehrt tun:**

Tabelle 6.1: Arbeitsplatzanalyse (Quelle: In Anlehnung an Reichel/Rabenstein, 2001 [52])

Was haben Sie herausgefunden? Wie schätzen Sie aktuell Ihre Situation ein? Können Sie aktiv etwas verändern? Hilft es bereits, an Ihrer eigenen Einstellung zu arbeiten? Wenn nicht, dann sollten Sie an Ihrer Arbeitssituation etwas ändern. Stellen Sie sich bitte folgende Fragen:

- Was brauche ich, um meine Arbeitsstelle kündigen zu können?
- Wie groß ist die Wahrscheinlichkeit, dass das gleiche Problem bei einer anderen Stelle erneut auftritt?
- Welche Alternativen habe ich?
- Wen könnte ich fragen, wer kann mich unterstützen?
- Wo kann ich recherchieren, um wichtige Informationen für meine Entscheidung zu erlangen?
- Welche Stellenausschreibungen sind im Moment aktuell?
- Kann ich die Situation noch anders klären?
- Was ist mein eigener Beitrag zur bestehenden Problematik?

Vier von zehn Beschäftigten arbeiten zeitweise zu Hause, ergab eine repräsentative Studie des Marktforschungsinstituts Aris [53]. Laut BITKOM ist der *Digitale Arbeitsplatz* aus unserem Arbeitsleben nicht mehr wegzudenken. »Die *Digitalisierung* (Hervorhebungen nicht im Orig., Anm. d. Verf.) der Arbeitswelt ist ein zentraler Teil der *d!conomy*, der digitalen Transformation unserer Wirtschaft. Viele Unternehmen werden sich umstellen müssen. Das flexible Arbeiten, auch von zu Hause aus, ist etwas, was vor allem gut ausgebildete Hochschulabsolventen erwarten«, erklärte BITKOM-Präsident Prof. Dieter Kempf bei seinem Vortrag im Februar 2015 [54].

Der optimale IT-Arbeitsplatz

http://IT.espresso-tutorials.com

Gründer Lars Krumbier beschreibt, wie für ihn der optimale IT-Arbeitsplatz aussieht.

Unter »d!conomy« versteht man die allgegenwärtige Digitalisierung, die Wirtschaft und Gesellschaft immer stärker prägt: Big Data, Cloud Computing, Security, Mobile- sowie Social-Aspekte. Die *Vernetzung* und das *Internet der Dinge* bringen rasant neue Produkte, Dienstleistungen, Prozesse und Geschäftsmodelle hervor. Lassen Sie uns einen Blick auf diese Entwicklung der IT-Branche werfen.

6.2 Ausblick ITK-Branche Deutschland

In Tabelle 6.2 werden die *Marktzahlen der ITK* für das Jahr 2014 ausgewiesen. In dieser Zeit gab es drei Bereiche mit negativen Wachstumsraten: Consumer Electronics weisen mit −5,3 % die deutlichste Tendenz nach unten auf, gefolgt von den Telekommunikationsdiensten mit −1,3 % und der gesamten Telekommunikation mit −0,4 %. Gewinner waren 2014 die IT-Hardware mit 6,3 % Wachstum, gefolgt von Software mit 5,4 % und dem gesamten Bereich Informationstechnik mit 4,2 %.

ITK-Markt Deutschland	Marktvolumen (in Mrd. Euro)		Wachstumsraten
	2013	2014	2014–2013
Summe ITK + CE	151,0	153,3	1,5 %
Consumer Electronics	10,7	10,2	−5,3 %
Summe ITK	140,2	143,1	2,1 %
Informationstechnik	74,7	77,8	4,2 %
IT-Hardware	21,2	22,5	6,3 %
Software	18,1	19,1	5,4 %
IT-Services	35,4	36,2	2,3 %
Telekommunikation	65,6	65,3	−0,4 %
TK-Endgeräte	9,3	9,4	1,8 %
TK-Infrastruktur	6,1	6,3	3,8 %
Telekommunikationsdienste	50,2	49,6	−1,3 %

Tabelle 6.2: Marktzahlen 2014 (Quelle: www.bitkom.org)

Die Marktzahlen für 2014/2015 stelle ich Ihnen in Tabelle 6.3 vor: Unvermindert nach oben weisen die Wachstumsraten in den Bereichen Software (5,7 %), TK-Infrastruktur (3,6 %), Gesamt-IT (3,2 %) und IT-Services (3,0 % mit einer Steigerung um 0,7 % gegenüber dem letztjährigen Wert).

ITK-Markt Deutschland	Marktvolumen (in Mrd. Euro)		Wachstumsraten
	2014	2015	2015/2014
Summe ITK + CE	153,3	155,5	1,5 %
Consumer Electronics	10,2	9,9	-3,0 %
Summe ITK	143,1	145,7	1,8 %
Informationstechnik	77,8	80,3	3,2 %
IT-Hardware	22,5	22,8	1,3 %
Software	19,1	20,2	5,7 %
IT-Services	36,2	37,3	3,0 %
Telekommunikation	65,3	65,4	0,1 %
TK-Endgeräte	9,4	9,5	1,0 %
TK-Infrastruktur	6,3	6,5	3,6 %
Telekommunikationsdienste	49,6	49,3	-0,5 %

Tabelle 6.3: Marktzahlen 2015 (Quelle: www.bitkom.org)

Die Marktsegmente mit einem negativen Wachstum im Jahr 2014 konnten sich bis jetzt alle geringfügig steigern.

6.2.1 Segmente der ITK-Branche

Die Umsatzentwicklungen der einzelnen Segmente des ITK-Marktes, bezogen auf das Jahr 2015 im Vergleich zum Vorjahr, werden in Abbildung 6.1 dargestellt:

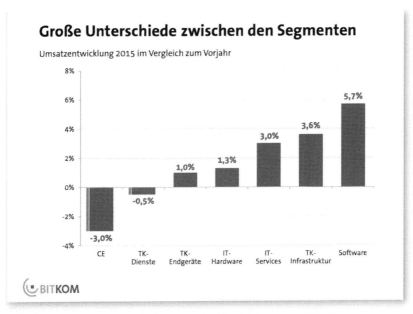

Abbildung 6.1: Umsatzentwicklung 2015 im Vergleich zu 2014 (Quelle: www.bitkom.org)

Die Entwicklung der ITK-Marktzahlen wird etwa alle sechs Monate aktualisiert und kann unter www.bitcom.org eingesehen werden. »Ein weiterhin hohes Tempo bei der Umsetzung der Digitalen Agenda, etwa rund um den Breitbandausbau, den Aufbau intelligenter Netze für Verkehr und Energie sowie beim Thema Industrie 4.0« [55] wünscht sich die BITKOM vonseiten der Politik.

Abbildung 6.2 zeigt die Umsatzzahlen der einzelnen Branchensegmente für das Jahr 2015. Laut Bitkom entfielen allein 52 % auf die Informationstechnik mit einem Volumen von über 82 Mrd. Euro und 42 % auf die Telekommunikation mit mehr als 65 Mrd. Euro. Knapp 10 Mrd. Euro nahmen Consumer Electronics mit 6 % des ITK-Marktes ein. Obwohl es sich bei den TK-Diensten und Consumer Electronics um schrumpfende Teilmärkte handelt, wiesen sie gemeinsam einen stattlichen Umsatz von 59,2 Mrd. Euro bzw. 38 % des Marktvolumens auf.

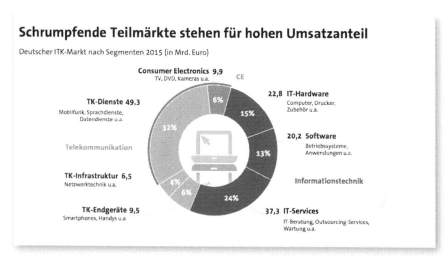

Abbildung 6.2: ITK-Markt nach Segmenten 2015 (Quelle: BITKOM, EITO, IDC)

6.2.2 Digitalisierung

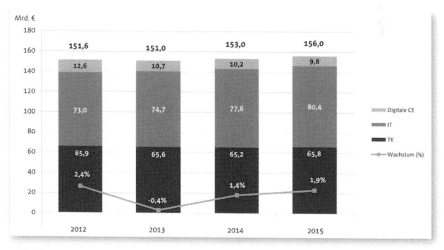

Abbildung 6.3: ITK-Marktvolumen 2012 bis 2015 (Quelle: BITKOM, EITO, GfK)

Die digitale Unterhaltungselektronik zeigt weiterhin einen anhaltenden Abwärtstrend. Nach kleinen Einbußen in den Jahren 2013 und 2014 erholte sich der Bereich Telekommunikation 2015 leicht. Im Vergleich dazu verzeichnete die Informationstechnologie ein stetiges Wachstum. Insgesamt hat sich die Branche nach einem kleinen Absturz im Jahr 2013 wieder stabilisiert und 2015 bei einem Umsatzplus von 1,9 % gegenüber 2014 eingependelt, wie Abbildung 6.3 zeigt.

Verantwortlich für das kontinuierliche Ansteigen der IT-Umsätze ist die Digitalisierung, siehe Abbildung 6.4. »Die Anbieter profitieren davon, dass immer mehr Unternehmen aller Branchen erkennen, dass sie ihr Geschäft digitalisieren müssen, wenn sie weiter Erfolg haben wollen« so Professor Kempf (2015), Präsident der BITKOM.

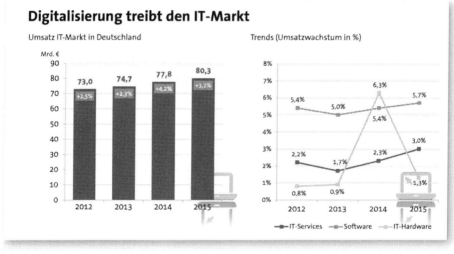

Abbildung 6.4: IT-Markt Deutschland: Umsatz und Wachstum 2012 bis 2015 (Quelle: BITKOM, EITO, IDC)

6.2.3 Arbeitsmarkt

Wie sieht es auf dem Arbeitsmarkt der ITK-Branche aus? Laut Pressemitteilung der BITKOM im November 2014 fehlten 2015 in Deutschland rund 41.000 IT-Experten. Die Zahl der offenen Stellen ist im Vergleich zum Jahr

2013 um ungefähr 5 Prozent gestiegen. Das ist das Ergebnis einer repräsentativen Studie von BITKOM Research und dem Meinungsforschungsunternehmen Aris, bei der mehr als 1.500 Geschäftsführer und Personaler aller Branchen befragt wurden. Professor Kempf gibt dazu folgendes Statement: »Wir werden [2015, Anm. der Verf.] mit 990.000 Beschäftigten in den ITK-Unternehmen fast die Million erreichen. Damit festigt die BITKOM-Branche ihre Stelle als zweitgrößter industrieller Arbeitgeber in Deutschland, nur knapp hinter dem Maschinenbau.« Darüber hinaus könnten sich Vermittlungsagenturen von IT-Selbstständigen über ein zweistelliges Umsatzwachstum freuen.

Abbildung 6.5 zeigt die Entwicklung der Erwerbstätigen in der ITK-Branche in Deutschland einschließlich der Selbstständigen ohne Consumer Electronics. Einzig im Jahr 2004 wurde ein Rückgang von ITlern um 1.900 Personen gezählt. In allen anderen Jahren hat die Zahl stetig zugenommen, wobei ein überproportionaler Anstieg seit 2010 zu verzeichnen ist.

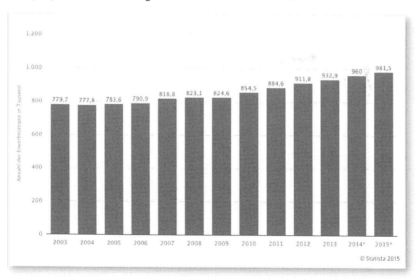

Abbildung 6.5: Erwerbstätige der ITK-Branche ohne CE in Deutschland 2003 bis 2015 (Quelle: www.statista.com)

In Abbildung 6.6 wird die Personalplanung der ITK-Branche für die Jahre 2010 bis 2015 dargestellt. Das Diagramm kennzeichnet eine stabile Personalentwicklung.

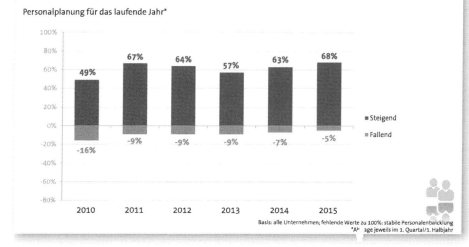

Abbildung 6.6: Personalplanung 2010 bis 2015, Stand: 1. Quartal 2015 (Quelle: www.bitkom.org)

Laut Konjunkturbarometer der BITKOM [56] rechneten im vergangenen Jahr 68 Prozent aller befragten Unternehmen mit einem Personalzuwachs und nur fünf Prozent mit einem Stellenabbau.

6.2.4 Zukunftsprognosen Deutschland

Der *Verband der deutschen Internetwirtschaft (eco)* warf 2014 einen Blick in die digitale Zukunft. Befragt wurden 100 Experten nach ihren Einschätzungen zu den Trends für 2020 [57]. Die Kernaussagen sind:

- ▶ Man wird sich mit Suchmaschinen wie mit einem richtigen Menschen unterhalten können. Dabei liefern sie Antworten statt Trefferlisten. Fragen an Suchmaschinen werden umgangssprachlich bzw. die gesprochene Sprache zur Ein- und Ausgabe dienen.
- ▶ Mobile Bezahlangebote werden sich in Deutschland etablieren.
- ▶ Selbstfahrende Automobile werden Normalität.

- *Biometrische Scans* wie der Fingerabdruck, Iris etc. lösen den PIN am Bankautomaten ab.
- E-Mail wird durch *Instant-Messaging-Dienste* und Social-Media-Kommunikation ersetzt sein.

Die vollständige Studie kann kostenfrei heruntergeladen werden unter: http://www.eco.de/wp-content/blogs.dir/eco-trend-report-2020.pdf.

6.2.5 Zukunftsprognosen USA

Ein weltweit führende IT-Marktforschungsinstitut Gartner mit Sitz in Stamford, Connecticut, USA zeigt alljährlich die zehn wichtigsten technologischen Entwicklungen im Bereich IT [58]. Um Ihnen einen guten Überblick davon zu geben, habe ich in den Tabelle 6.4, Tabelle 6.5 und Tabelle 6.6 die technischen Highlights im Zweijahres-Rhythmus gegenübergestellt.

Top 10 – strategische Technologien nach Gartner

	2011	2012
1.	Cloud Computing	Media Tablets and beyond
2.	Mobile Applications & Media Tablets	Mobile-centric Applications & Interfaces
3.	Next generation Analytics	Contextual & social user experience
4.	Social Analytics	The Internet of Things
5.	Social communications & collaboration	App stores & marketplaces
6.	Video	Next generation Analytics
7.	Context-aware Computing	Big Data
8.	Ubiquitious Computing	In-Memory Computing
9.	Storage class memory	Extreme low-energy servers
10.	Fabric based infrastructure and computers	Cloud Computing

Tabelle 6.4: Strategische Technologien 2011 und 2012 (Quelle: www.gartner.com)

	2013	2014
1.	Mobile Device Battles	Mobile Device Diversity and Management
2.	Mobile Applications and HTML 5	Mobile Apps and Applications
3.	Personal Clouds	The Internet of Everything
4.	Enterprise App Stores	Hybrid Cloud and the IT as Service Broker
5.	The Internet of Things	Cloud/Client-Architecture
6.	Hybrid IT and Cloud Computing	The Era of Personal Cloud
7.	Strategic Big Data	Software Defined Anything
8.	Actionable Analytics	Webscale IT
9.	In Memory Computing	Smart Machines
10.	Integrated Ecosystems	3D Printing

Tabelle 6.5: Strategische Technologien 2013 und 2014 (Quelle: www.gartner.com)

	2014	2015
1.	Mobile Device Diversity and Management	Computing Everywhere
2.	Mobile Apps and Applications	The Internet of Things
3.	The Internet of Everything	3D Printing
4.	Hybrid Cloud and the IT as Service Broker	Advanced, Pervasive and Invisible Analytics
5.	Cloud/ Client- Architecture	Context-Rich Systems
6.	The Era of Personal Cloud	Smart Machines
7.	Software Defined Anything	Cloud/ Client Computing
8.	Webscale IT	Software-Defined Applications and Infrastructure
9.	Smart Machines	Web-Scale IT
10.	3D Printing	Risk-Based Security and Self-Protection

Tabelle 6.6: Strategische Technologien 2015 (Quelle: www.gartner.com)

Wie Sie sehen können, herrscht bei den Top Ten von Jahr zu Jahr ganz schön Bewegung. Wenn man sich die Veränderungen von 2014 auf 2015 anschaut, kann man z. B. feststellen, dass Web-Scale IT von 8 auf 9 gesunken ist, Smart Machines von 9 auf 6, The Internet of Things von 3 auf 2 und 3D Printing von 10 auf 2 gestiegen sind. Neueinsteiger sind auf Platz 1 »Computing Everywhere«, »Advanced, Pervasive and Invisible Analytics« auf Platz 4 und »Context-Rich Systems« auf Platz 5. Nachfolgend werden beispielhaft einige der aktuellen Trends näher beschrieben.

Top 10 – Strategische IT-Trends 2015

- ▶ *Computing Everywhere – Allgegenwärtigkeit von Computern*
  User wollen von jedem Ort auf ihren Computer zugreifen können. Es ergibt sich für Anbieter ein Handlungsbedarf hinsichtlich Apps und Software.

- ▶ *The Internet of Things – das Internet der Dinge*
  Kleine eingebettete Computer lösen den Personal Computer ab und unterstützen den Menschen bei seinen Tätigkeiten. Es ergeben sich neue Nutzungs- und Geschäftsmodelle für physische Produkte und IT-Systeme.

- ▶ *3D Printing – 3-D-Druck*
  Gartner prognostiziert, dass sich der Absatz von 3-D-Druckern fast verdoppeln wird. Für Unternehmen ergeben sich Wettbewerbsfaktoren wie 3-D-Druck, Softwareentwicklung sowie kostengünstiges Design.

- ▶ *Advanced, Pervasive and Invisible Analytics – Neue Formen der Datenanalyse*
  Neben der Gewinnung großer Datenmengen ist es von Bedeutung, zu überlegen, was genau mit den erhobenen Daten gemacht werden soll. Es werden neue Methoden und Ansätze zur Auswertung der Big Data seitens der Anbieter benötigt.

- ▶ *Context-Rich Systems – kontextbasierte Systeme*
  Vernetzte Systeme, die Informationen bündeln, stehen im Fokus. In Zukunft wird dieser Trend auch weiter anhalten.

- ▶ *Smart Machines – intelligente Maschinen*
  Virtuelle Assistenten, Roboter und autonome Fahrzeuge werden in Zukunft zunehmen.

- *Cloud/Client Computing – Cloud-/Client-Architektur*
  Speichern von Daten in einer »externen Wolke«. Immer mehr Dienste in einer Cloud sollen miteinander verknüpft werden. Die Synchronisation von Inhalten über verschiedene Endgeräte mit entsprechenden Softwarelösungen ist ein weiterer Trend.

- *Software-Defined Applications and Infrastructure – Software-gesteuerte Anwendungen und -Infrastruktur*
  Dynamische Modelle, die auf unterschiedliche Zeiten und Auslastungen von digitalen Anbietern flexibel reagieren, werden die Infrastruktur von morgen bestimmen. Software-definierte Anwendungen ermöglichen das.

- *Web-Scale IT – IT via Internet, skaliert*
  Skalierbare Webanwendungen werden von mehreren, evtl. großen Unternehmen zur Steuerung interner Prozesse notwendig. Amazon, Facebook und Google setzen sie bereits heute ein.

- *Risk-Based Security and Self-Protection – Risikobasierte Sicherheits- und Schutzmaßnahmen*
  Gartner sagt einen Trend für Web-Sicherheit auf der Ebene der Anwendungsentwicklung voraus: »Segmente und Firewalls reichen nicht mehr aus; jede App muss ich-bewusste und selbstschützende Funktionalitäten aufweisen.«

Wie geht es Ihnen, wenn Sie die Entwicklungen der letzten fünf Jahre auf sich wirken lassen? Viel Bewegung, Fortschritt, neue Impulse, Innovation, visionärer Geist, Aufbruch waren meine ersten Assoziationen. Da bekomme selbst ich als Nicht-ITler Lust, in die IT-Branche zu wechseln. Schauen Sie sich bitte auch die Technologietrends in China, Japan, Indien und anderswo an. Sie können davon nur profitieren. Nachfolgend werde ich exemplarisch weitere Visionen aus den USA vorstellen:

Prognose der Top-10-Trends nach Gartner bis 2020 [59]:

- Ende 2016 kaufen mobile digitale Assistenten für mehr als zwei Milliarden US-Dollar online ein.
- Die Hälfte des digitalen Handels wird in den USA 2017 mobil ablaufen.

- 2017 basieren neue Geschäftsmodelle v. a. auf Computer-Algorithmen.
- Erfolgreiche digitale Geschäftsmodelle basieren 2017 zu 70 Prozent auf vorsätzlich instabilen Prozessen.
- Die Hälfte der Investitionen in Produkte bezieht sich 2017 auf Kundenerfahrungen mit bisherigen Produkten.
- Fast jeder fünfte Anbieter dauerhafter Güter stellt 2017 mittels 3-D-Druck personalisierte Waren her.
- 2018 braucht die digitalisierte Arbeitswelt 50 Prozent weniger klassische Geschäftsprozess-Experten und dafür 500 Prozent mehr Kandidaten für digitale Schlüsselpositionen – verglichen mit herkömmlichen Modellen.
- Intelligente Maschinen und industrialisierte Services werden die Total Costs of Ownership geschäftlicher Abläufe bis 2018 um 30 Prozent senken.
- Bis 2020 steigern Wearable Devices zu Gesundheitsfragen die Lebenserwartung in den Industrienationen um weitere sechs Monate.
- 2020 steigern Händler, die ihre Zielgruppenansprache mittels IPS (Internal Positioning Systems) verbessern, ihre Absätze um fünf Prozent.

Nach diesen verschiedenen Ausblicken für die IT-Branche, den Trends und der Arbeitsplatzanalyse möchte ich mich nun möglichen internen und externen Faktoren widmen, die für die Planung Ihres idealen Arbeitsplatzes ebenso bedeutend sind.

6.3 Interne Faktoren

Nach Weinert (1992) [60] herrscht eine hohe Arbeitszufriedenheit bei Menschen, wenn die Arbeitssituation:

- geistig anspruchsvoll ist,
- den physischen und psychischen Bedürfnissen entspricht,
- Möglichkeiten zur Etablierung der Kompetenzen bietet,
- Weiterbildungs- und Entwicklungsangebote ermöglicht,

- sicherstellt, dass ein angemessenes Be- und Entlohnungssystem vorhanden ist,
- Selbstverantwortung und Eigeninitiative fördert und
- der Eigenentwicklung des Individuums dienlich ist.

Je nach Persönlichkeit, Sensibilität und individuellen Unterschieden haben diese *internen Faktoren* einen direkten Einfluss auf Ihre *Motivation* und Erfüllung in einem Job. Sie sind zum Teil von gegeben Bedingungen abhängig, die Sie i. d. R. nicht verändern können. Es heißt also: »Love it, change it or leave it.« Was Sie tun können: Handeln Sie zeitnah. Nehmen Sie sich und Ihre Bedürfnisse, Ansprüche und Wünsche ernst. Wenn Sie es nicht tun, dann tun andere es schon gar nicht.

6.4 Externe Faktoren

Rosenstiel (2000) [61] nennt folgende Aspekte als entscheidend für eine hohe Arbeitszufriedenheit und ein gutes Betriebsklima:

- *zwischenmenschliche Beziehungen*:
  Zusammenhalt, Qualität des Umgangs, Unterstützung;
- *Kooperation*:
  Teamorientierung, Solidarität und Hilfsbereitschaft, wechselseitige Unterstützung bei der Erledigung von Aufgaben;
- *Arbeitsbedingungen*:
  äußere Bedingungen, wie Lärm, Temperatur, Geruch, Feuchtigkeit, Kontamination, Attraktivität etc.;
- *Arbeitsstrukturen*:
  Formen der Arbeitsgestaltung, wie Job Enrichment, Job Sharing, Job Rotation und Gruppenarbeit;
- *Sicherheit*:
  Arbeitsplatzsicherheit und Sicherung der körperlichen Unversehrtheit, wie z. B. Schutz vor Gesundheitsschäden und Unfallverhütung;
- *Verbundenheit*:
  Identifikation mit der Arbeit und der Organisation.

Mittlerweile spielen auch Faktoren des betrieblichen Gesundheitsmanagements und flexible Arbeitsbedingungen eine entscheidende Rolle. Bei der Arbeit motiviert sind drei von vier Deutschen, wenn das Arbeitsverhältnis positiv bewertet wird. Am wichtigsten ist dabei mit 77 Prozent ein gutes Betriebsklima, wie in Abbildung 6.7 gezeigt. Es folgen flexible Arbeitszeiten, gute Kontakte zu den Kollegen auch nach Feierabend und die betriebliche Gesundheitsförderung.

Abbildung 6.7: Top 10-Faktoren der Jobmotivation 2014 (Quelle: www.manpowergroup.de)

Welche Ziele leiten Sie für sich aus den internen und externen Faktoren sowie den Ergebnissen zur Jobmotivation ab?

6.5 Zielsetzung

Formulieren Sie Ihre Vorhaben gemäß der SMART-Regel in Kapitel 4.5 (»Ziele definieren und erreichen«). Wie sieht Ihr Wunsch-Arbeitsplatz aus? Welche Bedingungen sind Ihnen wichtig? Was motiviert Sie persönlich? Lassen Sie sich durch folgendes Video auch zu ungewöhnlichen Überlegungen hinreißen.

Glücklich am Arbeitsplatz?

Der Fernsehsender ARTE hat seit dem 17.02.2015 auf seiner Internetseite den Online-Test »Mein wunderbarer Arbeitsplatz« veröffentlicht. Sie finden ihn unter http://www.arte.tv/arbeitmitfreude

Die Botschaft ist: »Zeit« ist das neue Geld der Gegenwart!

6.6 Umsetzung

Um mehr Arbeitszufriedenheit und Motivation zu erlangen, hat sich folgende Vorgehensweise in der Praxis bewährt:

1. **Reflektieren:** Was ist gut, was will ich verändern?

Wünschen Sie sich ein besseres Betriebsklima? Mehr Austausch mit Kollegen oder Vorgesetzten? Sind Sie gestresst oder unterfordert? Verspüren Sie Zeit- oder Konkurrenzdruck? Warten Sie auf Anerkennung? Oder sind Sie mit Ihrem Arbeitspensum permanent an Ihrer Grenze? Fragen Sie sich: Wie fühle ich mich mit meinem Job? Habe ich Zeit für Freunde, Hobbys und Familie? Machen Sie eine schriftliche Gegenüberstellung.

2. **Anerkennung und Belohnung:** Schon einmal daran gedacht, selbst dafür zu sorgen?

Warten Sie nicht darauf, dass Ihr Chef sie lobt. Die meisten haben es nicht gelernt und sind froh, wenn das Mitarbeitergespräch vorbei ist. Natürlich können Sie nach einem Feedback fragen. Aber nur dann, wenn Sie sich auch gern negative Punkte Ihrer Beurteilung anhören wollen. Ansonsten: Viel wichtiger ist, dass Sie sich gut finden und mit sich, Ihrer Arbeitsleistung sowie der Be- und Entlohnung zufrieden sind. Gönnen Sie sich ab und zu ein gutes Essen, ein Objekt Ihrer Begierde, einen Kurztrip oder ein Treffen mit alten Freuden. Lernen Sie, sich selbst für gute Leistung zu honorieren.

3. **Kompetenzen steigern:** Wie werde ich zu dem Besten, der ich sein kann?

Schauen Sie zurück zu Kapitel 5 (»Kompetenzen, Fähigkeiten, Stärken: Was kann ich?«). Dort finden Sie eine Reihe von Kompetenzen, deren Überprüfung Sie vornehmen können. Wenn Sie in sich gehen, dann wird Ihnen sicher recht schnell klar, wo Sie zur Optimierung ansetzen sollten.

4. **Achtsamkeit:** Können Sie bewusst im Hier und Jetzt arbeiten und nicht arbeiten?

Halten auch Sie sich im Job für unentbehrlich? Checken Sie immer und überall Ihren Maileingang oder diverse Social-Media-Nachrichten? Können Sie abschalten? Sorgen Sie neben (An-)Spannung auch für Entspannung? Können Sie Nein sagen? Sie belasten auf Dauer Ihre psychische und physische Gesundheit, wenn Sie es allen anderen recht machen wollen. Üben Sie sich in Achtsamkeit für den Moment. Genießen Sie Ihre Arbeit, und genießen Sie Ihr Privatleben.

5. **Neue Herausforderungen:** Fühlen Sie sich unterfordert im Job?

Das Gegenteil von Burn-out ist das *Bore-out-Syndrom*, ein Zustand extremer Unterforderung [62]. Die Folgen können wie beim Burn-out unspezifische Beschwerden sowohl körperlicher als auch psychischer Natur sein. Suchen Sie das Gespräch mit Ihrem Chef, bitten Sie um eine neue Herausforderung, oder suchen Sie sich bewusst neue Aufgaben im Privatleben. Weiterbildungsmaßnahmen oder Zusatzqualifikationen werten Ihre Arbeit auf und ermöglichen neue Aufgaben. Falls das nicht hilft, konsultieren Sie bei anhaltenden Beschwerden einen Psychologen.

6. **Kommunikation:** Kennen Sie das Gefühl der Erleichterung, nachdem Sie offen über ein Ihnen wichtiges Thema gesprochen haben?

Schlechte Arbeitsverhältnisse mit Vorgesetzten, Kollegen oder auch Kunden sind demotivierend. Ungerechte Behandlung, negative Erlebnisse, ungünstige Arbeitsbedingungen sowie Unter- oder Überforderung schlagen sich in Arbeitsunzufriedenheit nieder. Sprechen Sie offen darüber. Gehen Sie aktiv auf Ihr Gegenüber zu. Denn die häufigsten Konflikte resultieren aus Missverständnissen, die sich in einem persönlichen Gespräch klären lassen. Im nächsten Kapitel (»Kommunikation«) erfahren Sie, wie Sie genau vorgehen können.

Handeln Sie schnell!

- ▶ Schlechte Arbeitsbedingungen können zu physischen und psychischen Beeinträchtigungen führen.
- ▶ Harren Sie nicht zu lange in einer ungünstigen Situation aus.
- ▶ Schätzen Sie realistisch ein, ob es in Ihrer Macht liegt, Veränderung zu initiieren.

Was Sie für Ihren Wunsch-Arbeitsplatz tun können

- ▶ Kreieren Sie Ihre Zukunftsvision!
- ▶ Führen Sie eine Arbeitsplatzanalyse durch.
- ▶ Legen Sie fest, welche Arbeitsplatzbedingungen für Sie von Bedeutung sind, um motiviert und zufrieden im Job zu sein.

▶ Orientieren Sie sich stets an aktuellen Marktzahlen.

▶ Beobachten Sie die Entwicklung des IT-Arbeitsmarktes.

▶ Interessieren Sie sich für neue Produkte und Dienstleistungen, auch über die Grenzen Deutschlands hinweg.

7 Kommunikation

In diesem Kapitel befassen wir uns mit der Bedeutung von Kommunikation. Sie erfahren, was gelungene Kommunikation ist, welchen Stellenwert sie als Berufskompetenz hat und wie sie mit der Persönlichkeitsentwicklung zusammenhängt. Außerdem zeige ich Ihnen, wie Sie sich für ein Vorstellungsgespräch gut rüsten und wie Sie Ihre Konfliktfähigkeit steigern können.

7.1 Kommunikation

Unter *Kommunikation* versteht die Professorin für Kommunikationswissenschaft und Journalistik an der Universität Hohenheim, Prof. Dr. Dr. habil. Claudia Mast »einen Prozess, in dem sich zwei oder mehrere Menschen gegenseitig wahrnehmen und Aussagen, Botschaften und Gefühle austauschen, indem sie sich verbaler und nonverbaler Mittel bedienen« [63]. Das bedeutet, nicht nur das gesprochene Wort, sondern auch Signale wie Mimik, Gestik oder Körpersprache zählen. Und diese drücken i. d. R. aus, wie selbstsicher Sie sind und wie Sie sich gerade in einer speziellen Situation fühlen.

> **Was ist gute Kommunikation?**
>
>
> *http://IT.espresso-tutorials.com*
> Dieser Frage gehe ich im Gespräch mit Jörg Siebert nach und beziehe auch ein, wie Kommunikation zur Konfliktlösung am Arbeitsplatz beitragen kann.

Wissenschaftler und Praktiker sind sich einig, dass *Kommunikationsfähigkeit* eine der bedeutendsten Berufskompetenzen darstellt. Über welche Kanäle kommunizieren Erwerbstätige bei ihrer Arbeit?

7.1.1 Wie machen es die Kommunikationsprofis

Der European Communication Monitor zeigt in Abbildung 7.1, dass Kommunikationsprofis für berufliches Netzwerken zu 38 % über E-Mail, zu 27 % über Social Media und nur zu 23 % *face to face* kommunizieren. Wie verhält es sich bei Ihnen?

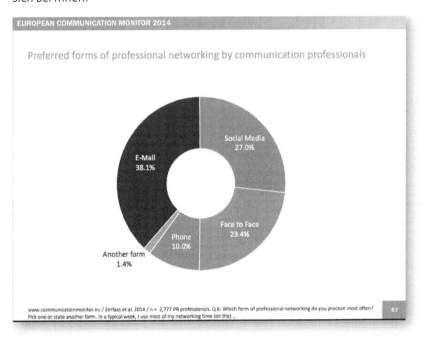

Abbildung 7.1: Bevorzugte Kommunikations-Formen zum Netzwerken unter Kommunikationsprofis 2014 (Quelle: www.communicationmonitor.eu)

Abbildung 7.2 zeigt in Ergänzung dazu, welche Social-Media-Plattformen zum Aufbau sozialer Netzwerke von Bedeutung sind. Die Business-Netzwerke stehen dabei mit über 72 Prozent ganz vorne. Twitter wird mit über 44 Prozent und Blogs werden mit gut 33 Prozent als »wichtig« eingestuft. Facebook und Google+ rangieren auf den letzten Plätzen. Mehr über Soziale Medien erfahren Sie in Kapitel 8.

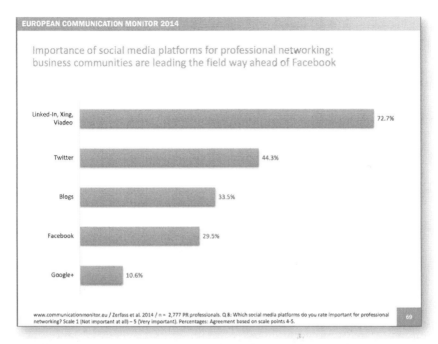

Abbildung 7.2: Social-Media-Plattformen für professionelles Netzwerken (Quelle: www.communicationmonitor.eu) [64]

Laut Schick (2010) ist die effektivste Form der Kommunikation das persönliche Gespräch [65]. Warum tun wir es dann so selten? Sind Bequemlichkeit, Defizite in der Kommunikationsfähigkeit, Antipathien, mangelndes Selbstbewusstsein oder die Angst, einen Fehler zu machen, der Grund dafür? Antworten auf diese Fragen können sehr individuell sein. Befassen wir uns daher im Folgenden damit, wovon Kommunikation im persönlichen Umgang geprägt ist und was sie zum Erfolgsfaktor macht.

7.1.2 Kommunikationspsychologie

Die Kommunikationspsychologie beschäftigt sich mit den verschiedenen Formen der zwischenmenschlichen Kommunikation mithilfe von Methoden der Psychologie. Ziel der *Marketing-Kommunikationspsychologie* ist nach Sawetz (2015) »die systematische Erfassung und Beschreibung der Wirkprinzipien der miteinander verbundenen Subsysteme Individuum, Kollektiv, Medien, Konsum und Evolution« [66]. Das ist ein komplexer Vorgang. Hierbei ist für Sie von Bedeutung, auf positive Gesprächsmerkmale zu achten, wie:

- ▶ Auftreten und Ausstrahlung,
- ▶ Sprache, Stimme, Aussprache,
- ▶ Lautstärke, Tonfall, Verständlichkeit,
- ▶ stimmige Körpersprache,
- ▶ Glaubwürdigkeit, Begeisterung.

Je authentischer und klarer Sie sind, desto natürlicher und sympathischer können Sie wirken und Ihr Gegenüber begeistern – im Falle einer Bewerbung entscheidet der Verantwortliche innerhalb der ersten paar Sekunden, ob Sie ins Unternehmen passen oder für ein Projekt geeignet sind. Was können Sie tun, um ihn davon zu überzeugen?

> **Verstärken Sie positive Gesprächsmerkmale**
>
>
>
> Seien Sie Sie selbst.
>
> Bleiben Sie kongruent, authentisch, echt.
>
> Bringen Sie Übereinstimmung in die drei Bereiche:
>
> - ▶ inneres Erleben,
> - ▶ Bewusstsein,
> - ▶ Kommunikation.

Wichtig ist, dass Sie keine Rolle spielen, sich nicht verstellen. Sie sind der Einzige und Beste, den Sie haben! Daher macht es Sinn, authentisch zu bleiben, um auf die aktuelle Situation entsprechend eingehen zu können. Wenn also Ihr inneres Erleben und Ihr Bewusstsein übereinstimmen, Sie also möglichst kongruent sind, dann können Sie am glaubwürdigsten kommunizieren. Folgende Kommunikationsmodelle können Ihnen eine Hilfestellung auf dem Weg zu einer authentischen, klaren Kommunikation geben.

7.2 Kommunikationsmodelle

Kommunikationsmodelle versuchen, wesentliche Faktoren in Kommunikationsprozessen zu erfassen. Sie reichen von komplexen Ansätzen bis hin zu leicht verständlichen Konzepten mit dem Ziel, zwischenmenschliche Kommunikation zu begreifen. Im Anschluss werde ich Ihnen die Axiome von Paul Watzlawick sowie die Modelle von Shannon & Weaver, Friedemann Schulz von Thun sowie ein eigenes Modell präsentieren.

7.2.1 Kommunikationsaxiome

Paul Watzlawick war Kommunikationswissenschaftler, Psychotherapeut und Autor. Mit Janet H. Beavin und Don D. Jackson (1969) [67] formulierte er fünf allgemeingültige Axiome:

Axiom 1: Man kann nicht nicht kommunizieren. Auch die nonverbale Kommunikation, Schweigen und Nichthandeln haben Mitteilungscharakter.

Axiom 2: Jede Kommunikation hat einen Inhaltsaspekt – Informationen, Daten, Fakten – **und einen Beziehungsaspekt** – die zwischenmenschliche Beziehung zwischen Sender und Empfänger. Auf der sachlichen Ebene werden also die Inhalte mitgeteilt, auf der Beziehungsebene wird kommuniziert, wie Inhalte aufzufassen sind.

Axiom 3: Menschliche Kommunikation besteht aus Reiz- und Reaktionsmustern. Kommunikation setzt sich aus einem Reiz, der Ursache und seiner Reaktion, der Wirkung zusammen.

Axiom 4: Kommunikation ist analog und digital. Die analoge Ebene ist die nonverbale Kommunikation und Beziehung. Die digitale Ebene ist der Inhalt.

Axiom 5: Kommunikation ist symmetrisch oder komplementär. Sie beruht auf der Gleichheit oder Unterschiedlichkeit der Kommunikationspartner (z. B. bezogen auf spezielle Fähigkeiten), unabhängig von deren hierarchischer Stellung.

7.2.2 Modell nach Shannon and Weaver

Eines der ersten Kommunikationsmodelle ist das *Sender-Empfänger-Modell* nach Shannon & Weaver aus dem Jahr 1949. Dieses Kommunikationsmodell dient als Grundmodell und wird ebenso in der Nachrichtentechnik und Informationstheorie angewendet. Grundidee des Konzeptes ist, dass Kommunikation »als Übertragung einer Nachricht von einem Sender zu einem Empfänger« verstanden wird. Nachrichten gehen von einem Sender aus, werden codiert und mittels eines Kanals zu dem Empfänger gesendet, der diese Nachricht wiederum decodiert – siehe Abbildung 7.3. Störungen können sowohl bei der Codierung, dem Übersetzen einer Idee und deren Senden als auch beim Decodieren, dem Verstehen, Übersetzen und Empfangen auftreten.

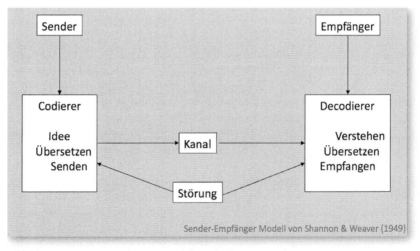

Abbildung 7.3: Kommunikationsmodell nach Shannon und Weaver [68]

Wie geht der Prozess im Einzelnen vonstatten? Der Sender übermittelt eine Information mittels eines Kommunikationskanals, wie etwa Face-to-face, per Telefon, Skype etc. Eine Schwierigkeit hierbei besteht darin, dass der Sender seine Idee in eine Nachricht übersetzen muss, die auch entsprechend formuliert werden muss. Er sollte sich genau überlegen: Was will ich senden, was ist meine Botschaft? Wie will ich diese transportieren? Auf der anderen Seite muss der Empfänger die Nachricht dann wiederum entschlüsseln, d. h., in das eigene System übersetzen und verstehen, was ihm der Sender mitteilen will. Insgesamt ein ganz schön komplexer Vorgang. Nichtverstehen ist die Regel, Verstehen die Ausnahme.

7.2.3 Modell nach Schulz von Thun

Das Kommunikationsmodell nach Schulz von Thun (2009) [69] in Abbildung 7.4 interpretiert Nachrichten in vier Richtungen: *Sachinhalt, Beziehung, Selbstoffenbarung* und *Appell*. Entsprechend agieren der Sender mit vier Schnäbeln und der Empfänger mit vier Ohren.

Basis einer jeden Unterhaltung ist die Beziehungsebene. Wie stehen die Kommunizierenden zueinander? Ist die Beziehung für beide klar? Erst wenn klar ist, wie Sender und Empfänger verbunden sind, folgt die Sachebene, in der Inhalte transportiert werden. Je klarer die Beziehungsebene gestaltet ist, desto einfacher kann die Inhaltsebene ohne Störungen wahrgenommen werden.

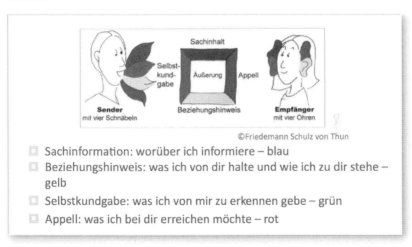

- Sachinformation: worüber ich informiere – blau
- Beziehungshinweis: was ich von dir halte und wie ich zu dir stehe – gelb
- Selbstkundgabe: was ich von mir zu erkennen gebe – grün
- Appell: was ich bei dir erreichen möchte – rot

Abbildung 7.4: Kommunikationsquadrat nach Schulz von Thun

Während die Selbstkundgabe deutlich macht, was die jeweilige Person von sich zu erkennen geben möchte, offenbart die Appellebene, was jeder sich konkret vom Gegenüber erhofft. Abbildung 7.5 zeigt Elemente einer gelungenen Kommunikation in Abhängigkeit der vier Kommunikationsebenen nach Schulz von Thun.

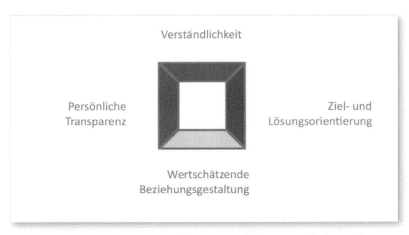

Abbildung 7.5: Gelungene Kommunikation, in Anlehnung an Schulz von Thun

Für die Beziehung ist eine wertschätzende Beziehungsgestaltung von Vorteil. Dies drückt sich in einem respektvollen, durch Klarheit der Beziehung geprägten Umgang aus [70]. Auf der Inhaltsebene ist Verständlichkeit das wichtigste Kriterium für gute Kommunikation, um Missverständnissen und Konflikten vorzubeugen. Die Selbstoffenbarung sollte genau das widerspiegeln, was im Sinne der persönlichen Transparenz preisgegeben werden soll. Eine Ziel- und Lösungsorientierung hilft dabei, einen Appell entsprechend klar und direkt beim Gesprächspartner zu platzieren.

> **Was Sie für eine Verbesserung der Kommunikation tun können:**
>
>
>
> ▶ Selbstklärung anregen,
> ▶ Persönlichkeitsdimensionen ergänzen,
> ▶ Beziehungen konkretisieren,
> ▶ authentische Kommunikationshaltung einnehmen,
> ▶ bewusst und kontextabhängig kommunizieren

Seit vielen Jahren beschäftige ich mich intensiv mit dem Thema Kommunikation. Ich habe vielfach erlebt, dass diese in Trainings, Rhetorikseminaren oder Kursen geschult werden sollte. Daher habe ich ein Modell entwickelt, das erklärt, wie Kommunikation vermittelt werden kann.

7.2.4 Kommunikationsschulung durch Persönlichkeitsentwicklung

Dieses Kommunikationsmodell basiert auf den Überlegungen des Sender-Empfänger-Modells sowie des Modells nach Friedemann Schulz von Thun. Letzterer bezieht sich bei seiner Theorie auf das Konzept des Psychologen Carl R. Rogers, dessen *Personzentrierter Ansatz* in Abschnitt 7.3 noch näher erläutert wird. In meinen Untersuchungen hängt Kommunikationsfähigkeit stets mit Persönlichkeitsentwicklung zusammen: Je weiter entwickelt eine Person im Sinne ihrer persönlichen Kompetenzen ist, desto klarer, authentischer, selbstsicherer und souveräner kann sie auch kommunizieren. Um sich persönlich zu entwickeln, braucht es einen geeigneten Rahmen, der Selbsterfahrung möglich macht. Das kann nur in einem Klima gegenseitigen Vertrauens und in einem geschützten Raum erfolgen. Haben Sie schon einmal an Ihrer Kommunikationsfähigkeit gearbeitet? Dann stimmen Sie mir sicher zu.

Es geht darum, sich selbst besser kennenzulernen, seine blinden Flecken anzuschauen, verstehen zu lernen, wie andere Menschen funktionieren, und in Erfahrung zu bringen, wie man Verhaltensänderungen und somit auch Kommunikationsverbesserungen initiieren kann. Je klarer Sie werden, umso besser können Sie sich auf andere einlassen und umgekehrt. Durch eine Sensibilisierung der *Selbstwahrnehmung* steigt Ihre Offenheit für Erfahrungen, für andere Menschen und ebenso für Kommunikationsveränderungen. Sie können lernen, aktiv zuzuhören. Das hört sich trivial an, ist aber dennoch eine Wissenschaft für sich: *Aktiv zuhören* heißt, nicht gleich mit den eigenen Ideen loszusprudeln, Lösungsvorschläge zu präsentieren, von den eigenen Erfahrungen zu berichten oder Ihrem Gesprächspartner Löcher in den Bauch zu fragen. Dazu tendieren wir alle, das ist menschlich. Je mehr Sie aber in sich ruhen, desto besser können Sie auf Ihr Gegenüber eingehen. Dazu gehört auch, dass Sie lernen, mit Ihren Emotionen umzugehen, sie weder zu unterdrücken noch intensiv auszuleben.

Übernehmen Sie Eigenverantwortung. In Abbildung 7.6 wird deutlich, wie Kommunikationsentwicklung über Persönlichkeitsentwicklung funktionieren kann. Der Kreislauf startet oben rechts und durchläuft den Prozess wiederholt.

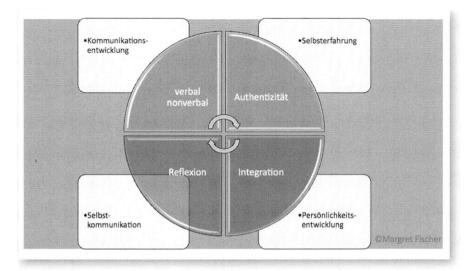

Abbildung 7.6: Eigenes Kommunikationsmodell – eine Person

Phase 1: Selbsterfahrung

Durch die Möglichkeit einer geführten, strukturierten Selbsterfahrung fernab esoterischer Praktiken kommen Sie Schritt für Schritt zu mehr Authentizität. Sie lernen, sich anzunehmen, wie Sie sind. Und dann, wenn es möglich ist, so viel Ihres »So-Seins« zu zeigen, wie es für Sie angebracht ist. Das fühlt sich leicht an und kann auch als Entlastung wahrgenommen werden. Fördern Sie bewusst Teile Ihrer Persönlichkeit.

Phase 2: Persönlichkeitsentwicklung

Diese Phase ist dadurch gekennzeichnet, dass Sie die Einstellungs- oder Verhaltensänderungen nicht nur spüren, sondern auch kognitiv verarbeiten, sich klarmachen, was genau mit Ihnen passiert. Sie erinnern sich an Abschnitt 4.3? Es geht darum, dass Sie zu Ihren bestehenden Persönlichkeitseigenschaften lebenslang neue Fähigkeiten dazulernen können. Und diese wollen wiederum integriert werden, um Ihren Handlungsspielraum sukzessiv auszubauen.

Phase 3: Selbstkommunikation

Dann kommen Sie in die dritte Phase, die geprägt ist von Selbstkommunikation, das Reden mit sich selbst. Je mehr Wahlmöglichkeiten Sie im Beruf und Privatleben haben, umso wichtiger wird die Überprüfung, welcher Stärken und Fähigkeiten Sie sich in speziellen Situationen bedienen wollen. Das regt die *Reflexion* an, die Überprüfung des eigenen Handelns, Verhaltens sowie Ihres Denkens und Fühlens. Kommen Sie in Kontakt mit sich. Nehmen Sie sich die Zeit, dann können Sie wunderbar Ihre alten und neu erworbenen Potenziale einsetzen – beruflich und privat.

Phase 4: Kommunikationsentwicklung

Durch die ersten drei Stufen setzen Sie eine *Kommunikationsentwicklung* in Gang. Ganz automatisch werden Sie nicht mehr nur aus der Ratio heraus kommunizieren, sondern auch auf Ihre Wahrnehmungen und gemachten Erfahrungen zurückgreifen: Wie geht es mir damit? Was will ich kommunizieren? Wie geht es meinem Gegenüber? Was ist gerade wichtig? Geht bei mir etwas in Resonanz? Durch diesen Prozess ändert sich automatisch Ihre Kommunikationshaltung. Sie lassen sich mehr Zeit beim Reden, und Sie benötigen auch mehr Zeit zum Analysieren gesandter Botschaften sowie zu einem sinnvollen Reagieren: Was will mein Gegenüber von mir? Was ist die kommunikative Botschaft an mich? Was löst es bei mir aus? Was will ich erwidern?

Die Kommunikation erfolgt entspannter. Das drückt sich zum einen in Ihrer nonverbalen Kommunikation aus, indem Sie gelassener, ruhiger, besonnener, ausgeglichener und auch kompetenter wirken. Dadurch wird sich auch Ihre verbale Kommunikation verändern. Sie werden sich bewusster, eindeutiger und authentischer äußern. Letztendlich werden Sie an den Gesprächsergebnissen erkennen können, was dieser ganze Prozess der Kommunikationsveränderung durch Persönlichkeitsentwicklung Ihnen gebracht hat, und fortan freiwillig Selbsterfahrungen suchen. Und der Kreislauf beginnt von vorn.

In Abbildung 7.7 wird der beschriebene Prozess als Interaktion zwischen zwei Personen dargestellt. Es wird auf den ersten Blick deutlich, dass das ganz schön komplex ist. Hinzu kommen Umwelteinflüsse, Stress und Störungen, die sowohl auf jeden Einzelnen als auch auf den Kommunikationskanal, symbolisiert durch den dicken Pfeil, einwirken können.

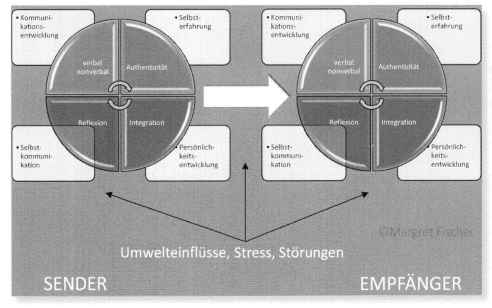

Abbildung 7.7: Eigenes Kommunikationsmodell – Interaktion zweier Personen

Je weiter eine Person entwickelt ist, desto besser kann sie kommunizieren und auch mit den Reaktionen des Gegenübers umgehen. Ändern Sie Ihre Kommunikationshaltung: Dann werden Sie verschiedene Meinungen suchen und respektieren. Es wird Ihnen leichter fallen, für sich und andere mehr Verständnis aufzubringen. Dadurch gestaltet sich die Interaktion in Gesprächen wesentlich konstruktiver. Es wird viel einfacher, Konflikte direkt und persönlich anzusprechen, anstatt sie zu umschiffen oder gleich »in die Luft zu gehen«.

7.3 Gesprächsführung

Carl R. Rogers ist ein US-amerikanischer Psychologieprofessor und Begründer des *Personzentrierten Ansatzes* wie auch der *Gesprächspsychotherapie*. Sein Konzept wurde in den Sechzigerjahren in Deutschland eingeführt. Es erhält neben einem Einsatz im therapeutischen Bereich auch Bedeutung in der Pädagogik, Erwachsenenbildung, im Management, der Personalentwicklung, aber auch im Coaching [71].

Der Personzentrierte Ansatz basiert auf folgenden humanistischen Grundannahmen:

- ▶ Der Mensch ist grundsätzlich gut. Wenn Menschen destruktiv handeln, zeigen sie nicht ihr wahres Gesicht, sondern sind nicht bei sich. Es geht nicht darum, »das Böse im Menschen« zu kontrollieren und zu bändigen, sondern darum, Menschen zu helfen, zu sich selbst zu finden.
- ▶ Menschen sind von Natur aus soziale Wesen. Wenn man sie tun lässt, was sie wirklich wollen, dann entwickeln Sie sich nicht zu Egoisten: Um glücklich leben zu können, brauchen Menschen gute Beziehungen – sie haben also ein natürliches Interesse an anderen. Rückzug und Destruktivität in Beziehungen stellt bereits eine Verarbeitung ungünstiger Beziehungsmuster dar.

Leben Sie Ihre Einzigartigkeit

 Es gibt so viele Welten wie es Menschen gibt. Menschen werden nicht dadurch glücklich, dass sie sich in vorgegebene Strukturen und Erwartungen pressen lassen, sondern, weil sie wagen, ihr individuelles Dasein zu finden und es dann auch zu leben.

Die wichtigsten zentralen Begriffe zur Beschreibung des Prozesses der Persönlichkeitsentwicklung nach Carl Rogers sind:

- ▶ *Aktualisierungstendenz*: Unter »Aktualisierungstendenz« versteht Rogers, dass Sie sich immer wieder neu erfinden können, Gelerntes umlernen, neu interpretieren und Ihre Persönlichkeit wie ein gut geöltes Räderwerk immer wieder neu justieren.
- ▶ *Organismische Bewertung* bedeutet letztendlich, dass der Körper Ihr Freund ist und Ihnen wichtige Hinweise gibt. Wenn Sie mit sich gut in Kontakt sind, werden Sie spüren, was für Sie gut ist und was

nicht. Jetzt müssen Sie nur noch darauf hören, ähnlich wie eine Sonnenblume, die ganz selbstverständlich ihre Blüten nach der Sonne ausrichtet, um die für sie lebensnotwendige Fotosynthese durchzuführen.

- *Erfahrungen von Bewertung durch bedeutsame Bezugspersonen*: Unsere Persönlichkeit wird stark durch die Umwelt geprägt. Im Kindes- und Jugendalter wird sie nicht nur von den genetischen Anlagen unsere Eltern beeinflusst, sondern auch in großem Maße durch ihre Bewertungen – sofern wir bei ihnen aufwachsen.

  Neben den Eltern können auch Großeltern, Lehrer, Sporttrainer, Verwandte oder Freunde der Eltern zur wichtigen Bezugsperson werden. Sie lernen also aus Ihren Erfahrungen, die Sie in der Beziehung zu Ihren Bezugspersonen erleben.

- *Wunsch nach sozialer Zuwendung*: Menschen sind soziale Wesen, die nach Beziehungen und sozialen Kontakten streben. Während in frühen Jahren die Liebe der Eltern dem Überleben dient, bleibt auch als Erwachsener das Bedürfnis nach Anerkennung bestehen. Wir wollen so geliebt werden, wie wir sind, wollen uns angenommen fühlen, ohne dass das an Bedingungen geknüpft ist.

- *Selbstaktualisierung*: Wir haben ein Selbstbild »So sehe ich mich« und ein Idealbild »So würde ich gern sein«. Je mehr sich diese beiden Bilder voneinander unterscheiden, umso unzufriedener sind wir. Dennoch ist das Idealbild ein Wegweiser zur Überprüfung, inwieweit wir das Selbstbild dem Idealbild anpassen sollten. Was ist überhaupt realistisch? Was ist die Motivation dahinter? Warum will ich das eigentlich? Ist das Idealbild wirklich attraktiv für mich? Was ist der Preis, den ich zahlen muss, um es zu erreichen? Eine Selbstaktualisierung sollte so lange stattfinden, bis Sie sich wieder zufrieden fühlen.

- Rogers spricht von *Kongruenz* zwischen Gewahrwerdung organismischer Bewertung, »was ich wirklich empfinde«, und dem Idealbild, »wie ich sein sollte, um beachtenswert zu sein«. Dies drückt noch einmal eine andere Ebene aus. Während die Selbstaktualisierung ein eher kognitiver Prozess ist, geht es hier um die Ebene des Fühlens – die Selbstwahrnehmung. Oftmals sind ein Unwohlsein oder eine spürbare Unzufriedenheit ein guter Motor, um überhaupt aktiv zu werden.

- *Inkongruenz* ist nach Rogers' Modell der Persönlichkeitsentwicklung die Quelle seelischer Spannung, psychischer Störung und gestörter zwischenmenschlichen Beziehungen.
- *Personzentrierte Haltung* dient als Hilfe zur Selbstexploration des eigenen Fühlens und Erlebens. Didaktisch gesehen, wirken erlebnisorientierte Schulungsmaßnahmen am besten und sollten neben visuellen sowie auditiven Vermittlungsstrategien eingesetzt werden. Denn wenn Ihnen eine Erfahrung in Fleisch und Blut übergeht, können Sie ganz automatisch auf das Erlernte zugreifen und es jederzeit bei Bedarf anwenden.

Rogers wichtigsten Variablen zum Erlernen einer gelungenen Gesprächsführung sind:

- Akzeptanz,
- Wertschätzung,
- Empathie und
- Kongruenz.

Unter **Akzeptanz** versteht man eine absolut wert- und bewertungsfreie Sicht auf eine Person. Man hört seinem Gegenüber fernab der eigenen Gesinnung und moralischen Einstellungen zu. **Empathie** bedeutet einfühlendes Verstehen. Sie bekommen eine Idee davon, wie es Ihrem Gesprächspartner geht, ohne sich zu sehr in einen emotionalen Sog ziehen zu lassen. Der Begriff **Kongruenz** bedeutet »echt sein«. Das Gesprochene steht im Einklang mit Ihrer Körpersprache. Sie trauen sich, Sachverhalte anzusprechen, die für Sie nicht stimmig zusammenpassen. Sie riskieren auch einmal schräge Blicke oder gar Ablehnung, wenn Sie Unstimmigkeiten aufdecken.

Es ist wichtig – besonders für Menschen am Beginn Ihrer beruflichen Laufbahn –, neuen Erfahrungen gegenüber offen zu sein. So sollte das Ergebnis einer guten Persönlichkeitsentwicklung ein *positives Selbstkonzept* sein, um Problemen mit *Selbstvertrauen* begegnen zu können. Menschen sollten andere Menschen akzeptieren und ihnen gegenüber tolerant sein sowie gemachte Erfahrungen beurteilen und verwerten. Dann sind sie gut gewappnet für jede Art von Gespräch.

Wenn Sie diese Erkenntnisse verinnerlichen, werden Sie auch gut gerüstet in die für Ihre Karriere mitentscheidenden Vorstellungsgespräche gehen. Dieses Thema werde ich in Kapitel 10, in dem es um Ihre persönliche »Vermarktung« geht, ausführlich behandeln und dabei die grundlegenden Kommunikationskonzepte berücksichtigen.

7.4 Konfliktfähigkeit

Laut Online-Lexikon der Psychologie und Pädagogik (2015) wird Konfliktfähigkeit beschrieben als die »Fähigkeit eines Menschen, eine Auseinandersetzung aufzunehmen, konstruktiv zu bewältigen oder nach Möglichkeit bereits im Vorfeld zu vermeiden. Die Bewältigung von Konflikten impliziert dabei nicht nur die Suche nach einer angemessenen Lösung, sondern auch das Schaffen einer Basis, die gute Beziehungen, Toleranz, Offenheit und den Aufbau einer fairen Streitkultur befördert.« [72].

Analysieren Sie in Tabelle 7.1, wie es um Ihre Konfliktfähigkeit bestellt ist:

Wie gut kann ich ...	sehr gut	gut	weniger gut
... Konflikte erkennen?			
... mich in meinen Gesprächspartner hineinversetzen?			
... über meine Gefühle sprechen?			
... mich durchsetzen?			
... den Überblick über den Konflikt behalten?			
... unangenehme Angelegenheiten offen ansprechen?			
... meinen Standpunkt vertreten?			

... nach gerechten Lösungen suchen?			
... Kompromisse eingehen?			
... nachgeben?			
... zuhören?			
... mich entschuldigen?			
... das Problem auf sich beruhen lassen und lösungsorientiert vorgehen?			
... mich, meine Haltung und die Umstände erklären?			
... verzeihen?			
... Kritik konstruktiv äußern?			
... unangenehme Situationen aushalten?			
... Konflikte im Kontext von Rollen und Aufgaben verstehen?			
... im Konflikt die Vermittlerrolle einnehmen?			

Tabelle 7.1: Konflikte (Quelle: Selbstcoaching, S. 203) [73]

Konfliktfähigkeit als soziale Kompetenz ist in erster Linie abhängig von Ihrer Persönlichkeit und den Erfahrungen, die Sie in Ihrem Elternhaus und Umfeld mit Konflikten gewonnen haben. Es existieren zwei Extreme: konfliktscheu oder streitlustig sein. Beides macht keinen Sinn. Der Konfliktscheue ist eher unsicher, ängstlich und ordnet eigene Interessen denen anderer unter. Er ist auf Konfliktvermeidung oder -unterdrückung eingestellt. Hingegen ist der

Streitlustige aggressiv, draufgängerisch, egozentrisch und verfolgt seine Eigeninteressen. Seine Haltung ist auf Verletzung des Gegenübers sowie Zerstörung von Gemeinsamkeiten ausgerichtet.

Zwischen diesen starren Positionen bewegt sich der Konfliktfähige. Er kann Aggression in Energie umwandeln, hat die Existenz von Konflikten akzeptiert und sieht ein respektvolles Arbeiten an Differenzen als Bereicherung für alle Beteiligten. Konfliktfähigkeit ist lernbar. Fangen Sie an, Konfliktanzeichen frühzeitig wahrzunehmen und zu verstehen. Menschen, die gut mit Differenzen umgehen können, verfügen i. d. R. über Selbstbewusstsein, Empathie, Gerechtigkeitssinn und einen konstruktiven Kommunikationsstil.

Wenn es zu einem Konflikt kommt, können Sie folgende Maßnahmen zur *Konfliktregulierung* anwenden:

1. Konfliktsymptom(e) bei sich untersuchen,
2. Emotionen, Affekte kontrollieren,
3. direkte Kommunikation suchen,
4. Dialog kontrollieren,
5. Streitpunkt offenlegen,
6. Lösung im beiderseitigen Einverständnis aushandeln,
7. überlegen, welcher Lernauftrag für die Zukunft festzuhalten ist.

Konflikte können auf unterschiedlichen Ebenen entstehen. Zu differenzieren sind: Wahrnehmen, Vorstellen, Denken, Fühlen oder Wollen. Ebenso gibt es verschiedene Konfliktarten wie Werte-, Struktur-, Sachverhaltskonflikte, aber auch Beziehungs-, Rollen-, Interessen- und Zielkonflikte. Positive Folgen von Konflikten können u. a. die Entwicklung neuer Ideen, Innovationen, der Abbau von Spannungen, das Überdenken eigener Standpunkte wie auch die Schaffung geklärter Verhältnisse sein. Unzufriedenheit, Verwirrung, Störungen in der Kommunikation und/oder Beziehung, ebenso eigene oder beziehungsbezogene Instabilität sind wichtige negative Konsequenzen ungeklärter Konflikte. Die *Eskalationsstufen* nach Glasl (2009) [74] sind wie folgt charakterisiert:

1. Verhärtung der Meinungen und Standpunkte,
2. Polarisation des Denkens, Fühlens und Wollens; Schwarz-Weiß-Logik,
3. Schaffung von Tatsachen, Rückgang der Empathie,
4. Abwertung der anderen Seite, Suche nach Verbündeten,
5. Selbstgerechtigkeit sowie Entlarvung und Diskreditierung des »Feindes«,
6. Drohstrategien, Machtdemonstration und Tunnelblick,
7. *Dehumanisierung* des Gegners, Legitimation von Gewalt, begrenzte Gewalt,
8. Zersplitterung und Vernichtung als Bedingung des eigenen Überlebens,
9. totale Konfrontation, auch um den Preis der eigenen Vernichtung; gemeinsam in den Abgrund streben.

In den Stufen 1 bis 3 befinden Sie sich noch in einer Lage, die zu einer *Win-Win*-Situation führen kann. Stufen 4 bis 6 liefern einen Gewinner und einen Verlierer, während in den letzten Stufen beide Seiten nur noch verlieren können.

Umgang mit Konflikten

- Trauen Sie sich, den Konflikt anzusprechen – es tut gar nicht weh.
- Lassen Sie sich nicht provozieren. Bleiben Sie ruhig und gelassen.

Handlungsempfehlung

- Lernen Sie, zuzuhören!
- Beschäftigen Sie sich mit Kommunikation – kommunizieren können Sie lernen.
- Die persönliche Face-to-Face-Kommunikation ist nach wie vor die wirkungsvollste.
- Sprechen Sie Konflikte direkt und zeitnah an.
- Folgen Sie der alten PR-Weisheit: Tue Gutes und rede darüber!

8 Soziale Medien

Laut Gabler Wirtschaftslexikon dienen soziale Medien (Social Media) der Vernetzung von Benutzern und deren Kommunikation sowie Kooperation über das Internet. Doch wie wichtig sind soziale Medien für das berufliche Weiterkommen? Welche Netzwerke sollten Sie nutzen? Gibt es Empfehlungen, die zu einer guten Kommunikation und Kontaktpflege beitragen? In den nächsten Abschnitten werde ich Ihnen zeigen, wie Sie mithilfe von Xing, Facebook, Twitter & Co. Ihre berufliche Karriere vorantreiben können.

8.1 Soziale Medien im Überblick

In den Siebzigerjahren begann die E-Mail ihren Siegeszug als elektronisches Kommunikationsmittel. 2012 nutzten rund zwei Milliarden Menschen diese Kommunikationsform und verschickten täglich rund 140 Milliarden Mails. Doch inzwischen hat sie Konkurrenz bekommen. Werden soziale Medien die allseits bekannte E-Mail ablösen? Viele Jugendliche und junge Erwachsene haben gar keinen E-Mail-Account mehr, sondern kommunizieren ausschließlich über soziale Netzwerke. Junge Menschen wenden sich von diesem klassischen elektronischen Austauschmedium ab.

Laut einer Studie des »Ersten Arbeitskreises Social Media in der B2B-Kommunikation« [75] glaubt ungefähr die Hälfte von 210 befragten Unternehmen, dass die Mail-Kommunikation mittelfristig aussterben wird. Viele deutsche Unternehmen setzen Xing, LinkedIn, YouTube, Facebook und Twitter zur B2B-Kommunikation ein – die meisten verfügen mittlerweile über eine integrierte Kommunikationsstrategie. Diese soll dazu dienen, das Image des Unternehmens sowie den Bekanntheitsgrad zu steigern, bestehende Kunden zu binden und neue zu gewinnen. In Tabelle 8.1 werden die wichtigsten sozialen Medien für berufliches Netzwerken und ihre Nutzung in Deutschland vorgestellt.

Demnach hat jeder dritte Deutsche zurzeit einen Facebook-Account. Google+ wird von jedem elften Bundesbürger genutzt. Die Verbreitung von Twitter fällt gering aus und liegt derzeit bei nur 1,2 Prozent. Monatlich greifen 21 Millionen Deutsche auf die Video-Plattform YouTube zu. Pinterest findet verstärkt bei der Zielgruppe Frauen Anklang und hat 1,5 Millionen User. Deutschlandweit wird Appearoo von 50.000 Menschen eingesetzt. Auf die Frage, wie viele Nutzer »Klout« in Deutschland hat, bekam ich seitens des Unternehmens folgende Antwort: »We do not reveal our audience figures.« Auf der Homepage lässt sich derzeit unter *https://klout.com/corp/about* die Zahl von 620 Millionen Nutzern weltweit recherchieren. Einen Blog zur Verbreitung themenbezogener Informationen betreiben rund 6 Prozent aller Deutschen. Fast 17 Prozent der rund 43 Millionen Erwerbstätigen mit Wohnsitz in Deutschland sind als Mitglied im Business-Netzwerk Xing registriert, beim internationalen Pendant LinkedIn sind es im Vergleich nur 10 Prozent.

soziales Medium	Gründung	Nutzer	Wozu?
eigener Blog	1994	4,7 Mio.	kurze Artikel zu einem Themengebiet schreiben
Xing xing.com	2003	7 Mio.	Business-Profil anlegen
LinkedIn linkedin.com	2003	4,5 Mio.	internationales Business-Profil anlegen
Facebook facebook.com	2004	27 Mio.	Kommunizieren, Posten, »Gefällt-mir«-Button klicken
Twitter twitter.com	2006	1 Mio.	140-Zeichen-Nachricht, Bilder als Tweet senden
YouTube youtube.com	2005	21 Mio./ mtl.	Videos anschauen, einbetten und hochladen
Pinterest pinterest.com	2010	1,5 Mio.	Pinnwände mit Bildern erstellen
Google+ plus.google.com	2011	9 Mio.	Zielgruppenspezifische Posts adressieren
Appearoo appearoo.com	2014	50.000	Online-Präsenz bündeln
Klout klout.com	2009	620 Mio. weltweit	Online-Vernetzung als Klout-Score messen

Tabelle 8.1: Soziale Medien und Nutzung in Deutschland im Jahr 2014

Wichtige Eckdaten zu Pinterest, Twitter, Facebook, Google+ und LinkedIn weltweit liefert Abbildung 8.1: Auffällig ist beispielsweise, dass Facebook eine Billion User hat, Twitter am stärksten in den USA verbreitet ist und fast 80 Prozent der LinkedIn-Nutzer das Alter 35 überschritten haben. Bevor Sie sich also für eine Plattform entscheiden, entwickeln Sie zunächst ein tieferes Verständnis für die einzelnen sozialen Medien und ihre Besonderheiten – nicht zuletzt im Hinblick auf Ihre geplante Art der Kommunikation im Netz.

Schauen wir uns in Tabelle 8.2 doch einmal genauer den Anteil der Nutzer verschiedener Netzwerke im Vergleich USA/Deutschland an. LinkedIn und Pinterest werden mit ungefähr 70 Prozent von den meisten amerikanischen Nutzern eingesetzt – in Deutschland sind es hingegen nur um die zwei Prozent. Somit muss sich der deutsche Anwender gut überlegen, ob er in diesen Foren seine Zielgruppe findet. Sind seine Kontakte eher international ausgerichtet, kann es wiederum sehr sinnvoll sein, sich gerade hier zu vernetzen.

Abbildung 8.1: Soziale Medien weltweit (Quelle: www.leveragenewagemedia.com)

Der Trend zur Nutzung von Internet-Businessplattformen setzt sich aber zunehmend auch in Deutschland durch, wenn man betrachtet, dass 50 Prozent aller Nutzer von Xing aus Deutschland kommen. Es muss also etwas dran sein an dem Wunsch, sich online über den Beruf auszutauschen, Netzwerke zu bilden, Synergien zu nutzen sowie Jobs und Jobsuchende zusammenzubringen.

	Nutzer weltweit	Nutzer USA	Nutzer Dtl.
Pinterest	70.000.000	50.000.000 71 %	1.500.000 2,1 %
Twitter	560.000.000	49.000.000 8,75 %	1.000.000 0,17 %
Facebook	1.000.000.000.000	180.000.000 18 %	27.000.000 2,7 %
Google +	400.000.000	14.000.000 3,5 %	9.000.000 2,25 %
LinkedIn	300.000.000	201.000.000 67 %	4.500.000 1,5 %
Xing	14.000.000	keine Angaben, Datenrechtschutz	7.700.00 55 %

Tabelle 8.2: Vergleich Nutzung sozialer Medien in den USA und Deutschland

8.2 Erfolgreich mit sozialen Medien

Sie wollen soziale Medien für Ihre berufliche Karriere einsetzen? Je nachdem, ob Sie eine Anstellung in der IT anstreben, das nächste Projekt als Freelancer avisieren oder sich mit dem Gedanken tragen, eine eigene IT-Firma zu gründen, sind die Strategien für den erfolgreichen Social-Media-Einsatz sehr unterschiedlich. Gemeinsam sind ihnen allen jedoch eine strukturierte Vorgehensweise und die Berücksichtigung von Verhaltensregeln, wie sie in den folgenden Top 10 zusammengefasst sind:

Die Top 10 zur Nutzung sozialer Medien:

1. Zielsetzung und Zielgruppe definieren,
2. soziale Medien gemäß eigenen individuellen Anforderungen wählen,
3. sich mit einem Profil authentisch präsentieren,

4. Kontakte und Netzwerke aufbauen,
5. glaubwürdig, offen, ehrlich und wertschätzend kommunizieren,
6. »zuhören« und angemessen antworten – auch auf negative Kommentare,
7. Wissen und Erfahrungen teilen,
8. individuelle Social-Media-Strategie in Bezug auf die einzelnen Medien entwickeln,
9. die Resonanz auf eigene Aktionen messen und analysieren,
10. regelmäßige Netzwerkaktivitäten.

Bevor Sie starten, sich in sozialen Medien zu präsentieren, sollten Sie sich zunächst in Ruhe Gedanken machen: Welches Hauptziel verfolge ich? Was genau will ich mithilfe der sozialen Medien zur Realisierung meines definierten Zieles erreichen? Wie will ich Social Media dazu einsetzen?

Entscheidend für eine gute Social-Media-Strategie ist, sich von Anfang an möglichst authentisch und glaubwürdig im Internet zu bewegen. Denken Sie daran, dass sich Ihr »Businesslook« klar von Ihrem »privaten Look« unterscheidet. Stellen Sie demgemäß nur Bilder und Texte ein, die Sie in Abstimmung mit Ihrem Ziel auch auf einer öffentlichen Bühne preisgeben würden und mit denen Sie sich auch noch in ein paar Jahren identifizieren können.

Private Fotos im Internet

Wenn ich mich im Netz beruflich darstellen will, dann müssen private Fotos privat bleiben. Denn je mehr private Fotos von Ihnen im Netz kursieren, umso schwerer wird es, einen seriösen, ernst zu nehmenden beruflichen Auftritt hinzulegen. Falls Sie sich über Facebook z. B. mit Familie und Freunden in der Welt austauschen wollen, dann können Sie das per Live-Chat tun. Wobei zu überlegen ist, ob nicht z. B. Skype eine bessere und v. a. persönlichere Form darstellt. Versenden Sie Ihre privaten Fotos weiterhin per E-Mail und posten Sie diese auf gar keinen Fall im Internet.

> **Social Media im IT-Umfeld**
>
>
> *http://IT.espresso-tutorials.com*
> Lars Krumbier und ich geben Einblicke in unsere jeweiligen Erfahrungen mit den sozialen Medien und Tipps für den professionellen digitalen Austausch.

Überlegen Sie: Mit wem möchte ich mich austauschen? Vielleicht wollen Sie sich zunächst mit Schulfreunden, Studienkollegen und Freunden vernetzen, um herauszufinden, wie die einzelnen Netzwerke eigentlich funktionieren. Jedes soziale Netzwerk unterliegt eigenen Gesetzen und Gepflogenheiten. Finden Sie diese heraus. So machen Sie wichtige erste Erfahrungen, bekommen ein gutes Gefühl für die jeweiligen Guidelines und können selbstbewusst auftreten. Strahlen Sie Sicherheit und Respekt aus. Praktizieren Sie eine wertschätzende und selbstbewusste Kommunikation auch mit neuen Netzwerkpartnern. Das Wichtigste einer erfolgreichen Social-Media-Strategie ist nämlich auch hier eine stimmige Kommunikation, wie bereits in Kapitel 7 ausführlich beschrieben.

8.2.1 Jobsuche via Social Media

Auch für die Jobsuche erlangen soziale Netzwerke zunehmend eine wichtige Bedeutung, wie Lutz Altmann im nachfolgenden Interview erläutert. Lutz Altmann ist seit 2003 geschäftsführender Gesellschafter von humancaps, einem Beratungsunternehmen, das sich auf Personalmarketing und Social Media spezialisiert hat. Er begann seine berufliche Karriere zunächst als Chemieingenieur und war später als Projektmanager in einer Unternehmensberatung tätig. In folgendem Interview erhalten Sie einen Einblick in die Welt sozialer Medien der IT-Branche.

Lutz Altmann, Geschäftsführer von humancaps (persönliches Interview, geführt von Verfasserin, Oktober 2014)

MF: Wie können Berufsanfänger in der IT die sozialen Medien für die Jobsuche nutzen?

LA: Soziale Netzwerke ermöglichen einen tieferen Einblick in die Unternehmenswelt als die üblichen Stellenangebote und Image-Broschüren. Sie sind deshalb eine ideale Chance, ein konkreteres Bild vom suchenden Unternehmen zu bekommen. Bei einigen Arbeitgebern stellen bereits seit einigen Jahren Social-Media-Teams ihr Unternehmen von innen vor, und über XING oder LinkedIn können User zusätzlich feststellen, wer in ihrer künftigen Abteilung arbeitet. Das ist wichtig, um herauszufinden, ob ich ins Team passe, und geht weit über die bloße Jobsuche hinaus. Ergänzend rate ich den Kandidaten, auch immer einen Blick auf die Arbeitgeberbewertungsportale zu werfen und die Ergebnisse mit den eigenen Eindrücken abzugleichen.

MF: Was würden Sie IT-Experten zur erfolgreichen Nutzung von Social Media empfehlen?

LA: Neben dem möglichen Blick hinter die Kulissen eines Unternehmens rate ich erfahrenen IT-Fachleuten, jeweils ein eigenes Profil auf den führenden Businessnetzwerken LinkedIn und XING zu führen. Das Profil sollte aktuell und konkret genug sein, um die Stärken und Ambitionen des Kandidaten erkennen zu können. Ergänzend sollten weitere Themenportale im jeweiligen Spezialbereich für jeden IT-Experten stärker in den Fokus rücken. Hier steht Qualität vor Quantität im Fokus. IT-Fachleute sollten die Initiative selbst ergreifen und sich auf den Portalen ein Kontaktnetzwerk zu anderen IT-Experten in anderen Unternehmen, zu Recruitern und zu ausgesuchten Personalberatern aufbauen. So bleiben sie immer im Gespräch und können bei Entwicklungen im Arbeitsmarkt wesentlich schneller und bewusster agieren.

MF: Gibt es Besonderheiten in der IT-Branche?

LA: Die Projektorientierung. Sie sorgt auf beiden Seiten für viel mehr Flexibilität als in anderen Aufgabenbereichen. Das gilt jedoch auch für Branchen wie die Automobilindustrie, die Telekommunikation oder die

Energiebranche. Überall werden IT-Fachkräfte in spannenden Projekte gebraucht – ohne IT geht es nirgendwo mehr. Daher sollten Unternehmen immer wieder zeigen, an welchen spannenden Themen sie arbeiten. Dabei können sie natürlich keine Geheimnisse aus der Entwicklung ausplaudern. Die Kunst ist es, Interessantes über Produkte und Marken zum richtigen Zeitpunkt und am richtigen Ort, wie z. B. auf Fachportalen, zu veröffentlichen und sich so auch als Arbeitgeber interessanter zu machen.

MF: Wie sieht der Markt für ITler aus?

LA: Viele IT-Fachleute sind heute immer noch heiß umkämpft. Manche werden durch Online-Anfragen bereits überstrapaziert. Das gilt bereits schon für Absolventen. Diese suchen in den Netzwerken natürlich ebenfalls nach Jobs. Sie sollten sich aber auch stärker außerhalb der IT-Branche umsehen.

MF: Welche Netzwerke empfehlen Sie für die Jobsuche?

LA: Recruiter tummeln sich häufig auf Xing, deshalb ist das Netzwerk für die Jobsuche besonders geeignet. Wenn es um eine internationale Karriere geht, gilt das entsprechend für LinkedIn, das außerhalb Deutschlands eine wesentlich größere Rolle spielt. Über Plattformen wie Facebook oder Blogs können Bewerber persönlichere Einblicke in die Unternehmen erhalten. Im Medienbereich ist auch Twitter ein interessanter Kanal für die Jobsuche.

MF: Wie werden sich Social Media und der Online-Bewerbungsmarkt weiterentwickeln?

LA: Social Media wird bleiben, sich weiterentwickeln und noch sozialer werden. Vielleicht entstehen neue Netzwerke, von denen heute noch niemand etwas weiß. Der Online-Bewerbungsmarkt und soziale Netzwerke werden sich immer stärker verzahnen und mehr Menschen eine Stelle auf eine persönliche Empfehlung auswählen. Spannend wird sein, welche Jobportale sich dabei behaupten. Sie bleiben aber notwendig, um auf dem Jobmarkt für Aufmerksamkeit zu sorgen.

Es macht also durchaus Sinn, Social Media zur Rekrutierung sowie Jobsuche einzusetzen und für diese neue Entwicklung offen zu bleiben. Nachfolgend werden die in Tabelle 8.1 vorgestellten sozialen Medien näher beleuchtet. Für Karrierefragen haben Blogs, Xing und LinkedIn Priorität. Von Bedeutung können aber auch, je nach Situation, Facebook und Twitter sein.

8.3 Blogs

Blog ist die Abkürzung für »Web Log« und bezeichnet ein elektronisches Tagebuch im Internet. Den ersten Blog schrieb 1994 der Student Justin Hall über Videospiele und Gaming-Conventions. Blogs sind entweder Bestandteil einer Homepage oder eine Alternative, um aktuelle Beiträge zu einen Thema zu veröffentlichen. Interaktiv wird die Kommunikation durch Kommentare von Lesern und Reaktionen des Blogschreibers. Kurze Artikel, auch *Posts* genannt, lassen sich einfach online stellen. Blogs sind eine gute Drehscheibe für Social-Media-Aktivitäten: Ihre Artikel können ganz leicht auf anderen Medien geteilt werden. Wenn Sie einen Blog schreiben, dann hat das u. a. folgende Vorzüge:

- Sie werden im Internet zu den Themen, über die Sie bloggen, gut gefunden.
- Dadurch können Sie sich eine für Sie geeignete Zielgruppe aufbauen.
- Sie können Ihr *Traffic*-Aufkommen durch gezielte Blogs beeinflussen.
- Durch qualifizierten *Content* bauen Sie sich einen Expertenstatus auf.
- Kunden, Unternehmen und Journalisten können auf Sie aufmerksam werden.
- Sie können sich von Ihren Mitbewerbern abheben.
- Sie bauen eine persönliche Beziehung zu Ihrer Leserschaft auf.
- Blogeinträge können leicht auf anderen sozialen Netzwerken geteilt werden.
- Blogs wirken sich positiv auf Ihre Search Engine Optimization (SEO) aus.

Per Blog auf sich aufmerksam machen

Überlegen Sie sich, ob das Schreiben eines Blogs über ein IT-Thema etwas für Sie sein könnte. Damit können Sie mit qualifizierten Inhalten auf sich aufmerksam machen. Recherchieren Sie im Internet nach IT-Blogs und lassen Sie sich inspirieren.

In Abbildung 8.2 sehen Sie ein Beispiel für einen IT-Blog der IT Rebellen http://it-rebellen.de. Dieser Blog existiert seit April 2013. Weitere Beispiele für IT-Blogs finden Sie in Tabelle 12.3.

Abbildung 8.2: Blog-Startseite der IT-Rebellen 2016 (Quelle: www.it-rebellen.de) [76]

Unter dem Claim »Starke IT für smartes Business.« posten die IT-Rebellen zu aktuellen IT-Themen, Trends, Analysen und Revolutionen. Mit dem Beitrag »Front Office Digitalisierung und Wearables – Themen für 2014« z. B. erreichten sie 2.326 Views (Stand 26.10.2014). Die Sichtbarkeit funktionierte vor zwei Jahren also bereits sehr gut. Auffällig ist allerdings, dass es bis heute nur wenige Kommentare gibt. Die Kommunikation über die geposteten Themen läuft also noch nicht so wie gewollt. Dass sich Leser über die Artikel direkt online austauschen, könnte ein nächstes Ziel sein.

8.4 Xing

Sind Sie schon bei Xing? Xing ist laut BITKOM e. V. das wichtigste berufliche Netzwerk in Deutschland [77]. Weltweit hat Xing rund 14 Millionen Mitglieder, weit über die Hälfte davon allein im deutschsprachigen Raum. Berufstätige verschiedener Branchen knüpfen und pflegen hier berufliche Kontakte. Egal, ob Sie einen Job, Mitarbeiter, Kooperationspartner oder nur den fachlichen Austausch suchen: Es ist sinnvoll, ein Profil auf Xing anzulegen.

Wie stelle ich mich in meinem Xing-Profil dar? Um dieses Tool gezielt zu nutzen, sollten Sie eine Premium-Mitgliedschaft abschließen. Diese kostet monatlich zurzeit 7,95 Euro. Die Vorteile dieser Mitgliedschaft sind u. a.:

- ▶ Fokus auf Business und Karriere,
- ▶ einfache, übersichtliche Handhabung,
- ▶ gute Selektionsmöglichkeiten nach diversen Kriterien,
- ▶ Informationen über Ihre Profilbesucher,
- ▶ verschiedene Statistiken und Auswertungen,
- ▶ ein sich selbstständig aktualisierendes Adressbuch sowie
- ▶ Seminarangebote zu Akquise und Marketing unter *http://www.xing-seminare.de*.

Auf Ihrem Profil können Sie Ihre Karrierewünsche platzieren und darüber hinaus, bei Entrichtung eines zusätzlichen Betrags, auch ProJob-Einstellungen vornehmen. Wichtige Bestandteile Ihres Premium-Profils sind der Lebenslauf und das Portfolio. Das eigentliche Leben in diesem Netzwerk findet nach erfolgreicher Bearbeitung ihres Profils in *Gruppen* zu speziellen Themen statt. Abbildung 8.3 zeigt als Beispiel die Gruppe »IT-Connection«: Hier können Sie sich über IT-Themen austauschen, voneinander lernen und gemeinsam diskutieren. Darüber hinaus können Sie einen Expertenstatus aufbauen und sich positionieren.

Abbildung 8.3: Xing-Gruppe IT-Connection 2014 [78]

Xing als Business-Plattform nutzen

- ▶ Legen Sie ein Premium-Profil bei Xing an.
- ▶ Versuchen Sie danach, über geeignete Gruppen ins Gespräch zu kommen.
- ▶ Bedenken Sie, dass die Qualität und nicht die Quantität der Kontakte ausschlaggebend ist.

8.5 LinkedIn

International ist LinkedIn das größte Business-Netzwerk. Nutzer können mehrsprachige Profile anlegen und von interessierten Recruitern für vakante Stellen empfohlen werden. Die Kontaktaufnahme gestaltet sich seriös und ist auf die Vermittlung durch andere Mitglieder ausgerichtet. Falls Sie mit dem Gedanken spielen, ins Ausland zu gehen, dann sind Sie hier richtig. Ansonsten sind die Ziele von LinkedIn mit über 300 Millionen Nutzern ganz ähnlich wie bei Xing.

Was Sie von LinkedIn erwarten können:

- ▶ Der Basis-Account bietet bereits einige zum Premium-Account von Xing vergleichbare Vorteile.
- ▶ Mehrsprachige Profile können angelegt und
- ▶ das eigene Profil kann frei gestaltet werden.
- ▶ SPAM-Schutz besteht, Zugriff nur auf bekannte Kontakte;
- ▶ Per *InMail* können kostenpflichtige Nachrichten an unbekannte Kontakte versendet werden.
- ▶ Sie können Empfehlungen/Referenzen erhalten und erstellen und
- ▶ Netzwerkstatistiken einsehen.
- ▶ Eine Aufwertung des Profils erfolgt durch andere Anwendungen – wie zum Beispiel WordPress oder Twitter.
- ▶ Verschiedene Premium-Accounts sind wählbar.

Je nach Zielgruppe stehen den Nutzern vier verschiedene Premium-Accounts zur Verfügung. Es gibt den »Business- Account« für allgemeine Geschäftskontakte, »Job Seeker« für Stellensuchende, »Recruiter« für Personalvermittler und »Sales Navigator« für Vertriebsprofis. Allen Accounts gleich ist die Möglichkeit, InMails – kostenpflichtige Nachrichten an unbekannte Kontakte mit »Antwortgarantie« – zu verschicken. Schreibt der Empfänger innerhalb sieben Tage nicht zurück, wird die InMail wieder gutgeschrieben. LinkedIn hat darüber hinaus 2012 die Plattform »SlideShare« und 2015 »Careerify« übernommen: Hier laden Nutzer verschiedene Dokumente hoch. SlideShare dient in erster Linie dazu, Präsentationen, aber auch Videos und Webinare mit anderen Nutzern zu teilen.

Vergleich Xing und LinkedIn

Xing und LinkedIn sind soziale Netzwerke mit dem Ziel, Geschäftskontakte aufzubauen und in Kontakt zu bleiben. Es folgt in Tabelle 8.3 eine Übersicht der wichtigsten Merkmale beider Business-Plattformen:

	Xing	**LinkedIn**
Gründung	2003	2003
Reichweite	deutschsprachiger Raum	International
Zielgruppe	Freiberufler, Selbstständige und Unternehmen	
Bedienung	eingeschränkt	sauberes Interface
Basisaccount	kostenlos	kostenlos
Premiumaccount	ab 7,95 Euro	ab 14,99 Euro
Mitglieder	über 14 Mio.	über 300 Mio.
Anteil Führungskräfte	36 %	80 %
Jobsuche	gute Chancen in Deutschland	gute Chancen im Ausland
Anteil Unternehmen	48 % > 200 Mitarbeiter	90 % > 200 Mitarbeiter
Besonderheit	Möglichkeit der Kaltakquise	Schutz vor SPAM, mehrsprachige Profile

Tabelle 8.3: Vergleich Xing und LinkedIn

Wie haben sich die Nutzerzahlen der beiden Netzwerke seit 2010 entwickelt? Abbildung 8.4 dokumentiert die Zunahme der Nutzerzahlen in den deutschsprachigen Ländern bei beiden Social Media. Seit Ende 2011 haben die User von LinkedIn drastisch zugenommen.

LinkedIn-Profil für internationale Beziehungen anlegen

- ▶ Legen Sie einen kostenfreien Basis-Account an.
- ▶ Prüfen Sie, ob ein Premium-Account für Sie infrage kommt.
- ▶ Nutzen Sie die LinkedIn-Community als Wissensnetzwerk für Entscheider.

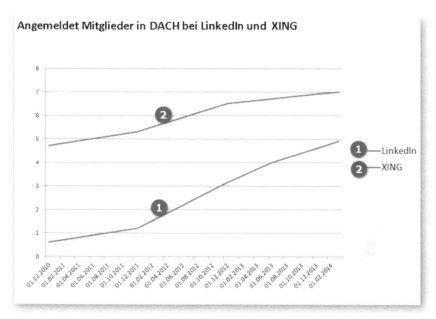

Abbildung 8.4: Infografik Xing und LinkedIn 2014 (Quelle: https://linkedinsiders.wordpress.com von Stephan Koß)

8.6 Facebook

Das bekannteste und meistgenutzte soziale Netzwerk mit aktuell fast 1,6 Milliarden Nutzern weltweit ist Facebook. In Deutschland lagen die Zahlen 2010 noch bei knapp 5 Millionen Usern, sprangen dann innerhalb eines Jahres um 144 Prozent auf rund 14 Millionen. Ende 2013 verzeichnete die Marke bereits 27 Millionen Nutzer. Während 2011 der Peak bei der Nutzer-Steigerung erkennbar ist, zeigt sich eine Verlangsamung der Zunahme von neuen Facebook-Usern.

Nutzer kommunizieren in Facebook über Statusmeldungen, Fotos, Videos, Privat-Chats und Nachrichten. Mittels »Gefällt mir«- und »Teilen«-Funktion können andere Nutzer Meldungen »viral« weiter verbreiten, sofern sie die Urheberrechte nicht verletzen. Neben einer Profilseite kann man auch eine »Facebook Page« für Unternehmen und Persönlichkeiten erstellen. Unternehmen nutzen Facebook zurzeit v. a., um über ihre Marke, Produkte oder Dienstleistungen sowie aktuelle Unternehmensentwicklungen zu informieren – weniger, um in den direkten Austausch zu treten. Fanseiten sind öffentlich, und Interessenten können sich mit Seiteninhabern verbinden, ohne dass dieser eine Freundschaftsanfrage annehmen muss. Ein weiterer Vorteil ist, dass Sie andere Facebook-Mitglieder zu Administratoren ernennen können und die Seite nicht selbst verwalten müssen.

Überlegen Sie sich gut, was Sie auf Facebook veröffentlichen. Die Gesellschaft für Informatik (GI) hat in ihrem Arbeitskreis »Datenschutz und IT-Sicherheit« auf folgende Defizite hingewiesen: datenschutzfeindliche Grundeinstellungen, Übertragbarkeit der Nutzbarkeit auf andere Anbieter und keine Löschung der gespeicherten Daten bei Kündigung. Der ehemalige Präsident der GI (2012/2013), Oliver Günther, sagte zu deren Facebook-Präsenz: »Auch wenn soziale Netzwerke aus den genannten Gründen mit Vorsicht zu genießen sind, hält der GI-Vorstand eine Präsenz der Gesellschaft für Informatik in Facebook für notwendig« [79]. Nutzerschutz und Fairness spielen bei Facebook leider, wie auch bei einigen anderen Social-Media-Unternehmen, oft eine untergeordnete Rolle.

Dennoch ist es möglich, Facebook für rein berufliche Zielsetzungen zu nutzen. Dazu müssen Sie sich überlegen, wen Sie als Facebook-Freund bestätigen. Auch die Auswahl der öffentlichen und geschlossenen Gruppen, denen man beitritt, sollte darauf abgestimmt werden. »SAP« ist zum Beispiel eine öffentliche Gruppe – da können Sie mit einem Beitritt nichts falsch machen.

Eine kreative Idee zur Selbstvermarktung ist das Anlegen Ihres Lebenslaufs in Ihrer Timeline. Spannend ist die Anwendung der *Facebook Social Jobs Partnership*, einer Stellenbörsen-App, die auch Angebot und Nachfrage anderer Jobbörsen integriert. Sie wird seit 2012 in den USA und Deutschland genutzt. Auch hier zeichnet sich also ein deutlicher Trend ab: Arbeitgeber wollen mithilfe sozialer Medien Menschen und Jobs zusammenbringen.

Facebook als Medium für die Karriere

- ▶ Facebook ist ein gutes Tool, um schnell und günstig eine Promotion- und Marketingaktion zu launchen.
- ▶ Facebook hat Potenzial, als Job-Suchmaschine zu punkten.
- ▶ Vorsicht beim Datenschutz!

8.7 Twitter

Twitter hat sich auf *Mikroblogging* spezialisiert. Weltweit versenden 2016 mehr als 300 Millionen Menschen telegrammartige Kurznachrichten, sogenannte *Tweets*, mit maximal 140 Zeichen [80]. Mithilfe von Twitter können Sie brandaktuell am Zeitgeschehen teilhaben. Sie erfahren, welche Neuerungen es in der IT-Branche gibt, können wichtige Informationen von gerade stattfindenden Konferenzen austauschen oder als Erster über ein neues Projekt informiert werden. Neben reinen Nachrichten können Sie Bilder, Kurzvideos und Links »tweeten«.

Vorteil dieses Netzwerks ist: Nutzer erreichen auch außerhalb Ihres Kontaktkreises über *#Hashtags* die Öffentlichkeit. Externe können über die Eingabe dieser Stichwörter in die Suchfunktion nach konkreten Themen und Ereignissen in Twitter suchen. Hashtags dienen somit als Navigationshilfe. Unter einem *Retweet* versteht man das meist unkommentierte Wiederholen (repeat) eines bereits gesendeten Tweets eines anderen Nutzers. Twitter hat dafür eine eigene Funktion eingeführt. Eine weitere Besonderheit von Twitter ist der *FollowFriday*. Den Anfang machte im Januar 2009 Micah Baldwin mit folgendem Tweet: »I am starting Follow Fridays. Every Friday, suggest a person to follow, and everyone follow him/her. Today it's … .« Seitdem ist es Usus, von Donnerstagmittag bis Samstagmittag mit dem Hashtag #ff oder #FollowFriday Empfehlungen zu versenden, welchen anderen Nutzern gefolgt werden sollte.

Was spricht für eine Registrierung auf Twitter, wie Sie sie in Abbildung 8.5 anhand des Profils von Bill Gates erkennen können?

Das erwartet Sie bei Twitter:

- einfache Handhabung,
- kurze, prägnante Nachrichten,
- schnelle Verbreitung,
- Informationsbeschaffung,
- kostenlose Werbung weltweit,
- neue Follower über Verlinkung von Blogs,
- Selektion wichtiger Nachrichten über Listen,

- ▶ viraler Effekt durch Retweets,
- ▶ gegenseitige Empfehlungen am FollowFriday,
- ▶ Spaß an Kommunikation,
- ▶ Personal Branding,
- ▶ Marktforschung zu Themen weltweit.

Abbildung 8.5: Twitter am Beispiel des Profils von Bill Gates [81]

Finden Sie einen authentischen Umgang mit Ihren Followern. Aus meiner Erfahrung kann ich nur sagen, dass es bei Twitter in besonderer Weise auf die Art der Kommunikation ankommt: Bauen Sie virtuelle Beziehungen statt einmalige Kontakte auf. Schauen Sie sich Ihre potenziellen Follower genau an: Nehmen Sie unter die Lupe, was sie machen, was sie posten, welche Fotos hochgeladen wurden und wie sie mit anderen Personen im Netz umgehen. Lassen Sie sich nicht dazu verleiten, Hinz und Kunz zu folgen, nur um schnellst möglich viele Anhänger zu finden. Folgen Sie nur den Accounts, die Ihnen gefallen. Dabei sind v. a. Sympathie und Mehrwert, generiert aus Inhalten, ausschlaggebend für das Folgen. Legen Sie Listen von Twitternutzern nach bestimmten Gemeinsamkeiten an, um der Unübersichtlichkeit entgegenzuwirken. Verwenden Sie möglichst #Hashtags und bauen Sie Ihre Followerschaft natürlich und sukzessive auf. Es wird immer schwarze Schafe geben, die *Follower* kaufen oder bestimmte Strategien verfolgen, um möglichst viele Follower zu bekommen, ohne gleichzeitig selbst vielen Accounts zu folgen. Natürlich sieht eine hohe Anzahl an Followern gut aus. Viel wichtiger ist jedoch die Qualität Ihrer Interaktionspartner. Lassen Sie sich getrost Zeit und denken Sie daran, dass Sie für den Inhalt Ihres Accounts rechtlich verantwortlich sind – somit auch für die Retweets, die Sie tätigen.

> **Ihr persönlicher Twitter**
>
> Legen Sie einen Twitter-Account grundsätzlich nur mit Ihrem **realen** Namen an. Sie werden ihn vermutlich schneller brauchen, als Sie annehmen. Twitter gilt mittlerweile als wichtiges Tool für Dienstleiser und Unternehmer. Zudem kann dann niemand in Ihrem Namen Unsinn tweeten und Ihrer Online-Reputation schaden. Im Zeitalter der digitalen Medien ist Ihr Ruf nicht nur analog, sondern auch digital für den Aufbau von Vertrauen maßgeblich.

8.8 Weitere Netzwerke

Die im Folgenden kurz erläuterten Netzwerke spielen im Bereich Jobsuche eine eher untergeordnete Rolle. Sie bieten Ihnen aber je nach Medium einen gewissen Mehrwert.

8.8.1 YouTube

Auf YouTube können Nutzer kostenlos Originalvideos ansehen, bewerten und eigene Videos hochladen. Alle Videos können durch Einfügen der Video-URL auf der eigenen Website, dem persönliche Blog oder anderen sozialen

Medien eingebettet werden. Es wäre also möglich, dass Sie zur Selbstvermarktung ein Video über sich und Ihre Intention drehen. Im Bereich IT spielt es (noch) keine große Rolle. Allerdings kann man durch Filme durchaus Reputation aufbauen. Wenn Sie sich mit einem Unternehmen zwecks Jobsuche, Ausbau Ihrer Expertise oder zur allgemeinen Information beschäftigen, ist es nützlich, den Unternehmensfilm anzuschauen. YouTube ist seit 2006 ein Google-Dienst.

8.8.2 Pinterest

Dieses stark visuell orientierte Medium wird größtenteils von Frauen genutzt. Seine Nutzer heften Bilder und Videos an selbst angelegte imaginäre Pinnwände. Für Unternehmen eignet sich dieses Netzwerk, um gezielt Kunden über visuelle Inhalte auf die Unternehmenshomepage zu leiten. Sie können sich z. B. einen Namen machen, indem Sie auf der Pinnwand aktuelle Infografiken veröffentlichen.

8.8.3 Google+

Das zweitgrößte soziale Netzwerk weltweit ist aktuell Google+. Privatpersonen können ein *Google+-Profil* und Unternehmen eine *Google+-Seite* anlegen. Die Nutzer verwalten Ihre Kontakte zielgruppenspezifisch in selbst angelegten Kreisen. So können sie Texte, Fotos, Links, Videos, Veranstaltungen und Abstimmungsfragen an einen bestimmten Adressatenkreis senden. Der Beitritt in Communities bietet darüber hinaus die Möglichkeit, über gemeinsame Interessen auch Kontakt zu Nutzern außerhalb des eigenen Bekanntenkreises aufzunehmen. Mithilfe von Videochats, den *Hangouts*, können mehrere Nutzer gleichzeitig audiovisuell miteinander in Kontakt treten. Ein weiterer Pluspunkt des Netzwerks: Google+ ist mit der Google-Suche und YouTube verknüpft.

8.8.4 Appearoo

Alle Social-Media-Aktivitäten lassen sich auf *Appearoo* zusammentragen: So wird Ihre gesamte Online-Präsenz auf einen Blick sichtbar. Als Beispiel stelle ich Ihnen in Abbildung 8.6 mein persönliches Appearoo vor. Es ermöglicht mir immer sofortigen Zugriff auf meine Accounts aller sozialen Medien. Wenn Sie Ihren Appearoo-Link auf anderen Profilen und E-Mail-Signaturen platzieren, gewinnen Sie mehr Freunde, Follower und Anhänger – Ihre Online-Präsenz steigt ganz automatisch.

Abbildung 8.6: Appearoo-Beispiel Margret Fischer 2015

Wollen Sie Ihren quantitativen Online-Einfluss messen? Dann kann *Klout* Ihren Score zwischen Null und Hundert berechnen. Der Wert drückt in erster Linie den Grad Ihrer Vernetzung in den Social Media aus. Ein Wert um 40 rangiert im mittleren Bereich. In den USA gehört Social-Media-Kompetenz mittlerweile zu einer wichtigen Schlüsselkompetenz. Marc Andreessen hat einen Klout Score von 87, wie Abbildung 8.7 zeigt. Er hat die Netscape Communications Corporation gegründet und *Mosaic*, den ersten Webbrowser, entwickelt.

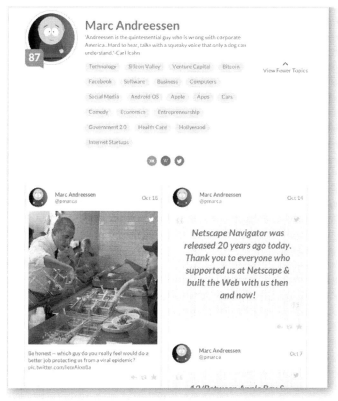

Abbildung 8.7: Klout-Beispiel [82]

Professioneller Umgang mit Social Media

Jeder sollte sich mit sozialen Medien beschäftigen: Schauen Sie sich soziale Netzwerke an. Interessieren Sie sich für Trends und neue Entwicklungen. Testen Sie, welche sozialen Medien einen Mehrwert für Ihre aktuelle Situation bieten. Aber: Verzetteln Sie sich nicht dabei.

8.9 Zukunft sozialer Medien

Jahr für Jahr steigen die Nutzerzahlen sozialer Medien. Social-Media-Experten sprechen nicht mehr von einem Trend, sondern von einem festen Bestandteil des Internets. Noch nie war es so leicht, mit anderen Menschen in Kontakt zu treten. Die Vernetzung über soziale Medien – wie in Abbildung 8.8 visualisiert – wird weiter voranschreiten. Wie schnell, kann niemand genau sagen. Dennoch lassen sich einige allgemeingültige Aussagen treffen.

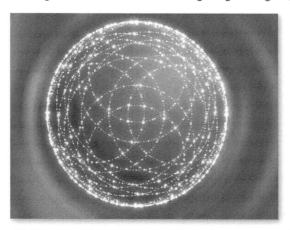

Abbildung 8.8: Vernetzung weltweit (Quelle: www.morguefile.com, by pippalou 2014)

Was kann für die Entwicklung sozialer Medien vorausgesagt werden?

»Berufsziel Social Media«, die Online-Jobbörse für Social Media Manager, hatte für 2015 »in die Glaskugel geschaut« und beschreibt in Abbildung 8.9 zwei übergeordnete Annahmen, die die voraussichtliche Entwicklung der sozialen Medien widerspiegeln:

1. Wachsende Welten:
   Die Anzahl der Nutzer von Social Media wird 2017 weltweit auf über 2 Milliarden ansteigen. Jeder dritte Mensch wird dann soziale Netzwerke nutzen. Im Jahr 2015 sind 80 Prozent der Deutschen sozial aktiv.

2. Wachsende Umsätze:
   2015 überschreiten Twitter und Facebook mit Werbeeinnahmen die 10-Milliarden-Dollar-Grenze.

*Abbildung 8.9: Social Media in der Glaskugel
(Quelle: www.berufsziel-socialmedia.de)*

Die Schwierigkeiten mit den Social Media

- ▶ Manipulieren Sie keine Anhänger, Follower und Fans.
- ▶ Meiden Sie unangenehme Menschen.
- ▶ Planen Sie Zeit für soziale Medien ein und halten Sie sich daran.
- ▶ Lassen Sie sich nicht provozieren.
- ▶ Versuchen Sie nicht, alle Medien gleichzeitig zu verstehen.

Handlungsempfehlungen

- ▶ Wählen Sie eine auf Ihre Ziele abgestimmte Strategie für die Nutzung sozialer Medien.
- ▶ Wenn Sie als ITler in den Social Media wahrgenommen werden wollen, dann folgen Sie dem Rat der Experten und melden sich bei Xing, LinkedIn und Twitter an.
- ▶ Gehen Sie Schritt für Schritt vor.
- ▶ Haben Sie Spaß, bleiben Sie offen, und kommunizieren Sie glaubwürdig und authentisch.
- ▶ Eigenwerbung: Content im Verhältnis 1:10!
- ▶ Verfolgen Sie interessiert neue Entwicklungen.

9 Was wir von IT-Persönlichkeiten lernen können

Was zeichnet berühmte IT-Persönlichkeiten aus? Welche Empfehlungen geben Sie uns? Wie können wir ihre Erfolgsrezepte für uns nutzen? Nachstehend untersuchen wir gemeinsam, was wir von den Großen lernen können.

9.1 IT-Persönlichkeiten USA

Die Großen der IT-Branche sind bzw. waren zweifelsohne Bill Gates und Steve Jobs. Sie sind mit Ihren Firmen Microsoft und Apple auf der ganzen Welt bekannt geworden: Sie waren absolute Kontrahenten, bis Bill Gates 1997 mit 150 Millionen Dollar die angeschlagene Apple Computer Inc. unterstützte. Seitdem verwendet Apple die Internet-Technologie von Microsoft. Bill Gates sagte im November 2009 in einem Interview der Sendung »Keeping America Great« über Steve Jobs: »He's done a fantastic job. (...) He brought in a team, he brought in inspiration about great products and design that's made Apple back into being an incredible force in doing good things« (Bill Gates, 2009) [83].

Lassen Sie uns analysieren, welche Eigenschaften die beiden Großen der IT ausmachen. Beide hatten das Ziel, die IT-Branche zu revolutionieren.

9.1.1 Steven »Steve« Paul Jobs (1955–2011)

»The ones who are crazy enough to think that they can change the world, are the ones who do it« (Steve Jobs, 1997) [84].

Eigenschaften:
- ▶ eher extrovertiert
- ▶ Perfektionist
- ▶ Offenheit für Erfahrungen

- ehrgeizig
- kompromisslos
- direkt
- durchsetzungsstark

Lebenslauf:

1972	Jobs beginnt ein Studium in Oregon, besucht Seminare in Physik und Literaturwissenschaft und bricht es nach einem Semester ab.
1976	Er gründet die Firma Apple, Prototyp Apple I.
1977	Jobs schafft mit dem Apple II den Durchbruch für Apple.
1980	Apple geht an die Börse.
1984	Apple Macintosh erscheint auf dem Markt.
1985	Jobs wird aus dem Unternehmen gedrängt – er gründet die Firma NeXT Computer.
1986	Das Animationsstudio Pixar entsteht.
1991	Steve Jobs heiratet Laurene Powell.
1995	Pixar bringt den ersten computeranimierte Film »Toy Story« auf den Markt.
1996	Apple kauft NeXT, Jobs wird als Berater bei Apple eingestellt.
2000	Er wird Apple-Konzernchef.
2001	Der iPod erscheint auf dem Markt. Apple wird mit dem Musikplayer und der später gestarteten Musikverwaltungssoftware iTunes inkl. angeschlossenem Online-Shop »Apple Store« zum größten Musikverkäufer.
2004	Es wird bekannt, dass Jobs an Bauchspeicheldrüsenkrebs erkrankt ist.
2006	Er verkauft Pixar an Disney.
2007	Jobs präsentiert das erste iPhone.
2009	Aufgrund seiner Krankheit zieht sich Jobs sechs Monate zurück.
2010	Das iPad erscheint auf dem Markt.
2011	Am 5. Oktober erliegt Jobs seiner Krankheit.

Im Jahre 2005 hat Steve Jobs vor Absolventen der Stanford Universität seine bedeutende Rede gehalten: Die Erfolgsstory von Apple – er lebte Apple: »Arbeit ist so ein großer Teil deines Lebens, dass du besser lieben solltest, was du tust« [85].

> **Steve Jobs Stanford Speech 2005**
>
> Die ausführliche Rede ist vielfach bei Youtube nachzuhören, z. B. unter
> *https://www.youtube.com/watch?v=D1R-jKKp3NA* [86]

»Gestalte jeden Tag so, dass es sich lohnt, aufzustehen!«, sagte Steve Jobs.

Laut *bn.bibliotheksnachrichten* ist »Steve Jobs«, die von Walter Isaacson geschriebene Biografie, »ein Muss nicht nur für Computer- und Applefans, sondern für jeden, der Interesse an der Geschichte unserer technisierten Welt in den letzten 50 Jahren hat« [87].

9.1.2 William »Bill« Henry Gates III (geb. 1955)

»Enjoy what you do and you will never have to work a single day of your life.« (Bill Gates).

Eigenschaften:

- ▶ eher introvertiert
- ▶ Eltern: Rechtsanwalt, Lehrerin, wohlhabend
- ▶ zielstrebig
- ▶ genau
- ▶ Menschenfreund
- ▶ überzeugt von seinen Ideen
- ▶ Offenheit für Erfahrungen

Lebenslauf:

1976	Bill Gates besucht eine Privatschule.
1973	Studium an der Harvard University.
1975	Gates bricht sein Studium ab und gründet zusammen mit Paul Allen die Firma Microsoft.
1980	Entwicklung des Betriebssystems MS DOS (Microsoft Disc Operating System).
1986	Microsoft geht an die Börse.
1990	Windows 3.0 erscheint auf dem Markt.
1994	Gates heiratet Melinda French, Gründung der »Melinda Gates Foundation«.
1998	Microsoft wird von Apple wegen Verstoßes gegen das Wettbewerbsrecht angeklagt – Microsoft gewinnt nach sechs Jahren den Rechtsstreit.
2000	Steve Ballmer übernimmt von Gates die Funktion des CEO.
2001	Windows XP wird veröffentlicht.
2007	Windows Vista und Office 2007 erscheinen auf dem Markt.
2008	Im Juni 2008 hatte Gates seinen letzten Arbeitstag bei Microsoft.

Anlässlich der Verleihung eines Ehrendiploms erklärte Bill Gates den Absolventen der Harvard University in seiner Ansprache, dass Arbeit nicht die wichtigste Sache der Welt sei:

Bill Gates Speech at Harvard 2007

Auch diese Rede können Sie in Youtube aufrufen:

https://www.youtube.com/watch?v=iADTpgRXYrk [88]

Zwischen den Lebensläufen der beiden IT-Größen Jobs und Gates erkennt man interessante Übereinstimmungen: Beide sind 1955 geboren und absolvierten eine sagenhafte IT-Karriere, obwohl sie ihr Studium abgebrochen haben. Das funktioniert in den USA, in Deutschland ist das eher unwahrscheinlich. Im Bereich der Persönlichkeitsausprägung war beiden Offenheit für Erfahrungen in die Wiege gelegt – Sie erinnern sich: das Persönlichkeitsmerkmal, das zu 57 Prozent vererbt wird (vgl. Abschnitt 4.2.1). Ehrgeizig, ausdauernd, zielstrebig, hartnäckig, leidenschaftlich, strebsam, fleißig und durchsetzungsstark sind weitere Attribute, welche die beiden IT-Größen auszeichnen. Für das beständige Weiterkommen braucht es Mut ebenso wie Überzeugungskraft, um auch andere von den eigenen Ideen zu begeistern, dazu als Voraussetzung den uneingeschränkten Glauben an sich selbst und die eigenen Fähigkeiten.

Was sieht es mit den anderen vier Kriterien des B5T aus (vgl. Abschnitt 4.2.1) – Neurotizismus, Extraversion, Gewissenhaftigkeit, Verträglichkeit? Ohne einem der zwei zu nahe treten zu wollen, kann man von außen in groben Zügen feststellen, dass zwar der eine wie auch der andere sehr gewissenhaft waren, alle weiteren Merkmale aber wesentlich stärker bei Steve Jobs ausgeprägt schienen. Eine Übersicht der Voraussetzungen für zwei außerordentliche IT-Karrieren finden Sie in Tabelle 9.1, in der die beiden großen ITler im direkten Vergleich betrachtet werden.

	Steve Jobs	**Bill Gates**
Gemeinsamkeiten	Studienabbruch ehrgeizig von den eigenen Ideen überzeugt und dazu stehend durchsetzungsstark Offenheit für Erfahrungen ausdauernd, zielstrebig, hartnäckig, leidenschaftlich, fleißig	
Unterschiede	schwere Kindheit, zur Adoption freigegeben extrovertiert perfektionistisch kompromisslos Design-orientiert teilte Gesellschaft in Genies und Dummköpfe ein	wohlhabende Eltern, umsorgte Kindheit introvertiert pragmatisch besonnen Technik-orientiert Menschen gegenüber unvoreingenommen und freundlich

Tabelle 9.1: Gegenüberstellung der Gemeinsamkeiten und Unterschiede von Steve Jobs und Bill Gate

Man könnte sagen, dass es Bill Gates mit einer behüteten Kindheit vielleicht am Anfang leichter hatte. Fest steht: Beide sind an ihr Ziel gekommen. Vermutlich war die *Resilienz* von Steve Jobs enorm und ein weiterer Motor für sein Durchhaltevermögen. Auffällig ist, dass Jobs wie Gates eine gute Ehe führten, frei von privaten Skandalen waren und sich dementsprechend gut auf ihre Arbeit konzentrieren konnten. Die wesentliche Botschaft, ganz nach Barack Obama, ist: »Yes, we can!« Das »WIE« bedarf einer sorgfältigen Planung, Strategie und deren Umsetzung.

9.2 IT-Persönlichkeiten Deutschland

In Deutschland existieren ganz andere Voraussetzungen, Gesetze und kulturelle Ansprüche. Hier ist i. d. R. ein erfolgreich absolviertes Studium die Eintrittskarte für eine Karriere.

9.2.1 Prof. Dr. h. c. Hasso Plattner

Abbildung 9.1: Prof. Dr. h. c. Hasso Plattner (HPI/ Kay Herschelmann)

Laut dem Hasso-Plattner-Institut für Softwaresystemtechnik (HPI) [89] gelingt es seinem Namensgeber seit Jahrzehnten, Wirtschaft und Wissenschaft erfolgreich zu verbinden. Professor Hasso Plattner wurde 1944 in Berlin geboren und hat an der Universität Karlsruhe Nachrichtentechnik studiert. Im Jahr 1972 hat er mit vier Kollegen den heutigen Konzern SAP SE in Walldorf gegründet. Seine Leistungen als Unternehmensgründer der SAP SE mit ihren aktuell weltweit über 74.400 Mitarbeitern sowie sein gesellschaftliches Engagement sind ebenso ungewöhnlich wie herausragend und wurden vielfach ausgezeichnet. Bis 2003 war er Vorstandsvorsitzender und fungiert seither als Aufsichtsratsvorsitzender der SAP. Hasso Plattner finanziert das HPI nicht nur als Stifter, er leitet ebenso das Fachgebiet »Enterprise Platform and Integration Concepts«. Alle großen Zeitschriften haben ihn in der Liste der bedeutendsten und einflussreichsten IT-Persönlichkeiten auf Platz 1 gesetzt. Der Zeit-Verlag betitelte Prof. Plattner 2008 darüber hinaus. als »einen der weltgrößten privaten Wissenschaftsförderer« [90].

Ein engagierter Visionär – Prof. Dr. h.c. Hasso Plattner

Das Hasso-Plattner-Institut an der Universität Potsdam wurde 1998 gegründet und ist seither international erfolgreich in der Informatik tätig.

Besonders am Herzen liegt dem Visionär Hasso Plattner die Förderung zukunftsorientierter Forschung, Innovationsfähigkeit und Unternehmergeist. Weitere Informationen zum HPI finden Sie unter: *http://www.hpi.de*.

Schauen Sie sich folgendes Video (veröffentlicht am 17.01.2014) an und lassen Sie sich inspirieren, was Sie für Ihre Karriere tun können:

https://youtu.be/-8Anep2t9EM [91]

In einem Interview des manager magazins hat Herr Plattner im Jahr 2006 gesagt: »Wir müssen uns auf unsere Stärken besinnen. Unser Ausbildungssystem zum Beispiel muss unter den Top drei der Welt sein. Ach was, es muss das beste der Welt sein. Selbstständigkeit, Eigeninitiative sollten auf dem Lehrplan jeder Schule stehen« [92].

9.2.2 Prof. Dr. Dr. h.c. mult. August-Wilhelm Scheer

Professor Scheer ist ehemaliger Aufsichtsratsvorsitzender der IDS Scheer AG, ehemaliger Direktor des Instituts für Wirtschaftsinformatik an der Universität des Saarlandes Saarbrücken und derzeit CEO der Scheer Group Saarbrücken. Er ist 1941 geboren, hat BWL studiert, promoviert und habilitierte zum Thema »Projektsteuerung«. Seit 2006 ist August-Wilhelm Scheer emeritiert und hat bis dahin u. a. folgende führenden Wirtschaftsinformatiker als Doktoranden und Habilitanden betreut: Jörg Becker, Helmut Krcmar, Peter Loos und Oliver Thomas.

Abbildung 9.2: Prof. Dr. Dr. h.c. mult. August-Wilhelm Scheer

Professor Scheer war mehrfach Mitglied des Aufsichtsrates der SAP und von 2007 bis 2011 Präsident der BITKOM. Als Wissenschaftler hat er geforscht und gelehrt, als Unternehmer Firmen gegründet und zum Erfolg geführt. Er engagierte sich stark für wirtschafts- und bildungspolitische Themen und setzte sich persönlich für deren Umsetzung ein. »IT made in Germany« ist nach wie vor sein Anliegen. »Woher Scheer die Zeit nahm, alle Auszeichnungen, Ehrungen und Preise persönlich zu empfangen, wird sein Geheimnis bleiben« [93].

Prof. Dr. Dr. August-Wilhelm Scheer (persönliches Interview, geführt von Verfasserin, Mai 2015)

zB

MF: Herr Professor Scheer, was würden Sie aus Ihrer Erfahrung Menschen empfehlen, die in der ITK-Branche Karriere machen wollen?

Prof. Scheer: Neben einer gründlichen Ausbildung in Informatik, Wirtschaftsinformatik oder ähnlichen Disziplinen sind vor allem sogenannte »weiche Faktoren« wichtig. Dazu gehören Auslandsaufenthalte während des Studiums mit dem Erlernen von Sprachkenntnissen, Beziehungen zu ausländischen Studenten und Kenntnisse über andere (Unternehmens-)Kulturen. Zu einer Karriere gehören aber vor allem Ehrgeiz und Einsatzwille. Nur wenn man bereit ist, für eine Karriere Hobbyaktivitäten und auch familiäre Interessen unterzuordnen, wird diese in der globalen und hoch wettbewerblichen ITK-Industrie gelingen.

MF: Was war beruflich gesehen Ihr größter Erfolg?

Prof. Scheer: Mein größter Erfolg war sicherlich, das von mir entwickelte ARIS-Konzept zur Geschäftsprozessoptimierung und das darauf aufbauende Softwaresystem ARIS-Toolset mit seinen Weiterentwicklungen zu einem internationalen Erfolg zu machen. Ich bin schon etwas stolz, wenn ich erlebe, dass große Unternehmen in aller Welt mit ARIS wichtige Restrukturierungsprojekte durchführen.

MF: Sie haben einmal als BITKOM-Präsident gesagt, dass für Erfolg die »tiefe Überzeugung, das Richtige zu tun, großes Engagement und Visionen, persönliche Akzeptanz bei Politik und Medien« wichtig sind. Würden Sie das aus heutiger Sicht ergänzen?

Prof. Scheer: Aus Sicht des BITKOM-Präsidenten würde ich heute hinzufügen, dass auch ein gutes Verhältnis zu den anderen großen Wirtschaftsverbänden im Zeichen »Industrie 4.0« wichtig ist. Aus Sicht eines IT-Unternehmers gehört eine gute Beziehung zu den Kunden an erste Stelle.

MF: Was spricht für den Innovationsstandort Deutschland – »IT made in Germany«?

> **Prof. Scheer:** Deutschland hat hohe Kompetenzen in der Beherrschung komplexer Probleme. Deshalb ist Deutschland auf dem Gebiet B2B, z. B. mit Unternehmenssoftware, erfolgreicher als im B2C-Markt. Durch die Digitalisierung von Produkten und Prozessen kann Deutschland gerade bei der Komplexität von Industrieunternehmen eine Spitzenstellung einnehmen. Hierfür ist aber erforderlich, dass in Deutschland entsprechende Beratungs-, Software- und Hardwareunternehmen vorhanden sind. Dieses ist eine Herausforderung an Start-ups, vorhandene ITK- sowie IT-Ausgründungen von Industrieunternehmen.
>
> **MF:** Wie schätzen Sie die Entwicklung der deutschen IT-Branche in den nächsten Jahren ein?
>
> **Prof. Scheer:** Den veröffentlichten Umsatzstatistiken folgend, sehe ich für den ITK-Markt in Deutschland ein überdurchschnittliches Wachstum voraus. Wichtig für den ITK-Standort ist aber vor allem, wie viel Wertschöpfung des Umsatzes in Deutschland entsteht. Hier halten sich Chancen und Risiken die Waage.

Fassen wir kurz die Positionen von Professor Scheer zusammen: Ein Studium in Informatik, Wirtschaftsinformatik oder ähnlichen Disziplinen, Auslandsaufenthalte, Fremdsprachen sowie weiche Faktoren sind für Ihre Karriere von großer Bedeutung; ebenso Ehrgeiz und Einsatzwille! Die Ampel für Start-ups steht auf Grün, und IT »made in Germany« ist machbar.

9.2.3 Margret Klein-Magar

Margret Klein-Magar ist Global Vice President – Head of SAP Alumni Relations und Vorsitzende des Sprecherausschusses der Leitenden Angestellten der SAP SE. Neben dem Bereich Personalmanagement koordiniert sie das globale Executive-Netzwerk des Großkonzerns. Seit 2012 ist sie außerdem im Aufsichtsrat der SAP SE. Im Juni 2015 wurde Frau Klein-Magar in diesem Gremium zur stellvertretenden Aufsichtsratsvorsitzenden gewählt. Sie ist zurzeit Mitglied in folgenden Ausschüssen des Aufsichtsrats: Präsidial- und Personalausschuss, Finanz- und Investitionsausschuss, Technologie- und Strategieausschuss. Margret Klein-Magar hat Informationswissenschaft, Soziologie und Sozialpsychologie an der Universität des Saarlandes studiert und hält einen Magister Artium (M. A.). Sie startete Ihre Karriere 1991 im Bereich Technologie-Plattform-Entwicklung sowie Service und Support.

Abbildung 9.3: Margret Klein-Magar

Margret Klein-Magar (persönliches Interview, geführt von Verfasserin, Juni 2015)

MF: Frau Klein-Magar, was würden Sie aus Ihrer Erfahrung Menschen empfehlen, die in der IT-Branche Karriere machen wollen?

MK: Ich würde diesen Menschen zunächst eine Frage stellen: Was bedeutet für Sie Karriere? – Geld, Macht, Einfluss, Status, Erfolg, Verantwortung, Führungsaufgaben ...?

In der digitalisierten Arbeitswelt wird sich der Begriff »Karriere« wandeln. Aufgrund der Geschwindigkeit, mit der Veränderungen geschehen, der Globalisierung, kombiniert mit den geänderten Bedürfnissen der nachfolgenden Generationen, denen z. B. Status nicht wichtig ist, wird

»Karriere« neu definiert werden müssen. Gehen wir aber der Einfachheit halber davon aus, dass »Karriere« Erfolg meint, dann würde ich die folgenden vier Prinzipien empfehlen:

Flexibilität: Fachwissen hat gerade in der IT-Branche eine sehr geringe Halbwertszeit. Sich sehr schnell in neue Bereiche einarbeiten zu können und Trends frühzeitig zu erkennen, ist sicherlich ein wichtiger Erfolgsfaktor.

Einfachheit: In einer sehr komplexen Welt hat derjenige Erfolg, der Komplexität reduzieren kann. Dies gilt sowohl für Produkte als auch die Bereiche Kommunikation oder Prozesse.

Globalität: Die Welt wächst zusammen. Produkte und Dienstleistungen werden weltweit angeboten, und insbesondere die IT-Branche ist der Vorreiter auf dem internationalen Parkett.

Connectional Intelligence: Die Intelligenz verschiedener Gruppen zu nutzen, statt im Elfenbeinturm zu agieren, wird mehr und mehr ein Erfolgskriterium in einer vernetzten Welt. Dies bezieht sich auf Mitarbeiter, Partner, Kunden oder auch einfach auf alle Menschen, die bereit sind, ihre Intelligenz im Netz zur Verfügung zu stellen.

MF: Gibt es für die Zielgruppe »Frauen« bestimmte Erfolgsfaktoren, die es zu beachten gilt?

MK: Der Umbruch in der IT-Branche per se bietet m. E. Frauen bessere Erfolgschancen: die Vernetzung, den Wandel weg von starren Hierarchien hin zum Beziehungsmanagement, die Selbstorganisation von Beschäftigten, die Souveränität bzgl. Ort und Zeit der Arbeit, um nur einige Beispiele zu nennen.

Bisher »weiche« werden zu »harten« Faktoren in der digitalen Arbeitswelt. Das kommt Frauen entgegen. Wir müssen sie nur nutzen: als Firmen wie auch als Personen.

MF: Was war für Sie persönlich der größte berufliche Erfolg?

MK: Ich definiere meinen beruflichen »Erfolg« über den Einfluss, den ich hatte und habe. Die Vision der SAP ist es, die Abläufe der weltweiten Wirtschaft und damit das Leben der Menschen zu verbessern. Ich hatte darauf bereits Einfluss, als ich das Produktmanagement einer wichtigen technologischen Komponente der SAP geleitet habe. Die Technologie ermöglicht den Betrieb der Software und diese damit das reibungslose Funktionieren der Abläufe beim Kunden. So können Produkte und Dienstleistungen einen Nutzen für Menschen stiften.

Auch jetzt in meinen Rollen als Vertreterin der leitenden Angestellten im Aufsichtsrat und auch als Leiterin der weltweiten SAP Alumni-Organisation kann ich durch die Ausübung meiner Rollen Positives bewirken: Als Beraterin im Aufsichtsrat stelle ich Fragen und gebe Ratschläge, die mit dazu beitragen, die SAP erfolgreich zu halten. Als Anbieterin des SAP-Alumni-Netzwerkes trage ich dazu bei, dass auch unsere ehemaligen Mitarbeiter sich weiterhin als Teil der SAP-Familie fühlen und damit den Ruf der SAP als innovative Firma weitertragen.

MF: Welche Intention verfolgen Sie als Aufsichtsrätin der SAP?

MK: Mir liegen zwei Dinge besonders am Herzen: Dass es unserer Firma und allen Mitarbeitern der SAP nachhaltig und langfristig gut geht und folglich auch unseren Kunden.

Auch wir als SAP sind gerade in einer Transformation. Die Digitalisierung und der Wandel von *On Premise* zur *Cloud* erfordert, dass wir uns für diesen Wandel optimal aufstellen. Nur so können wir auch unseren Kunden helfen, die Digitalisierung zu nutzen. Diese Transformation zu unterstützen, ist auch meine Aufgabe als Beraterin im Aufsichtsrat – zum Wohle unserer Mitarbeiter und Kunden.

MF: Wie schätzen Sie die Entwicklung der deutschen IT-Branche in den nächsten Jahren ein?

MK: Die Digitalisierung wird flächendeckend sein. Gehört der Autohersteller Tesla noch zur Automobilindustrie, oder ist er bereits ein Softwareunternehmen, da Teslas eher Computer auf Rädern sind?

In den Unternehmen wird IT-Kompetenz – oder besser: Digitalisierungskompetenz – eher Bestandteil der Fachabteilungen werden: Im Zeitalter der Cloud ist es nicht mehr wichtig, ein Rechenzentrum betreiben zu können. Es ist vielmehr wichtig, als Fachexperte das Know-how zu haben, die eigenen Produkte oder Dienstleistungen für die »digital econo-

> my« zu optimieren. Der Kühlschrank, den ich heute produziere, muss zurückmelden können, wenn der Joghurt leer ist, und der Joghurtproduzent muss aufgrund einer Auswertung aller Daten weltweit blitzschnell auf die Kundenbedürfnisse reagieren können.
>
> Softwareunternehmen schließlich werden überleben und erfolgreich sein, wenn sie es schaffen, den Firmen über alle Industrien hinweg zu helfen, in diese digitale Welt zu transformieren und Werte und Innovationen für deren Kunden zu schaffen.

Nach Margret Klein-Magar sollte also zunächst definiert werden, was Karriere für Sie in Ihrer speziellen Lebenslage ganz persönlich bedeutet. Eine im Berufsalltag wichtige Frage gilt der sinnvollen Gestaltung von Produkten und Dienstleistungen, sodass der Kundennutzen maximiert wird. Hierbei spielen Werte eine Rolle, die die Bedürfnisse aller Beteiligten möglichst innovativ befriedigen sollen.

9.2.4 Professor Dieter Kempf

Professor Dieter Kempf hat 2011 die Nachfolge von Prof. Dr. Dr. Scheer als Präsident des BITKOM e. V. angetreten, und im Juli 2015 wurde sein Nachfolger Thorsten Dirks gewählt. Seit Juli 1996 ist er Vorsitzender des Vorstands der DATEV eG. Er verantwortete zuvor als Mitglied des Vorstands die Ressorts Produkt- und Softwareentwicklung. Dieter Kempf absolvierte sein BWL-Studium an der Ludwig-Maximilians-Universität in München. Wichtige Station seiner Karriere war die Wirtschaftsprüfungsgesellschaft Arthur Young (heute: Ernst & Young), wo er sich als Wirtschaftsprüfer auf den Bereich »Revision elektronischer Datenverarbeitung« spezialisierte und 1989 zum Partner (Geschäftsführer und Mitgesellschafter) berufen wurde. Als Honorarprofessor für BWL lehrt Professor Kempf bis heute an der Friedrich-Alexander-Universität Erlangen-Nürnberg. Bis 2012 setzte er sich u. a. als Vizepräsident der Steuerberaterkammer Nürnberg für den Nachwuchs ein.

Abbildung 9.4: Professor Dieter Kempf

Prof. Dieter Kempf (persönliches Interview, geführt von Verfasserin, Juni 2015)

MF: Herr Professor Kempf, Sie sind u. a. Vorsitzender der DATEV eG. Was würden Sie aus Ihrer Erfahrung Menschen empfehlen, die in der IT-Branche Karriere machen wollen?

Prof. Kempf: Wie in vielen Berufen ist natürlich auch in der IT eine solide fachspezifische Ausbildung die Grundlage für eine spätere positive berufliche Entwicklung. Dabei gilt es natürlich, zu bedenken, dass sich kaum ein Bereich dynamischer entwickelt als die IT. Folglich bedeutet dies, dass der Beruf eine stete Lern- und Fortbildungsbereitschaft voraussetzt. Wer unter Karriere zudem Führungsaufgaben versteht, der braucht neben dem fachspezifischen Know-how (wie auch in anderen Bereichen) noch eine ordentliche Portion Sozialkompetenz.

MF: Als Präsident des BITKOM e.V. setzten Sie sich für optimale politische und wirtschaftliche Rahmenbedingungen für die ITK-Branche ein.

Welche Themen sind aus Ihrer Sicht für IT-Absolventen, IT-Quereinsteiger und IT-Experten von Bedeutung? Mit welchen aktuellen Marktzahlen sollten diese sich beschäftigen?

Prof. Kempf: Die Frage suggeriert ein wenig, dass ein Absolvent einer IT-Ausbildung stabile politische Rahmenbedingungen einfordern sollte oder könnte. Da hätten wir uns ziemlich missverstanden. Die Wirtschaft braucht verlässliche Rahmenbedingungen. Dann kann sie sich mit ihren Investitionsvorhaben darauf einstellen und ggf. auch längerfristige Investitionen zuverlässig planen. Gegenwärtig sollte es genau für jene Absolventen besonders leicht sein, herausfordernde Jobs zu finden, die sich mit IT-Sicherheit und mit der Modellierung und Analyse großer Datenmengen beschäftigen. Entsprechende Fachqualifikationen sind gegenwärtig stark gesucht.

MF: Es kann sicher nicht Aufgabe eines ITlers sein, sich für die Umsetzung politischer und gesellschaftlicher Ziele starkzumachen. Meine Frage zielte darauf ab, dass alle Zielgruppen für berufliche Entscheidungen aktuell ausgewiesene Marktzahlen in ihre Entscheidungsfindung mit einbeziehen sollten. Welche Empfehlungen geben Sie?

Professor Kempf: Mir scheint es wichtiger, dass sich Absolventen bei der Jobsuche darum kümmern, dass ihr fachliches Profil zur ausgelobten Stelle passt und dass ihre persönlichen Erwartungen an eine Unternehmenskultur auch zur im Unternehmen gelebten Kultur passen. Die Analyse von Marktzahlen wird zu diesem Entscheidungsprozess eher weniger beisteuern.

MF: Was sind aus Ihrer Sicht die zukünftig wichtigsten Entwicklungen der deutschen ITK-Branche?

Prof. Kempf: Auf Basis des weiteren Ausbaus einer breitbandigen Kommunikationsinfrastruktur werden sich insbesondere in fünf Feldern (Verkehr, Gesundheit, Public Sector, Bildung, Energie) sogenannte *intelligente Netze* bilden. Hier gibt es eine Vielzahl von Karrieremöglichkeiten. Unter dem Stichwort »Industrie 4.0« fassen wir in Deutschland die Digitalisierung von Geschäftsprozessen in der Produktion, aber auch weit darüber hinaus zusammen. *Smart anything* umschreibt als Schlagwort den Kern dieser vierten industriellen Revolution, die durch Kombination verschiedener neuer Techniken aus IT und Telekommunikation völlig neue Produktionsmethoden, aber auch Services entstehen lassen wird. Anders als im Bereich der Anwendungen für Endverbraucher, können wir in Deutschland durch unser starkes Industrie-Know-how hier künftig enorme Wettbewerbsvorteile herausbilden.

Kernbotschaften des Betriebswirtschaftsexperten Kempf sind demnach: Lern-, Fortbildungsbereitschaft und soziale Kompetenz sind wichtige Kriterien für ITler. Zahlreiche neue Jobmöglichkeiten bieten die Themenfelder Verkehr, Gesundheit, Public Sector, Bildung und Energie. Die Industrie 4.0 hält attraktive Möglichkeiten bereit.

9.3 Die reichsten IT-Persönlichkeiten

In Tabelle 9.2 sehen Sie eine Übersicht der einflussreichsten IT-Experten weltweit. Beschäftigen Sie sich mit weiteren genialen Köpfen aus der IT. Studieren Sie deren Lebensläufe, lassen Sie sich inspirieren und entscheiden Sie, was Sie sich konkret abschauen können. Lernen Sie die Atmosphäre kennen. Beschäftigen Sie sich damit, welche Handlungen zu überragendem Erfolg geführt haben. Lassen Sie sich motivieren, wenn nicht zuletzt von den fantastischen Verdienstmöglichkeiten dieser Branche.

Name	Unternehmen	Vermögen in Milliarden USD
Bill Gates	Microsoft, Bill and Melinda Gates Foundation	79,2
Larry Ellison	Oracle	54,3
Jeff Bezos	Amazon	34,8
Mark Zuckerberg	Facebook	33,4
Larry Page	Google	29,7
Sergey Brin	Google	29,2
Jack Ma	Alibaba	22,7
Steve Ballmer	Microsoft	21,5

Name	Unternehmen	Vermögen in Milliarden USD
Laurene Powell Jobs	Apple	19,5
Michael Dell	Dell	19,2
Azim Premji	Wipro	19,1
Paul Allen	Microsoft, Stratolaunch	17,5
Pony Ma Huateng	Tencent	16,1
Robin Li	Baidu	15,3
Shiv Nadar	HCL	14,8
Lei Jun	Xiaomi	13,2
Hasso Plattner	SAP	9,1
Eric Schmidt	Google	9,1
Hiroshima Mikitani	Rakuten	8,7
Klaus Tschira	SAP	8,6

Tabelle 9.2: Reichste IT-Persönlichkeiten der Welt (Quelle: www.computerworld.ch) [94]

Was Sie von den Großen lernen können

- Think big!
- Dranbleiben!
- Fokussieren!
- »If you can dream it, you can do it!« (Walt Disney)

10 Akquise und Selbstdarstellung

Waren Sie schon einmal in der Situation, sich gut »verkaufen« zu müssen? Jedem ist es eher unangenehm, und trotzdem ist es immer wieder notwendig. Unternehmerisch gesehen, sollten Akquise und Selbstmarketing nicht erst dann erfolgen, wenn es gar nicht mehr anders geht. Gehen Sie es frühzeitig an – am besten locker, mit einer Portion Humor und Neugier.

10.1 Akquise

Unter *Akquise* (von lateinisch *ad quaerere* zu *acquirere* – erwerben) werden Maßnahmen der Kundengewinnung verstanden. Sich selbst gut zu verkaufen, ist heute wichtiger denn je – nicht nur als Freelancer. Zum einen haben wir eine große Angebotspalette von Produkten und Dienstleistungen, und zum anderen wachsen die Optionen der Vermarktung fast täglich. Es gibt unterschiedliche Arten der Akquise:

- Kaltakquise,
- Warmakquise.

Die *Kaltakquise* ist ein Werben um Kunden, die man persönlich nicht kennt – meistens telefonisch oder per Anschreiben. Privatpersonen sind per Gesetz gegen *Unlauteren Wettbewerb (UWG)* vor diesen »Überfällen« geschützt. Hier ist es also verboten, fremde potenzielle Kunden einfach anzurufen oder mit Werbematerial zu überhäufen. Ein bisschen anders verhält es sich im Bereich B2B. Könnten Geschäftskunden »mutmaßlich« an Ihrem Angebot interessiert sein, dürfen Sie Ihnen ein Angebot unterbreiten – auch telefonisch. Sind Sie also ganz überzeugt von sich und Ihrem Angebot, können Sie Kaltakquise betreiben. Gerade wenn Sie ein von vielen benötigtes Produkt anbieten, kann dieses Vorgehen ein entscheidender Wettbewerbsvorteil sein. Als Dienstleistungsservice für Computerreparaturen können Sie getrost von Geschäft zu Geschäft gehen: sich kurz vorstellen, einen Flyer mit Einführungsangeboten hinterlassen und auf Zulauf warten. Einfach loslegen, wie es das Beispiel dieser Online-Computerhilfe zeigt: https://www.expertiger.de. Viel leichter ist die *Warmakquise*, bei der Sie Personen ansprechen, die Sie bereits kennen. Die wichtigsten Formen der Akquise möchte ich Ihnen im Folgenden kurz vorstellen.

Akquisekanäle im Überblick sind:
- Telefon,
- Mailing,
- Homepage,
- Messen,
- Empfehlungsmarketing,
- Netzwerke,
- Social Media,
- Workshops und Vorträge,
- Kongresse,
- Pressemitteilungen und Fachartikel.

Die Telefonakquise hat zahlreiche Vorteile und ist daher eine gängige Methode zur Kundengewinnung. Ihre Vorteile sind:

- Sie können den Kunden schnell erreichen.
- Sie merken, ob der Kunde interessiert ist.
- Sie können auf den Kunden eingehen, Fragen beantworten, Sympathie und Interesse wecken.
- Sie können direkt im Anschluss mit einem konkreten Angebot reagieren.
- Sie können den Gesprächspartner durch gute Argumente beeinflussen.
- Sie können eine persönliche Beziehung aufbauen.
- Der finanzielle und zeitliche Aufwand ist gering.

Mögliche Vorgehensweise für Unternehmensakquise

1. Recherchieren Sie:
   - Wer ist mein potenzieller Kunde?
   - Was ist das für ein Unternehmen?

- Was stellen sie her? Welche Dienstleistung bieten sie an?
- Wie sind sie organisiert?
- Wo könnte man für das Unternehmen einen Vorteil generieren?

2. Entwerfen Sie einen strukturierten Gesprächsleitfaden.

Wie kann ich prüfen, ob der Leitfaden gut ist?

- Das Telefongespräch vorher mit jemandem üben, logischen Ablauf/ Stichpunkte aufschreiben.
- Ziel des Gespräches bei der Erstakquise: persönlicher Termin!

3. Sorgen Sie für eine ruhige, störungsfreie und angenehme Umgebung während des Telefonierens.

4. Lassen Sie sich an einen für Ihr Angebot zuständigen Mitarbeiter weiterleiten. Beispiel: »Frau XY, ich habe folgendes Anliegen ... wer in Ihrer Organisation ist dafür zuständig? ... Können Sie mir bitte die Durchwahl geben?« (Assistenz als Verbündete sehen).

5. Achten Sie im Gespräch auf diese Punkte:
   - authentisch sein,
   - positiv sein,
   - auf den Punkt kommen,
   - aktiv zuhören,
   - Meinungen der Kunden akzeptieren,
   - Geduld und Ruhe bewahren.

6. Nach dem Gespräch
   - sollten Sie eine Excel-Tabelle anlegen und Folgendes notieren: Ansprechpartner, Adresse, was wurde besprochen, Name des Assistenten etc.

> **Formen der Akquise, die OUT sind**
>
> ▸ Zeitungsannoncen
> ▸ Vertreterbesuche
> ▸ Direktmailing

10.2 Selbstdarstellung

> **Selbstdarstellung ist nicht einfach ...**
>
> http://IT.espresso-tutorials.com
> ... findet Lars Krumbier, erklärt aber gleichzeitig, warum er sie für so wichtig hält.

Die Situation, sich vorstellen zu müssen, ist den meisten Menschen spätestens nach der Ausbildung bekannt. Etwa bei einem Vorstellungsgespräch, bei einem Projekt, oder wenn sie jemand fragt: »Was machen Sie beruflich?«. Da hat man wenig Zeit, zu überlegen. Es muss schnell gehen, man sollte authentisch sein, kurz und schlüssig antworten – verständlich eben. Ich denke, die wenigsten Menschen können dies spontan aus dem Stegreif. Das bedeutet, Sie müssen es vorbereiten. Hierzu gibt es verschiedene Methoden.

Ich möchte Ihnen hier gern den *Elevator Pitch* vorstellen. Grundgedanke dieser aus den USA stammenden Technik war, dass aufstrebende Mitarbeiter die Fahrt im Aufzug zu einem Entscheider nutzen, um binnen der kurzen Zeit bis in die obere Chefetage von der eigenen Idee oder von sich selbst als optimale Belegung für eine neue Position zu überzeugen.

Wie präsentiere ich mich und meine Tätigkeit verständlich, klar und effektiv? Gestalten Sie Ihre »mündliche Visitenkarte« nach der *AIDA-Formel*: Attention, Interest, Desire und Action. Sorgen Sie also für einen packenden Start, der die Aufmerksamkeit Ihres Gegenübers erregt. Verwenden Sie eine einfache Sprache ohne Fachbegriffe, seien Sie so konkret wie möglich, bringen Sie das

Ganze in dreißig bis vierzig Sekunden auf den Punkt. Begeistern Sie dabei und lassen Sie ihre Persönlichkeit für sich sprechen. Machen Sie klar und deutlich, wobei Sie helfen können, welche Probleme Sie lösen und was der Mehrwert Ihres Angebots ist. Nutzen Sie am Ende die *Call-to-action*-Methode, indem Sie z. B. nach der Visitenkarte fragen oder einen weiteren Gesprächstermin vereinbaren.

In der Regel werden je nach Anlass nur drei bis fünf Sätze vom Zuhörer aufgenommen und verstanden. Probieren Sie es aus: Stellen Sie sich vor. Mein Beispiel lautet:

»Ich bin Margret Fischer, ich coache, bilde Coaches aus, halte Vorträge und schreibe zu den Themen Karriere, Persönlichkeitsentwicklung, Authentizität, Führung und Kommunikation. Gerne helfe ich Ihnen dabei, einen stimmigen Job zu finden und sich im Leben erfüllt zu fühlen.«

In dieser Weise formuliert, reißt das niemanden wirklich vom Hocker. Was fehlt, ist ein Haken, der den Zuhörer wirklich anbeißen lässt: Das kann eine Story, ein Bild, ein Vergleich, Beispiel, Zitat, eine Metapher oder sonst etwas sein. Welches besondere Angebot habe ich? Was kann ich besser als die anderen? Was ist mein Alleinstellungsmerkmal (engl. *unique selling proposition, USP*)? Was macht mich einzigartig?

Mein zweiter Versuch: »Ich sorge für Aha-Effekte, die Ihr Leben effizienter und zufriedener gestalten. Ich bin Margret Fischer und coache, bilde Coaches aus, halte Vorträge und schreibe zu den Themen Karriere, Persönlichkeitsentwicklung, Authentizität, Führung und Kommunikation. Gerne helfe ich Ihnen, erfolgreich im Job und glücklich im Leben zu sein.«

Schon etwas besser, emotionaler, fesselnder, aber irgendwie noch nicht rund. Und vielleicht auch nicht für jede Zielgruppe geeignet. Also noch einmal:

»Zufrieden im Job, erfüllt im Leben – wer will das nicht!? Ich sorge für neue Erkenntnisse, die Ihr Leben effizienter und zufriedener gestalten. Mein Name ist Margret Fischer, und ich coache, bilde Coaches aus, halte Vorträge und schreibe zu den Themen Karriere, Persönlichkeitsentwicklung, Authentizität, Führung und Kommunikation. Gerne biete ich Ihnen ein unverbindliches Gespräch an, um Ihren Standort zu analysieren.«

Ganz gut, aber jetzt zu lang. Sie sehen, das ist gar nicht so einfach.

»Erfolgreich im Job, glücklich im Leben – wer will das nicht!? Ich bin Margret Fischer, coache, bilde aus, halte Vorträge und schreibe zu den Themen Karriere, Persönlichkeitsentwicklung und Kommunikation. Ich sorge für neue Erkenntnisse, die Ihr Leben effizienter und zufriedener gestalten. Wollen Sie einen unverbindlichen Gesprächstermin vereinbaren?«

Damit fühle ich mich ganz wohl. Das ist nun mein Standard-Elevator Pitch, den ich je nach Zielgruppe individuell anpassen und verändern kann.

Wozu Selbstdarstellung nützlich ist

Eine geglückte Selbstdarstellung ist gleichermaßen wichtig für das Netzwerken wie auch für Bewerbungen und Akquise. Dies gilt selbstverständlich nicht nur mündlich, sondern auch in Ihrer schriftlichen Präsentation – u. a. für eine mögliche Internetpräsenz.

10.3 Vorstellungsgespräch

Meist haben Sie mehr Zeit, sich in Ruhe auf ein Vorstellungsgespräch vorzubereiten. Dann können Sie umso selbstbewusster, authentischer und souveräner auftreten. Wenn Sie nervös sind, na und, stehen Sie dazu! Das sind wir alle in dieser Lage. In der Auseinandersetzung mit Personalern wurde mir sogar einmal verraten: Nervös zu sein, wird in dieser Situation eher als Stärke denn als Schwäche angesehen.

Das Vorstellungsgespräch aus der Sicht eines potenziellen Arbeitgebers

http://IT.espresso-tutorials.com

Im Gespräch: Gerald Prior, Vorstandsvorsitzender der Cofinpro AG (einer der 100 besten Arbeitgeber) hat schon viele Mitarbeiter eingestellt ...

Über folgende typische Fragen sollten Sie sich ausführlich Gedanken machen und rechtzeitig mit den nachfolgend beschriebenen Übungen beginnen:

▶ **Können Sie sich bitte zuerst vorstellen?**
Das sollte wirklich sitzen! Versetzen Sie sich in die Lage Ihres Gegenübers, und versuchen Sie, herauszufinden, was diesen interessieren könnte und nach welchen Kriterien er Ihre Selbstdarstellung einschätzen wird. Je qualifizierter der angebotene Job ist, desto mehr wird er nach Ihrer Persönlichkeit schauen. In der Regel klopfen die Personaler dann alle Kompetenzen ab, mit denen wir uns in Abschnitt 5.1 (»Was sollte ich als ITler draufhaben?«) beschäftigt haben. Auch die Selbstdarstellung in Abschnitt 10.2 bereitet Sie gut auf diese Frage vor. Bitte üben Sie Ihre Antwort vor einer oder gern auch verschiedenen realen Personen und lassen Sie sich Feedback geben. Ermuntern Sie Ihre Zuhörer, Zwischenfragen zu stellen, so, wie es im Vorstellungsgespräch meistens üblich ist.

▶ **Können Sie uns zu der Lücke im Lebenslauf etwas sagen?**
Stehen Sie selbstbewusst dazu. Egal ob Sie im Ausland waren, sich um Ihre Familie gekümmert haben oder mit sich selbst beschäftigt waren. Haben Sie sich einfach eine Auszeit gegönnt? Jeder braucht mal eine kreative Phase. Wenn Sie kein Problem damit haben, dann wird Ihr Gegenüber damit auch keins haben.

▶ **In welchem Arbeitsverhältnis stehen Sie zurzeit?**
Geben Sie eine kurze, prägnante Antwort ohne Umschweife und Schnörkel. Auch wenn Sie gerade arbeitsuchend sind, bleiben Sie selbstbewusst und gefasst. Sagen Sie z. B. etwas in die Richtung: »Ich habe bislang noch nicht die passende Stelle für mich und meine Karriereplanung gefunden.«

▶ **Warum haben Sie den vorherigen Arbeitgeber verlassen?**
Bei dieser Frage wird getestet, wie Sie mit getroffenen Entscheidungen umgehen und wie Sie auf Stress reagieren. Bleiben Sie bei der Realität. Viele Personaler erkundigen sich gern bei Ihrem Ex-Arbeitgeber. Sagen Sie auf gar keinen Fall etwas Schlechtes über Ihre alte Firma! Das kommt wie ein Bumerang zu Ihnen zurück. Verstricken Sie sich nicht in Einzelheiten, schauen Sie, dass der Fall bis dahin für Sie abgeschlossen ist und antworten Sie natürlich und kurz. Verwenden Sie eine Ich-Botschaft, wie zum Beispiel: »Ich habe Schwierigkeiten gehabt mit ...« oder »Ich suche eine neue Herausforderung, weil ... Leider wurde ich betriebsbedingt gekündigt.«

- **Was sind Ihre Stärken und Schwächen?**
  Reden Sie ganz natürlich und engagiert über Ihre Stärken – Sie sind ja schließlich stolz, dass Sie sie haben. Wählen Sie die Reihenfolge Ihrer Stärken in Abstimmung des Anforderungsprofils aus. Das haben wir ausführlich in Abschnitt 5.5 behandelt.
  Vermeiden Sie Floskeln wie: »Ich bin zu perfektionistisch.« oder »Ich bin so ungeduldig.« Wählen Sie eine jobrelevante Schwäche, die nicht mit den Anforderungen für die aktuelle Stellenbesetzung kollidiert. Wenn Sie sich für eine gehobene Position bewerben, könnten Sie sagen: »Ich bin Generalist, mich auf Details zu spezialisieren, fällt mir eher schwer.« oder »Ich arbeite gerade an meinen Soft Skills. Ich will lernen, noch sozialer zu interagieren.« oder »Meine Englischkenntnisse sind nicht verhandlungssicher. Ich mache gerade einen Kurs bei einem privaten Dozenten.« Lassen Sie sich etwas Stimmiges einfallen. Am besten bereiten Sie zwei bis drei Antworten vor, damit Sie im Ernstfall die passende auswählen können.

- **Warum haben Sie sich für die Stelle beworben?**
  Recherchieren Sie gründlich über das Unternehmen, das Produkt oder die Dienstleistung, die Firmenphilosophie, den Gesprächspartner und die vakante Stelle. Kein Arbeitgeber möchte hören, dass Sie per Zufall hier sitzen. Machen Sie deutlich, wie Sie und das neue Unternehmen zusammenpassen. Was spricht aus Ihrer Sicht alles für das Unternehmen als neue Heimat Ihrer Berufstätigkeit?

- **Wieso denken Sie, dass Sie für die Stelle der/die Richtige sind?**
  Arbeiten Sie die Punkte heraus, die Sie für diese Stelle qualifizieren und besonders geeignet machen. Lassen Sie dabei elegant Ihre Persönlichkeit einfließen.

- **Wo möchten Sie in fünf und zehn Jahren stehen?**
  Überprüfen Sie in Anlehnung an den neuen Karriereschritt, welche Ihrer Zukunftsvisionen (vgl. Abschnitt 4.6) Sie Ihrem potenziellen neuen Arbeitgeber anvertrauen wollen. Als Empfehlung rate ich Ihnen, nicht zu viel und nicht zu wenig preiszugeben.

- **Was machen Sie in Ihrer Freizeit?**
  Kein Arbeitgeber möchte einen *Workaholic*. Nennen Sie zwei bis drei Ihrer Hobbys, die nicht gefährlich sind. Immer gern gesehen sind ehrenamtliche Tätigkeiten, sofern Sie diese ausführen. Meistens wird mit dieser Frage untersucht, ob Sie begeisterungsfähig

sind. Also sprechen Sie bitte von den Freizeitaktivitäten, die Ihre Augen zum Leuchten bringen.
▶ **Wie sehen Ihre Gehaltswünsche aus?**
Informieren Sie sich nach den aktuellen branchenüblichen Durchschnittsgehältern der ausgeschriebenen Position. Achten Sie auf Unterschiede bzgl. Alter und Berufserfahrung. Und nennen Sie dann eine realistische Gehaltsspanne, mit der Sie sich wohlfühlen. Achten Sie darauf, dass Sie es ganz selbstverständlich formulieren. Oder »haben Sie ein Thema mit Geld«? Dann beschäftigen Sie sich noch einmal mit Abschnitt 3.5.
▶ **Haben Sie noch Fragen an mich?**
Meist ist das ein Test, wie Sie auf offene Fragen reagieren. Nutzen Sie die Chance, eine interessante Frage zu stellen. Das signalisiert Engagement. Wenn Sie vorher gut zugehört haben, dürfte das kein Problem sein. So können Sie einen guten Eindruck machen.

Machen Sie sich auch Gedanken zu unerlaubten Fragen wie: »Sind Sie schwanger?«, »Wie sieht Ihre Familienplanung aus?«, »Welche Sexualorientierung haben Sie?«, »Gehören Sie einer Partei an?«, »Was halten Sie von Partei X?«, »Sind Sie Mitglied einer Gewerkschaft?«, »Haben Sie Schulden?«, »Sind Sie vorbestraft?«, »Welche Krankheiten haben Sie?«, »Wie oft waren Sie im letzten Jahr krankgeschrieben?«, »Welche Erkrankungen habe Ihre Verwandten?« Diese Fragen sind generell in Bewerbungsgesprächen tabu und dürfen gemäß des allgemeinen Persönlichkeitsrechts und dem Allgemeinen Gleichbehandlungsgesetz (AGG) auch in der IT-Branche nicht gestellt werden. Bei einigen Berufen existieren Ausnahmen, wie etwa in der Banken-Branche, in der bei Auswahlprozessen nach den finanziellen Verhältnissen gefragt werden darf. Gradmesser ist immer, inwieweit die persönlichen Fragen in einem direkten Zusammenhang zur Berufswahl stehen.

Wie reagieren Sie, wenn Ihnen dennoch eine dieser oder ähnlicher Fragen gestellt wird? Hier will der Personaler ganz klar testen, wie Sie mit Stress umgehen. Belehren Sie ihn bitte nicht über die Rechtslage. Bleiben Sie souverän und schauen Sie, welche Antwort für Sie die richtige ist. Antworten Sie auch hier in ganzen Sätzen, wie z. B.: »Meine Mutter hat mir schon frühzeitig einen sicheren Umgang mit Geld beigebracht.« Oder: »Trotz mancher Wehwehchen strotze ich nur so vor Tatkraft.« »Da ich nicht gern krank bin und das sofort verarbeite, müsste ich für eine wahrheitsgetreue Auskunft meinen

Arzt fragen.«»Mein Partner und ich sind uns einig, dass die berufliche Karriere bei uns zurzeit im Vordergrund steht.«

Nicht nur das gesprochene Wort zählt, sondern ebenso die nonverbale Kommunikation: Auftreten, Ausstrahlung, Haltung, Mimik, Gestik, Blickkontakt und die Art, wie Sie sprechen – d. h., der Tonfall, die Lautstärke, Betonung, Ausdrucksweise sollten so sein, dass Sie sympathisch und aufgeschlossen wahrgenommen werden. Denken Sie daran, dass Sie einen geschulten Personaler vor sich sitzen haben. Dem entgeht nichts.

Üben Sie die Situation im Vorfeld

Notieren Sie alle wichtigen Antworten auf mögliche Fragestellungen, und nehmen Sie sich mittels Smartphone oder Diktiergerät auf. Hören Sie sich die Aufnahme an und machen Sie eine Selbsteinschätzung. Wiederholen Sie den Prozess so lange, bis Sie mit dem Ergebnis zufrieden sind. Im Anschluss simulieren Sie das Bewerbungsgespräch mit einer Person, die ähnliche Qualitäten mitbringt wie ein Personalverantwortlicher. Vielleicht haben Sie sogar jemanden in Ihrem näheren Umfeld?

Wenn Sie sich der Situation nicht gewachsen fühlen

Konsultieren Sie einen Business-Coach oder Bewerbungsberater und lassen Sie sich unter die Arme greifen. Das sind schließlich Profis.

10.4 Vorbilder

Ein Vorbild ist jemand, der uns richtungsweisend als gutes Beispiel dienen kann. Suchen Sie sich eine Person, mit der Sie sich identifizieren können, und ahmen Sie deren Verhalten nach. Achten Sie aber unbedingt darauf, dass dieses Verhalten Ihrer Persönlichkeit entspricht. Oberste Maxime bleibt auch hier: Bleiben Sie authentisch.

Folgende Checkliste kann Sie dabei unterstützen:

- ▶ Wer hat Ihre Wunschvorstellung bereits mit Bravour absolviert?
- ▶ Wie hat er sich dabei verhalten – welche Haltung hat er eingenommen?
- ▶ Welches Verhalten können Sie aus dieser Beobachtung für sich ableiten?
- ▶ Welches bei Ihnen vorhandene Verhalten wird dadurch enthemmt und aktiviert?
- ▶ Wie fühlt es sich an, wenn Sie so tun, als ob Sie ihr Ziel bereits erreicht hätten?

Lernen am Vorbild ist einfach und kann Spaß machen. Probieren Sie es aus. Sie haben nicht viel zu verlieren, wenn Sie authentisch bleiben und auf Ihre Befindlichkeiten achten. Im Gegenteil: Sie können viel gewinnen.

In der Regel haben Vorbilder einen positiven Einfluss auf Ihre Selbstwirksamkeitsüberzeugung. Der Psychologe Albert Bandura [95] hat in den Siebzigerjahren das Konzept der *Selbstwirksamkeitserwartung (SWE)* geprägt. Dieses sagt aus, dass eine Person aufgrund eigener Kompetenzen daran glaubt, gewünschte Handlungen erfolgreich durchführen zu können. Eine hohe Selbstwirksamkeitserwartung führt zu höheren Ansprüchen an die eigene Person und häufig auch dazu, große Herausforderungen zu suchen. Wer an die eigenen Kompetenzen glaubt, zeigt bei der Bewältigung von Aufgaben größere Ausdauer und erlangt oft mehr Erfolg in Ausbildung und Beruf.

10.5 Wie wirke ich?

Wie schätzen Sie Ihr äußeres Erscheinungsbild ein? Wenn Sie sich gut fühlen, so, wie Sie sich wahrnehmen, dann wirken Sie auch gut auf Ihr Gegenüber. Sie strahlen Selbstbewusstsein aus.

> **Machen Sie folgende Übung:**
>
>
> Was gefällt Ihnen an Ihrem äußeren Erscheinungsbild?
>
> Was gefällt Ihnen nicht an Ihrem äußeren Erscheinungsbild?

Bitten Sie einen Freund/eine Freundin um eine Fremdeinschätzung. Drei Punkte pro, drei Punkte contra. Schauen Sie, welche äußeren Merkmale verbesserungswürdig sind und sich verändern lassen.

Wie ist es aus um Ihre Ausstrahlung bestellt?

Ausstrahlung ist weitaus mehr als gutes Aussehen. Hierbei geht es eher darum, wie ein Mensch auf andere wirkt, wie er sich bewegt, wie er redet. Doch was macht ihn eigentlich genau aus? Nehmen Sie sich Zeit; wenn Sie mögen, schließen Sie die Augen, und suchen Sie nach drei Menschen – allgemeinen Persönlichkeiten oder Ihnen persönlich bekannten Leuten –, bei denen Sie das Gefühl haben, dass diese eine besonders positive Ausstrahlung auf Sie haben.

Notieren Sie in folgender Tabelle 10.1 die Vorbilder und, was ihre Ausstrahlung ausmacht:

Vorbilder	Ausstrahlung

Tabelle 10.1: Vorbilder und ihre Ausstrahlung

Machen Sie sich bewusst, dass Ihre Wirkung auf andere nicht nur von äußeren Faktoren, sondern auch von Ihrer Ausstrahlung abhängt. Ihre Wirkung können Sie somit auch beeinflussen, indem Sie z. B. Wert auf eigene Authentizität, Selbstsicherheit, ein warmes Lächeln, ausdrucksvolle Augen, eine angenehme Stimme, Ausgeglichenheit, gute Laune oder Zuverlässigkeit legen.

10.6 Tipps aus der Praxis

Sieben Tipps aus meiner langjährigen Praxis, wie Sie im Beruf durch eine gelungene Selbstdarstellung und Spaß bei der Akquise weiterkommen können:

1. *Selbstbewusstsein:* Werden Sie sich Ihrer selbst bewusst, und trauen Sie sich etwas zu. Je selbstbewusster Sie auftreten, desto eher werden Sie von anderen Menschen wahrgenommen.
2. *Perspektivwechsel:* Versetzten Sie sich in die Lage Ihres Gegenübers. Was erwartet und wünscht sich ihr Gesprächspartner von Ihnen? Wie können Sie sich darauf einstellen und sich gleichzeitig treu bleiben?
3. *Mentales Training:* Nutzen Sie die Macht Ihres Unterbewusstseins. Stellen Sie sich – ähnlich wie ein Sportler vor seinem Wettkampf – auf »Sieg« ein. Dann werden Sie auch in den meisten Fällen die besten Voraussetzungen dafür haben und tatsächlich als Gewinner aus der Situation herausgehen.
4. *Modell-Lernen:* Wen wollen Sie verkörpern? Wie wollen Sie in einer konkrete Situation wirken? Nutzen Sie Ihre Vorbilder.
5. *Erscheinung:* Stimmt Ihr Corporate Design? Ist Ihr Außenbild konform mit Ihrer Kommunikation und Ihrem persönlichen Auftreten? Manchmal kann eine Imageberatung für offizielle Anlässe Wunder bewirken.
6. *Ausstrahlung:* Gehen Sie freundlich auf Ihre Mitmenschen zu. Sie werden es Ihnen danken und gleichtun. Ein Lächeln, ein Lob oder eine positive Bemerkung erfordern keine große Anstrengung, sorgen aber immens für eine angenehme Atmosphäre.
7. *Begeisterung:* Gehen Sie Ihre Angelegenheiten motiviert, mit Elan an, und ziehen Sie Ihr Gegenüber in Ihren Bann. Wenn Sie begeistert sind, dann ist die Wahrscheinlichkeit exorbitant hoch, dass Ihr Gesprächspartner auch begeistert sein wird.

Bei allem, was Sie tun: Bleiben Sie sich treu, und achten Sie darauf, dass alle Beteiligten ihr Gesicht wahren. Nur Win-Win-Situationen können dauerhaft zu guten Ergebnissen führen.

Was Sie vermeiden sollten

- ▶ Nehmen Sie unangenehme Gefühle wahr, und verabschieden Sie sich von ihnen.
- ▶ Machen Sie sich nicht zu viele Gedanken im Vorfeld.
- ▶ Warten Sie nicht zu lange mit der Umsetzung! Akquise sollten Sie kontinuierlich durchführen und nicht erst, wenn es wirklich sein muss. Sie setzen sich sonst unnötig unter Druck.

Vorstellung, Akquise leicht gemacht

- ▶ Beginnen Sie mit einer leichten Aufgabe.
- ▶ Verbinden Sie sich mit Ihren Stärken.
- ▶ Formulieren Sie Ihren Elevator Pitch.
- ▶ Arbeiten Sie an Ausstrahlung, Erscheinungsbild und Auftreten.
- ▶ Achten Sie darauf, dass Sie nur Akquise-Maßnahmen durchführen, hinter denen Sie auch hundertprozentig stehen.
- ▶ Führen Sie diese rechtzeitig und kontinuierlich durch, bevor Sie sich selbst unter Druck setzen.
- ▶ Nutzen Sie meine Empfehlungen aus der Praxis.
- ▶ Trauen Sie sich! Mehr als ein Nein kann nicht passieren.

11 Hindernisse antizipieren

Bei komplexen Zielen wie der Karriereplanung wird es immer auch Hürden zu überwinden geben. Nehmen Sie deren Existenz an, und stellen Sie sich darauf ein. Überlegen Sie, wie Sie auf konkrete Hindernisse adäquat reagieren können.

11.1 Hürden akzeptieren

Wenn das Erreichen großer Dinge ganz einfach wäre, könnte es jeder tun. Finden Sie sich damit ab, dass Sie bei besonderen Ergebnissen, Aufgaben und Zielen auch auf Hindernisse stoßen. Geben Sie sich dafür nicht schon im Vorhinein gedanklich die Erlaubnis, »ausnahmsweise« vom ursprünglichen Plan abzuweichen. Solche Gedanken führen fast automatisch zum Scheitern. Überlegen Sie stattdessen, wie Ihre Strategie für derartige Fälle aussieht, etwa: »Ich halte an meinem Vorhaben fest, auch wenn es eine Planänderung gibt.«

Trotz bester Vorbereitung, Disziplin und zielstrebigem Vorgehen wird es vermutlich dennoch zu Rückschritten kommen. Das ist normal. Gehen Sie deshalb nicht zu hart mit sich ins Gericht, sondern machen Sie trotz des Ausrutschers weiter. Bei großen Zielen kommt es vor, dass Sie drei Schritte vor und wieder zwei zurück gehen. Lernen Sie, Ihr Vorhaben aus der *Metaebene* zu betrachten. Machen Sie sich stets klar, was ihr eigentlicher Ausgangspunkt ist, und positionieren Sie sich immer wieder neu. Wichtig ist allein, dass die Richtung stimmt.

Setzen Sie zur Überwindung von Hürden eine positive Selbstinstruktion ein. »Ich weiß, dass ich es schaffe.«, »Ich kann jederzeit weitermachen.«, »Meine Teilerfolge bringen mich Schritt für Schritt ans Ziel.« Erlauben Sie sich auch mal eine kurze Auszeit, wenn Sie beispielsweise neue Kraft tanken müssen oder es zeitlich nicht passt. Fahren Sie dann wieder motiviert mit der Umsetzung Ihres Ziels fort.

11.2 Hindernisse überwinden

Um Hindernisse zu überwinden, ist es sinnvoll, zu antizipieren, welche sich bei einem bestimmten Vorhaben wahrscheinlich in den Weg stellen könnten. Entwickeln Sie sogenannte »Wenn-dann-Pläne«, wie in Tabelle 11.1 beispielhaft aufgezeigt.

Wenn-dann-Pläne	
Auf dem Weg zu Ihrem Ziel kann es vorkommen, dass Sie Hindernisse überwinden müssen, und zwar:	Jedes Hindernis können Sie bezwingen. Wichtig ist dabei nur, dass Sie sich eine Lösung rechtzeitig überlegen:
Wenn ich bei dem bevorstehenden Teammeeting wieder von Kollege x unqualifiziert unterbrochen werde,	**dann** gehe ich erst mal auf Toilette, um mich zu sammeln und einen Abstand herzustellen. Danach fordere ich ihn auf, die Angelegenheit nach dem Meeting mit mir zu klären.
Wenn mal etwas nicht so klappt, wie gewünscht,	**dann** nehme ich es gelassen hin und suche nach Alternativen.
Wenn ich nicht gut drauf bin,	**dann** verschiebe ich mein Vorhaben auf einen passenden späteren Zeitpunkt.
Wenn ich krank bin,	**dann** kuriere ich mich zunächst aus.
Wenn:	**dann**:

Tabelle 11.1: Wenn-dann-Pläne (Quelle: Knörzer et al. 2011, S. 146) [96]

Das sind nur einige Beispiele. Beschäftigen Sie sich damit, was alles passieren kann, und treffen Sie die entsprechenden Vorbereitungen. Je gefasster Sie mit Hindernissen umgehen können, desto schneller kommen Sie zurück auf Zielkurs. Betrachten Sie des Weiteren Ihre Glaubenssätze.

11.3 Glaubenssätze

Nach Robert Dilts [97] sind *Glaubenssätze* Meinungen und Überzeugungen, die uns selbst und unsere Wahrnehmung der Welt betreffen.

Wir haben sie in erlebten Situationen gebildet oder auch von anderen übernommen. Häufige Glaubenssätze sind:

- »Ich bin nicht gut genug.«
- »Das kann ich nicht.«
- »Es ist mir wichtig, was andere von mir denken.«
- »Bescheidenheit ist eine Zier.«
- »Erst die Arbeit, dann das Vergnügen.«
- »Geld allein macht nicht glücklich.«
- »Ohne Fleiß kein Preis.«
- »Schuster, bleib bei deinen Leisten.«
- »Ich bekomme keine Anerkennung.«
- »Alle Verantwortung liegt nur bei mir.«
- »Was Hänschen nicht lernt, lernt Hans nimmermehr.«
- »Lieber den Spatz in der Hand als die Taube auf dem Dach.«
- »Sei zufrieden mit dem, was du hast.«
- »Geld regiert die Welt.«
- »Ich habe keine Zeit.«
- »Die anderen haben es leichter.«
- »Das Leben ist ungerecht.«

Welche Überzeugungen haben Sie im Laufe Ihres Lebens erworben, welche Glaubenssätze von Ihren Eltern gehört oder als verdeckte Botschaft mitbekommen? Stimmen diese Glaubenssätze auch heute noch, oder können wir sie einfach über Bord werfen? In erster Linie geht es darum, den Glaubenssatz aufzuspüren, der Sie in irgendeiner Art und Weise negativ beeinträchtigt. Finden Sie ihn heraus, machen Sie ihn sich bewusst, um ihn dann gebührend zu verabschieden. Vielleicht hilft es Ihnen, den Satz umzuformulieren; vielleicht sitzt er tiefer, und Sie brauchen dabei Hilfe von außen – oder es geht ganz einfach. Probieren Sie es aus!

So, wie es beschränkende Glaubenssätze gibt, existieren aber auch unterstützende Sätze, sogenannte *Affirmationen*. Es folgen exemplarisch einige positive Glaubenssätze, die Ihnen einen gewissen Halt und ein Gefühl von Sicherheit geben können. Suchen Sie sich einen aus, und schreiben Sie ihn auf eine schöne Karte, die Sie zum Beispiel neben Ihrem Computerbildschirm platzieren:

- »Ich bin okay so, wie ich bin.«
- »Ich schaffe das.«
- »Ich mache es so gut, wie ich kann.«
- »In der Ruhe liegt die Kraft.«
- »Es gibt für alles eine gute Lösung.«
- »Ich nehme mir die Zeit, die ich brauche.«
- »Ich bin ganz im Vertrauen.«
- »Jeder Fehler ist eine Lösungsmöglichkeit.«
- »Kein Mensch ist perfekt.«
- »Geld bewirkt viel Gutes.«
- »Ich nehme mich so an, wie ich bin.«
- »Ich habe bereits viele Erfolge erzielt.«
- »Ich mache es zuerst mir recht.«
- »Ich muss den anderen nicht immer gefallen.«
- »Erfolg ist, was ich unter Erfolg verstehe.«
- »Es darf leicht gehen.«
- »Keiner kann alles.«
- »Ich gehe in meinem Tempo.«

Jeder gestaltet seine Wirklichkeit selbst. Es hält genau die Situation in Ihrem Leben Einzug, auf die Sie fokussieren.

> **Worauf lege ich in Zukunft meinen Fokus?**
>
> Ein alter Indianer saß mit seinem Enkelsohn am Lagerfeuer. Es war schon dunkel geworden, und das Feuer knackte, während die Flammen in den Himmel züngelten.
>
> Der Alte sagte nach einer Weile des Schweigens: »Weißt Du, wie ich mich manchmal fühle? Es ist, als ob da zwei Wölfe in meinem Herzen miteinander kämpfen würden. Einer der beiden ist rachsüchtig, aggressiv und grausam. Der andere hingegen ist liebevoll, sanft und mitfühlend.«
>
> »Welcher der beiden wird den Kampf um dein Herz gewinnen?«, fragte der Junge.
>
> »Der Wolf, den ich füttere«, antwortete der Alte.
>
> (Quelle unbekannt)

11.4 Sich und anderen verzeihen

Haben Sie – wie wir alle – auch ein paar unerledigte Baustellen? Gibt es Erlebnisse, die Sie gern ungeschehen machen würden? Fragen Sie sich: Warum musste mir so etwas passieren?

Es kann sich hier um eine nicht bestandene Prüfung, den Vertrauensbruch eines nahestehenden Menschen, fehlende Unterstützung, Trennungen, Verluste, Kündigungen, Geldangelegenheiten oder Verletzungen jeder Art handeln. Welche Konsequenzen hat es, wenn wir nicht verzeihen können? Unsere Gedanken und Gefühle kreisen um das Ereignis: Wir stellen es uns immer wieder vor und grämen uns. Fragen Sie sich stattdessen: »Was ist mein Anteil an der Geschichte? Was habe ich dazu beigetragen?« Versetzen Sie sich auch in die Lage der anderen beteiligten Personen. Können Sie deren Verhalten nachvollziehen?

Vergeben Sie zuerst sich selbst, dann allen anderen Beteiligten. Ziehen Sie einen Schlussstrich unter die ganze Geschichte. Wenn Sie anderen verzeihen, dann tun Sie es um ihretwillen: Sie werden merken, dass Ihnen plötzlich ganz viel neue Energie für sinnvolle Dinge zur Verfügung steht.

Deutsches Sprichwort

»Vergebung ist ein Geschenk, das wir uns selbst machen.«

(Quelle: unbekannt)

Umgang mit Hindernissen

- ▶ Verlieren Sie keine Zeit damit, sich über das Auftreten von Hindernissen zu wundern.
- ▶ Keine Angst vor neuen Herausforderungen!
- ▶ Füttern Sie nicht den Wolf der Hindernisse.

Ihr Fokus

- ▶ Räumen Sie mit alten Überzeugungen und Mustern auf.
- ▶ Arbeiten Sie mit »Wenn-dann-Plänen« und positiven Affirmationen.
- ▶ Lernen Sie, zu verzeihen – sich und allen Beteiligten.

- ▶ Planen Sie Hindernisse ein und gehen Sie aktiv mit ihnen um!
- ▶ Konzentrieren Sie sich auf Wünschenswertes.

12 Der Einstieg zu Ihrem Traumjob

In diesem Kapitel erfahren Sie, wie die heutige Jobsuche, bestimmt von Meta-/Jobbörsen und digitalen Lebensläufen, funktioniert. Des Weiteren erhalten Sie einen Überblick zum Angebot von IT-Ausbildungsplätzen und wichtige Aspekte für die richtige Studienwahl. Führende Experten geben Ihnen dazu wertvolle Tipps.

12.1 Jobsuche

Herkömmliche Stellenausschreibungen über Zeitungen werden mehr und mehr von Online-Datenbanken abgelöst. Mittlerweile werden ausschließlich Onlinebewerbungen von vielen Unternehmen, gerade auch in der IT-Branche, akzeptiert. Möglichkeiten, einen geeigneten Job zu finden sind u. a.:

- Vereine, Verbände,
- Veranstaltungen,
- Recruiter,
- Datenbanken,
- Unternehmenshomepages,
- Vorträge,
- Messen,
- Fachzeitschriften,
- Initiativbewerbungen,
- YouTube-Videos,
- Social Media,
- Netzwerke,
- Praktika, Nebenjobs,
- Freunde, Bekannte,
- Engagement,
- ... (Seien Sie einfallsreich!).

Die Chancen auf einen neuen Job sind zahlreich. Nutzen Sie kreative Impulse. Erinnern Sie sich z. B. noch an den jungen Mann, der in Hamburg per Plakatierung einen neuen Job gefunden hat?

Christian Steeg (siehe Abbildung 12.1) gibt uns einen Einblick, worauf die Hays AG (siehe *http://www.hays.de*) als weltweit führender Personaldienstleister bei der Vermittlung von Spezialisten achtet. Er stieg im Jahr 1997 in das Personaldienstleistungsunternehmen ein und ist dort heute Prokurist und Bereichsleiter im Bereich Contracting, was bedeutet, dass er Freiberufler für konkrete Projekte vermittelt.

Abbildung 12.1: Christian Steeg

Christian Steeg, Hays AG (persönliches Interview, geführt von Verfasserin, Juli 2015)

MF: Herr Steeg, Sie sind Director Contracting und Prokurist bei der Hays AG. Was sind die Besonderheiten des Contractings in Abgrenzung zur Arbeitnehmerüberlassung und Projektarbeit?

CS: Das lässt sich ganz klar abgrenzen. Der Freiberufler, wie der Begriff schon sagt, ist frei in der Art und Weise, wie er sich die Aufgaben einteilt. Freiberufler, respektive Contracter, wie die Business-Partner bei Hays genannt werden – unterliegen keiner disziplinarischen Weisung. Also eine abgegrenzte Aufgabe, die aber in einem hohen Maße eigenständig vom Contracter erledigt wird. Bei der Arbeitnehmerüberlassung hingegen unterliegt der eingesetzte Spezialist der disziplinarischen Weisungen des Kunden. Das bedeutet, hier werden die eingesetzten Mitarbeiter wie normale Arbeitnehmer behandelt und entsprechend in die Arbeitsorganisation integriert. Während der dort eingesetzte Zeitarbeitsspezialist Anweisungen ausführt, agiert der Freiberufler in eigenständiger Projektarbeit.

Der Contracter bringt durch seine weitreichende Projekterfahrung bei verschiedensten Kundenprojekten eine hohe Qualifizierung mit, wohingegen der Erfahrungsschatz bei der Arbeitnehmerüberlassung häufig noch nicht in der Tiefe gegeben ist. Projektarbeit im Sinne von Hays bedeutet eine flexible Bewältigung eines klaren Auftrags. Nach dem Abschluss eines Kundenprojektes werden für den Contracter neue, passgenaue Projekte akquiriert. Der Kunde kauft sich das spezielle Know-how des Contracters für ein Projekt ein. Intern gibt es bei Hays eine scharfe Abgrenzung der Tätigkeiten. Dabei werden zwei Aufgabenstellungen unterschieden: die fokussierte für den Aufgabenbereich »Temp – Zeitarbeit« und die klare für den Aufgabenbereich »Contracting«. Sie bestimmen, auf welche Art und Weise Hays die Vertragsform anbietet. Im Innenverhältnis wird der Vertrieb so gesteuert, dass eine zielgerichtete Kundenansprache erfolgt und der Kunde stets den richtigen Hays-Kollegen als Ansprechpartner hat.

MF: Sie rekrutieren weltweit für Organisationen die passenden Spezialisten. Wie sollten sich IT-Spezialisten nach Ihrer Erfahrung positionieren, um gut bei potenziellen Arbeitgebern anzukommen?

CS: Elementar wichtig ist das CV (Curriculum Vitae) mit einer dedizierter Beschreibung von Aufgabendarstelllungen, den begegneten Herausforderungen und ihrer Bewältigung. Da der Kunde Expertenwissen benötigt, ist die klare und übersichtliche Darstellung der technologische Ausprägung und speziellen Skills notwendig. Außerdem sollte aus der Vita ersichtlich sein, inwieweit das Skillgebiet generalisiert für alle oder spezifisch für bestimmte Branchen eingesetzt werden kann. In der Summe ist ein zu langes CV besser als ein zu kurzes, wobei insbesondere genauer auf die relevanten Erfahrungen der letzten drei Jahre eingegangen werden sollte.

Anhand der Projekte aus den letzten 18 Monaten ergibt sich die Rolle, in der sich der Contracter gerade bewegt. Zudem leiten sich hieraus die gesuchten Soft Skills ab, die er im Zuge der augenblicklichen Rolle einnimmt.

Für Bewerber ohne Projekterfahrung und Absolventen der Hochschule gestaltet sich der Einstieg in das Contracting eher herausfordernder, da der Kunde nach Erfahrungsschatz und Expertenwissen sucht. Freiberufler, die bereits für das eine oder andere Unternehmen gearbeitet haben, bringen Projekterfahrung mit und sind darum gefragter.

MF: Wie finden Interessenten den richtigen Ansprechpartner? Was empfehlen Sie IT-Absolventen und IT-Experten für ihre berufliche Laufbahn?

CS: Auf der einen Seite haben wir ein zentrales Rekrutierungsmanagement. Auf der andere Seite haben sich innerhalb von Hays feste Ansprechpartnerbeziehungen entwickelt, sodass viele Spezialisten auf Hays-Kollegen zugehen, die zielgerichtet alles Weitere in die richtigen Bahnen lenken.

Analog zur generellen Empfehlung beim Kauf eines Hauses: »Lage – Lage – Lage!« lautet die Empfehlung im Contracting-Business: »Erfahrung – Erfahrung – Erfahrung!« Der Erfahrungsschatz und das daraus resultierende Expertenwissen sind der Marktwert des Contracters!

MF: Wie führen Sie ein passgenaues *Matching* zwischen Organisation und Jobsuchendem durch?

CS: Die passgenaue Suche ist durch ein ausgefeiltes Rekruitingmanagement – das RKM – möglich. Dieses sorgt dafür, dass die Profile im Datenbanksystem aktualisiert werden. Das Expertenwissen wird scharf skalierbar festgehalten und stets auf den Prüfstand gestellt. Zudem erfolgt ein regelmäßiger Austausch während der Projekte.

Ergo: Unglaublich viele Informationen fließen skaliert in das Datenbanksystem ein und aggregieren sich zu einem klarem Profil. Mittels ausgefeilter Suchalgorithmen generiert sich der perfekte Match. Ferner werden hier auch die immer mehr im Fokus stehenden Compliance-Anforderungen abgebildet.

MF: Was empfehlen Sie ITlern generell – ein Motto, ein Ratschlag, ein Leitspruch?

CS: Im Contracter-Business ist Transparenz in der Zusammenarbeit unabdinglich. Wie das Sprichwort »Man sieht sich immer zweimal im Leben« sagt, sollte man sich grundsätzlich immer fair und offen gegenüber der Agentur verhalten. Ohne Ehrlichkeit und Fairness wird ein Freiberufler sich am Markt limitieren. Wie auch in zahlreichen anderen Branchen haben die Fairplayer eine hohe Transparenz auf dem Markt gegenüber den Non-Fairplayern.

Für jeden entsprechend ausgebildeten Erwerbstätigen gibt es in der IT-Branche Beschäftigungsmöglichkeiten, die zu ihm passen. Datenbankbasiertes Rekruitingmanagement macht das Matching zwischen ITler und Unternehmen immer präziser und schneller. Transparenz und Fairness wirken sich für beide Seiten als prozessförderlich aus.

Das leisten Metajobbörsen

Metajobbörsen sind Suchmaschinen, die neben einer Vielzahl von Stellenbörsen oftmals auch die Karriere-Seiten von Unternehmen nach Stellenanzeigen durchforsten. Sie geben Ihnen schnell einen kompletten Überblick über den gesamten Online-Stellenmarkt. Dadurch erhalten Sie eine geeignete Hilfestellung, welche konkreten Suchmaschinen Sie im nächsten Schritt näher unter die Lupe nehmen sollten.

Vorteile von Metajobbörsen

- Ein Portal anstelle vieler erkunden,
- inklusive Angeboten direkt von Unternehmensseiten,
- in Sekundenschnelle umfassende Übersicht über aktuellen Online-Stellenmarkt,
- einfaches Handling,
- stets aktualisierte Ergebnisse auf einen Blick.

Tabelle 12.1 zeigt eine Auswahl gängiger Metasuchmaschinen für die Jobsuche in alphabetischer Reihenfolge:

Metajobbörsen	
Careerjet	www.careerjet.de
Cesar	www.cesar.de
eVITA	www.evita.de
iCjobs	www.icjobs.de
Indeed	www.indeed.de
Jobrapido	www.jobrapido.de
JobRobot	www.jobrobot.de
Jobbsafari	www.jobsafari.de
JOBSUMA	www.jobsuma.de
Jobturbo	www.jobturbo.de
Jobworld	www.jobworld.de
kimeta	www.kimeta.de
Jooble Arbeitsvermittlung	www.jooble-de.com
Worldwidejobs	www.worldwidejobs.de
Yovadis	www.yovadis.de

Tabelle 12.1: Metajobbörsen

Gelistet in Tabelle 12.2, finden Sie Metasuchmaschinen, die auch Jobangebote und Praktika von Unternehmensseiten aufführen. Sie können für Ihre weitere Recherche ebenfalls nützlich sein.

Jobbörsen	
Monster	www.monster.de
Jobpilot	www.jobpilot.de
Stepstone	www.stepstone.de
Jobstairs	http://www.jobstairs.de/jobchannels/it-spezialisten.html
Jobscout24	www.jobscout24.de
Jobware	www.jobware.de
Stellen-anzeigen	www.stellenanzeigen.de
Gigajob	www.gigajob.com
Stellenmarkt	www.stellenmarkt.de
IT-Jobs	www.it-jobs.de
Stellen Online	www.stellen-online.de/index.php/startseite.html
EDV-Branche	www.edv-branche.de/
Arbeitsagentur	www.jobboerse.arbeitsagentur.de
Rekruter	www.rekruter.de
Gartner	www.gartner.com
CIO	www.cio.de
Absolventa	www.absolventa.de/stellenangebote
Dice	http://de.dice.com/suchen/Informatiker-Job/de
ibusiness	http://www.ibusiness.de/jobs/
IT Jobboard	http://www.it-jobboard.de/
SAP-Experten	www.karriere-mit-spass.de
Academy Cube	www.academy-cube.com

Tabelle 12.2: Jobbörsen

Wo finde ich IT-Arbeitgeber?

▶ Laut BITKOM werden die 60 besten Arbeitgeber in der ITK-Branche für das Jahr 2015 unter: *www.greatplacetowork.de/siegerliste-baitk-2015* aufgeführt.

▶ Mithilfe der Unternehmensdatenbank »udaba« können Sie Unternehmen ganz speziell nach unterschiedlichen Suchbegriffen wie

Branche, Standort, Fachrichtung und Einsatzbereich filtern. Deutsche Unternehmen aus dem ITK-Bereich finden Sie unter: *www.udaba.de/branchen/it-telekommunikation/*.

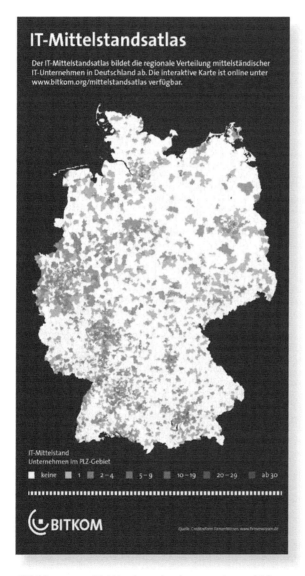

Abbildung 12.2: IT-Mittelstandsatlas 2014 (www.bitkom.org)

- Die beliebtesten IT-Arbeitgeber in Deutschland sind laut einer Umfrage bei Studenten und Absolventen der Fächergruppen Business, Engineering und Informatik in dieser Liste zu finden: *www.deutschlands100.de/top-arbeitgeber/ranking-it.html*.
- Wenn Sie sich eher für kleinere Unternehmen interessieren, liefert der *IT-Mittelstandsatlas* einen ersten Hinweis über mittelständische IT-Unternehmen (siehe Abbildung 12.2).

12.2 IT-Blogs

Im Internet hat sich rund um das Thema IT eine bunte Vielfalt an Blog-Angeboten entwickelt, die von aktuellen Techникneuerungen über rechtliche Aspekte bis hin zu (subjektiv) nennenswerten Zukunftstrends berichten – eine gute Möglichkeit, um auf dem Laufenden zu bleiben und hier und da auch eine Orientierung für die eigene Jobausrichtung zu erhalten. Spezifische Informationen können Sie über unterschiedliche IT-Blogs erhalten, die in Tabelle 12.3 thematisch untergliedert sind.

Blog	Internetadresse
IT & Technologie	
Caschys Blog	http://stadt-bremerhaven.de/
IT-Runde	http://it-runde.de/
IT-Tech-Blog	http://www.it-techblog.de/
Mit-Blog	http://mit-blog.de/
Mobile-Zeitgeist	http://www.mobile-zeitgeist.com/category/markte/statistiken/
Selbstständig im Netz	http://www.selbstaendig-im-netz.de/
TechFacts	http://www.techfacts.net/
Techhive	http://techhive.de/
Tobbis Blog	http://www.tobbis-blog.de/
Trends der Zukunft	http://www.trendsderzukunft.de/

Blog	Internetadresse
Social Media	
Allfacebook	*http://allfacebook.de/*
Basic Thing	*http://www.basicthinking.de/blog/category/social-media/*
Futurebiz	*http://www.futurebiz.de/*
PR-Blogger	*http://pr-blogger.de/*
Recht 2.0 – Internet, Social Media und Recht	*http://www.rechtzweinull.de/*
Social Media und Facebook Marketing Blog	*http://www.thomashutter.com/*
Gadgets	
Engadget	*http://de.engadget.com/*
Gizmodo	*http://www.gizmodo.de/*
Neuerdings	*http://neuerdings.com/*
New Gadgets	*http://www.newgadgets.de/*
Englische Blogs	
Mashable	*http://mashable.com/social-media/*
Tech Crunch	*http://techcrunch.com/*
TheVerge	*http://www.theverge.com/*
ZDNet	*http://www.zdnet.com/*

Tabelle 12.3: Interessante IT-Blogs

12.3 IT-Ausbildungsberufe

Wenn Sie einen IT-Ausbildungsberuf avisieren, dann gewährt Ihnen die Übersicht in Abbildung 12.3 einen ersten Einblick.

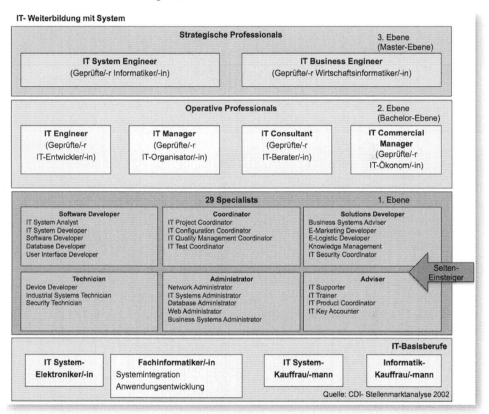

Abbildung 12.3: IT-Aus- und Weiterbildung (Quelle: Berufsstart und Karriere, S. 145) [98]

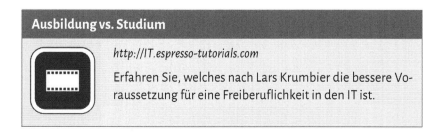

Ausbildung vs. Studium

http://IT.espresso-tutorials.com

Erfahren Sie, welches nach Lars Krumbier die bessere Voraussetzung für eine Freiberuflichkeit in den IT ist.

Sie sehen: Viele Wege führen nach Rom. Es existieren vier IT-Basisberufe, dargestellt in der unteren Ebene:

- ▶ IT-System-Elektroniker/-in,
- ▶ Fachinformatiker/-in,
- ▶ IT-System-Kauffrau/-mann,
- ▶ Informatik-Kauffrau/-mann.

Die erste Ebene umfasst 29 Spezialisierungen, die sich in sechs Bereiche zusammenfassen lassen:

- ▶ Software Developer,
- ▶ Coordinator,
- ▶ Solutions Developer,
- ▶ Technician,
- ▶ Administrator,
- ▶ Adviser.

In dieser Ebene kommen auch Quereinsteiger in die IT. Wenn Sie sich auf eines dieser Berufsbilder spezialisieren möchten, sollten Sie sich schon ziemlich sicher sein, dass das auch das Richtige für Sie ist. Machen Sie auf jeden Fall im Vorfeld ein Praktikum [99].

Die operative Ausrichtung in der zweiten Ebene wird durch die folgenden Berufsbilder gekennzeichnet:

- ▶ IT Engineer (Geprüfte/-r IT-Entwickler/-in),
- ▶ IT Manager (Geprüfte/-r IT-Organisator/-in),
- ▶ IT Consultant (Geprüfte/-r IT-Berater/-in),
- ▶ IT Commercial Manager (Geprüfte/-r IT-Ökonom/-in).

Berufserfahrene mit strategischer Ausrichtung finden Sie auf der dritten Ebene mit den Berufen:

- ▶ IT System Engineer (Geprüfte/-r Informatiker/-in),
- ▶ IT Business Engineer (Geprüfte/-r Wirtschaftsinformatiker/-in).

Die folgenden Internetseiten bieten für Ihre Berufsorientierung interessante Anregungen und wichtige weiterführende Informationen zu konkreten Berufsbildern, z. B.:

- www.it-berufe.de/,
- www.berufenet.de,
- www.berufsbildung.de,
- www.bmbf.de,
- www.azubi-azubine.de/berufswahl/neue-berufe.html,
- www.idee-it.de,
- www.mediengestalter.de,
- www.planet-beruf.de.

12.4 Studium und Weiterbildung

Laut Studien- und Berufswahl 2014/2015 ist Informatik die »Wissenschaft, Technik und Anwendung der automatischen/maschinellen Verarbeitung, Speicherung und Übermittlung von Daten und Informationen, insbesondere mithilfe von Computern.« Sie ist eng verknüpft mit der Mathematik und Elektrotechnik/Elektronik. Erste Informatikstudiengänge wurden 1969 in Karlsruhe, München und Wien gegründet. Mittlerweile gibt es mehr als 600 verschiedene Studienmöglichkeiten an Universitäten, Fachhochschulen und Berufsakademien. Die Kerninformatik gliedert sich in:

- Theoretische Informatik,
- Praktische Informatik,
- Technische Informatik,
- Angewandte Informatik.

Daneben geht es um sprachliche und visuelle Kommunikation, künstliche Intelligenz, Expertensysteme sowie Robotik. Es erfolgt eine Ausdifferenzierung nach diversen Anwendungsgebieten wie z. B. Medizin-, Bio-, Wirtschafts- oder Medieninformatik.

Die *Gesellschaft für Informatik e.V. (GI)* wurde 1969 in Bonn gegründet und ist die größte Fachgesellschaft für Informatik im deutschsprachigen Raum. Ihre rund 20.000 Mitglieder sind Informatiker, IT-Fachleute, Lehrende sowie Auszubildende und Studierende. Für alle IT-Interessierten ist ihre Homepage ein Muss: *http://www.gi.de*. Unter dem Link »Themen« gibt es viele nützliche Tipps, u.a. die kostenfreie Broschüre »Was ist Informatik?« zum Download [100].

»Einstieg Informatik« ist ein Projekt der Geschäftsstelle der Bundesweiten Informatikwettbewerbe in Zusammenarbeit mit dem Fakultätentag Informatik. Hinter dem Projekt stehen Köpfe aus Forschung, Entwicklung, Anwendung sowie Studium, Schule und Ausbildung. Die Domain heißt: *www.einstieg-informatik.de*. Unter dem Link »Studieren & Orientieren« bekommen Sie erste wichtige Informationen für ein Studium: Was kann ich wo in Deutschland unter welchen Voraussetzungen rund um das Thema »Informatik« studieren? Sie können nach Ort, Studienabschluss und Hochschule selektieren. Die Entscheidung, ob Universität oder Fachhochschule, sollten Sie nach persönlichen Voraussetzungen (wie z. B. Fachhochschul- oder Allg. Hochschulreife) entscheiden. Nachfolgende Rankings geben Ihnen Anhaltspunkte, welche Universitäten – exemplarisch für die Studienfächer Wirtschaftsinformatik in Tabelle 12.4 und Informatik in Tabelle 12.5 – führend sind.

Neben der Vermittlung von Theorie müssen Universitäten ihre Studenten auch auf das Berufsleben vorbereiten – wer das gut kann, zeigen die Rankings der Wirtschaftswoche (siehe Abbildung 12.4):

- ▶ Im Studiengang **Wirtschaftsinformatik** etwa liegen 2015 München, Köln, Dresden, Frankfurt a. M. und Darmstadt ganz vorne.

- ▶ Für **Informatik** gehört Karlsruhe als Pionierin der deutschen Universitäten schon seit Jahren weit oben im Ranking. Hier entstand 1972 die erste deutsche Fakultät für Informatik. Weitere Favoriten in 2015 waren München, Aachen und Berlin.

Wirtschaftsinformatik		
Rang	Universität	Hochschule
1	München (TU)	Technische Universität München (TU, staatlich) www.tum.de
2	Köln	Hochschule Bonn-Rhein-Sieg www.inf.fh-bonn-rhein-sieg.de
3	Dresden (TU)	Hochschule für Technik und Wirtschaft Dresden www.htw-dresden.de/fakultaet-informatikmathematik
4	Frankfurt a. M.	Goethe Universität Frankfurt a.M. http://www.uni-frankfurt.de/35791701
5	Darmstadt (TU)	Technische Universität Darmstadt (TU, staatlich) www.tu-darmstadt.de

Tabelle 12.4: Ranking Wirtschaftsinformatik (Quelle: www.wiwo.de) [101]

Informatik		
Rang	Universität	Hochschule
1	München (TU)	Technische Universität München (TU, staatlich) www.tum.de
2	Berlin (TU)	Technische Universität Berlin (TU, stattlich) www.tu-berlin.de
3	Aachen (RWTH)	Rheinisch-Westfälische Technische Hochschule Aachen (U, staatlich) www.rwth-aachen.de
4	München (LMU)	Ludwig-Maximilians-Universität München https://www.ifi.lmu.de
5	Karlsruhe (KIT)	Karlsruher Institut für Technologie (U, staatlich) www.kit.edu

Tabelle 12.5: Ranking Informatik (Quelle: www.wiwo.de) [102]

Diese Rankings basieren auf den Umfragen von *www.uni-vergleiche.de* und *www.wiwo.de*. Es handelt sich hierbei um repräsentative Ergebnisse. Bei den Universitäten hat sich an der Reihenfolge seit den letzten Jahren kaum etwas verändert.

Im Auftrag des BITKOM wurden 700 Geschäftsführer und Personaler zu den Chancen von Hochschulabsolventen für eine Einstellung befragt. Abbildung 12.4 zeigt, dass Master-Absolventen mit 52 Prozent am gefragtesten sind. Duale Studiengänge stehen mit 45 Prozent deutlich vor einem Bachelor-Abschluss mit 30 Prozent.

Abbildung 12.4: Chancenverteilung für Hochschulabsolventen nach Abschluss 2014 (www.bitkom.org)

Wie sich derzeit weibliche und männliche Studienanfänger und Auszubildende verteilen, sehen Sie in Abbildung 12.5.

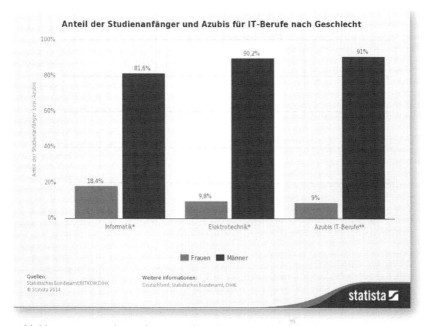

Abbildung 12.5: Studienanfänger und Azubis der IT-Berufe nach Geschlecht 2014 (Quelle: www.statista.com)

Während bei den Auszubildenden in IT-Berufen Frauen gerade mal mit 9 Prozent vertreten sind, lässt sich beim Studiengang Informatik in den letzten Jahren ein deutlicher Anstieg des Frauenanteils auf gut 18 Prozent verzeichnen. Im Vergleich dazu sind weibliche Studenten im Studiengang Elektrotechnik mit 9 Prozent deutlich unterrepräsentiert.

Eine Kombination aus Studium und Ausbildung bietet ein **duales Studium**. Hier wechseln sich Theorie- und Praxisphasen ab. Wenn Sie diesen Weg einschlagen wollen, benötigen Sie mindestens die Fachhochschulreife und in Baden-Württemberg zusätzlich einen Studierfähigkeitstest. Da Bildung von den jeweiligen Bundesländern gestaltet wird, sollten Sie die genauen Voraussetzungen an Ihrem Wunschort prüfen.

Nähere Informationen finden Sie unter

- *www.studienwahl.de,*
- *www.ausbildung-plus.de,*
- *www.wegweiser-duales-studium.de,*
- *www.hochschulkompass.de.*

Studienführer Deutschland

Genauere Informationen finden Sie in dem offiziellen Studienführer Deutschland »Studien- & Berufswahl«, der von den Ländern und der Bundesagentur für Arbeit immer wieder aktualisiert herausgegeben wird.

http://www.studienwahl.de/de/bestellen.htm

Abschließend möchte ich zwei führenden IT-Wissenschaftler das Wort erteilen. Sie werden Ihnen nun aus männlicher und weiblicher Sicht Ihre Erfahrungen zu den besten Startchancen in die IT-Welt vermitteln:

Prof. Dr.-Ing. Peter Liggesmeyer (siehe Abbildung 12.6) ist Inhaber des Lehrstuhls für Software Engineering: Dependability an der TU Kaiserslautern. Er leitet seit 2015 das Fraunhofer-Institut für Experimentelles Software Engineering (IESE). Seit 2014 ist er Präsident der Gesellschaft für Informatik (GI) e.V., der größten Informatikfachvertretung im deutschen Sprachraum. Er engagiert sich zudem als Mitglied des Wissenschaftlichen Beirats der Plattform »Industrie 4.0«.

Seit mehr als 25 Jahren ist Professor Liggesmeyer ein gefragter Dozent von Industrieseminaren und berät viele Institutionen auf Landes- und Bundesebene in technologischen Fragestellungen. Als Mitglied der Plattform »Sicherheit, Schutz und Vertrauen für Gesellschaft und Wirtschaft« des Nationalen IT-Gipfels beschäftigt er sich vertieft mit dem Kernthema IT-Sicherheit. Neben weiteren wissenschaftlichen Auszeichnungen wurde Professor Liggesmeyer mit dem Software-Engineering-Preis der Ernst-Denert-Stiftung geehrt.

Abbildung 12.6: Professor Dr.-Ing. Peter Liggesmeyer

Prof. Dr.-Ing. Peter Liggesmeyer (persönliches Interview, geführt von Verfasserin, Juli 2015)

MF: Herr Professor Dr. Liggesmeyer, Sie sind u. a. Geschäftsführer des Fraunhofer-Instituts für Experimentelles Software Engineering IESE in Kaiserslautern. Was würden Sie aus Ihrer Erfahrung Menschen empfehlen, die in der IT-Branche Karriere machen wollen? Wann ist aus Ihrer Sicht ein Informatikstudium zu empfehlen?

Prof. Liggesmeyer: Der heute sicherlich beste Weg zu einer Karriere in der IT-Branche ist ein Informatikstudium. Dieses kann von Studierenden, die stärker wissenschaftlich interessiert sind, an Universitäten und von stärker praktisch ausgerichteten Studierenden an einer Hochschule für angewandte Wissenschaften absolviert werden. Sicherlich gibt es an einigen Standorten auch andere Studienrichtungen mit einem hohen Informatikanteil. Das ist in Deutschland insbesondere in manchen Elektrotechnikstudiengängen der Fall. Ein Seiteneinstieg in die IT-Branche aus einem weit entfernten Studienfach empfiehlt sich heute nicht mehr. Neben der klassischen IT-Branche gibt es in praktisch allen anderen Branchen zahlreiche Betätigungen für Informatiker. Das Fach Informatik erfordert mathematische Grundkenntnisse und den Wunsch, die Arbeitsweise und die Strukturen von Computern zu verstehen. Darüber hinaus ist die Fähigkeit zu strukturiertem methodischen Arbeiten und zur Kommunikation mit Menschen erforderlich. Informatik ist deutlich mehr als Programmieren.

MF: Als Präsident der GI e.V. setzen Sie sich für das Ziel ein, die Informatik zu fördern. Welche Medien empfehlen Sie Interessierten? Was kann der Nachwuchs eigenständig für eine positive Entwicklung der beruflichen Laufbahn tun?

Prof. Liggesmeyer: Ich empfehle jedem, der seine berufliche Heimat in der Informatik sieht – insbesondere aber jungen Menschen, die sich aktuell orientieren – eine Mitgliedschaft in der Gesellschaft für Informatik, der Fachgesellschaft für Informatik in Deutschland mit ca. 20.000 Mitgliedern. Sie deckt die Informatik und ihre Anwendungen in großer Breite ab und bietet daher eine ideale Plattform für die Gewinnung von Informationen zu praktisch allen Informatik-relevanten Fragestellungen. Selbstverständlich können viele Informationen auch im Internet gefunden werden. Einen Ersatz für das persönliche Gespräch in einer Gruppe von Menschen, die gemeinsame Interessen haben, bildet das jedoch nicht. Die Gesellschaft für Informatik bildet quasi einen Kristallisationskern für Informatikfragestellungen. Sie gestattet es Interessierten, jeweils relevante Medien für ihren Bereich zu identifizieren.

MF: Was sind aus Ihrer Sicht die zukünftig wichtigsten Entwicklungen und Berufe der Zukunft in der Informatik?

Prof. Liggesmeyer: Die wohl wichtigste Entwicklung im Zusammenhang mit Informatik ist das Zusammenwachsen von Systemen und Teilbereichen, die in der Vergangenheit getrennt voneinander existierten. Wir sehen querschneidend ein Eindringen von Informatik in alle Lebensbereiche. Für Informatiker bietet das die Möglichkeit, sich in sehr unterschiedlichen Anwendungsfeldern zu betätigen. Es erfordert aber auch eine Expertise in den Anwendungsbereichen selbst. Es ist abzusehen, dass wir in Zukunft Informatiker benötigen werden, die neben profunden Kenntnissen in der Informatik selbst Wissen aus Anwendungsbereichen mitbringen. Ich empfehle Studierenden der Informatik daher, bereits während des Studiums Angebote zu nutzen, die einen »Blick über den Tellerrand« ermöglichen.

Die Positionen von Prof. Liggesmeyer lassen sich wie folgt zusammenfassen: Ein Informatikstudium ist der beste Einstieg in die IT-Branche. Darüber hinaus sind Methodenkompetenz und Kommunikation wichtig. Die Gesellschaft für Informatik e.V. dient als erste Anlaufstelle für IT-Interessierte. Neu ist, dass die Informatik Einzug in alle Lebensbereiche hält. Schon während des Studiums sollten daher die Augen auch für andere Bereiche offen gehalten werden.

Frau Prof. Dr. Claudia Eckert leitet seit Ende 2008 den Lehrstuhl für Sicherheit in der Informatik an der TU München. Ihr Forschungsschwerpunkt ist die methodische Absicherung technischer Systeme gegen gezielt herbeigeführte Angriffe. Das Spektrum reicht von ressourcenschwachen, zeitkritischen Systemen über Netzwerke und Betriebssysteme bis hin zu Anwendungen und Geschäftsprozessen. Seit 2001 ist Prof. Eckert Direktorin des Fraunhofer Institutes für Sichere Informationstechnologie (SIT). Als Mitglied verschiedener nationaler und internationaler wissenschaftlicher Gremien berät sie Unternehmen, Wirtschaftsverbände und die öffentliche Hand in allen Fragen der IT-Sicherheit. In Fachgremien wirkt sie an der Gestaltung der technischen und wissenschaftlichen Rahmenbedingung in Deutschland sowie an der Ausgestaltung wissenschaftlicher Förderprogramme auf europäischer Ebene mit.

Professor Eckert zählt zu den führenden Experten auf dem Gebiet der IT-Sicherheit. Mehrere Ministerien sowie öffentliche Institutionen vertrauen bei der Entwicklung und Umsetzung von Forschungsstrategien auf ihre Einschätzungen und Kompetenzen. Sie wurde mit dem Preis »Deutschlands Digitale Köpfe« für ihren Einsatz geehrt und gilt als herausragendes Vorbild, insbesondere auch für Frauen mit Ambitionen in den Naturwissenschaften.

Abbildung 12.7: Prof. Dr. Claudia Eckert

Prof. Dr. Claudia Eckert (persönliches Interview, geführt von Verfasserin, September 2015)

 MF: Frau Professor Eckert, Sie sind u. a. verantwortlich für den Lehrstuhl für Sicherheit in der Informatik an der TU München. Was würden Sie aus Ihrer Erfahrung Menschen empfehlen, die in der IT-Branche Karriere machen wollen?

Prof. Eckert: Grundsätzlich empfehle ich eine breit aufgestellte IT-Ausbildung. Letztendlich gibt es eine Vielzahl an spezifischen Domänen für ITler, in denen zunächst einmal methodisches IT-Wissen notwendig ist. Beispielsweise wird mehr und mehr IT-Wissen in der medizinischen

Branche oder im Schnittbereich Mensch – Maschine – Interaktion benötigt. Zusätzlich ist es empfehlenswert, sich hier möglichst frühzeitig vorzubereiten und sich mit den Anforderungen der spezifischen Domänen vertraut zu machen. Es ist also wichtig, einerseits eine Grundlagen-IT-Ausbildung zu absolvieren, andererseits aber auch, Expertenwissen für einen Fachbereich aufzubauen. Sind Sie bereits Experte, so rate ich, sich immerzu aus der eigenen Komfortzone herauszubewegen und Herausforderungen anzunehmen. Ein neues thematisches Fachgebiet oder die Übernahme von Managementverantwortung beispielsweise geben jedem IT-Spezialisten die Chance, sich weiterzuentwickeln. Genau diese Einstellung, flexibel zu reagieren und Neues anzugehen, macht einen Bewerber für große Unternehmen interessant.

MF: Gibt es für die Zielgruppe Frauen bestimmte Erfolgsfaktoren, die es zu beachten gilt?

Prof. Eckert: Viele Frauen neigen dazu, schüchtern zu sein und wenig selbstbewusst aufzutreten. Ich rate daher jeder Frau, mehr auf die eigenen Fähigkeiten zu vertrauen und nicht immer den leichtesten, einfachsten Weg zu wählen. Mut und Risikobereitschaft im Umgang mit neuen Herausforderungen zähle ich zu großen Erfolgsfaktoren.

Außerdem sollte sich jede Frau, die eine Karriere anstrebt, mit ihrem Umfeld vertraut machen. Die männliche Mentalität in der IT-Branche sollte zwar nicht nachgelebt, aber dennoch gut verstanden werden. Es nützt viel, das Agieren der Männer einschätzen zu können und dieses Wissen im Umgang mit Mitarbeitern aktiv anzuwenden. Beispielsweise können Männer oftmals mit direkten, klaren Ansagen ohne viel Interpretationsspielraum besser umgehen – es gilt hier also, die Kommunikation anzupassen. Die Fähigkeit zum Netzwerken können wir Frauen uns von den Männern abschauen. Alle erfolgreichen Männer haben Mentoren und gute Kontakte, die ihnen Förderungsmöglichkeiten bieten, die sie benötigen.

Mein abschließender Rat: Obwohl es wie gesagt nützlich ist, sich auf das Umfeld einzustellen und Erfolg versprechendes Verhalten aktiv wahrzunehmen, sollte man es auf keinen Fall eins zu eins kopieren! Authentizität ist der wohl wichtigste Erfolgsfaktor.

MF: Als Leiterin des Fraunhofer AISEC (Research Institutions for Applied and Integrated Security) unterstützen Sie Unternehmen aller Branchen bei der Absicherung ihrer Systeme, Infrastrukturen und Angebote. Darüber hinaus beraten Sie Ministerien und die öffentliche Hand auf nationaler und internationaler Ebene bei der Entwicklung von Forschungsstrategien und der Umsetzung von Sicherheitskonzepten. Wie sicher sind unsere IT-Konzepte in Deutschland, und welche Themen sind für ITler von Bedeutung?

Prof. Eckert: Sicherheit ist nichts Statisches, sondern muss von Fall zu Fall analysiert werden. Schließlich ist nicht für jede Art von System dieselbe Stufe an Sicherheit und dasselbe Sicherheitskonzept erforderlich und umsetzbar – wichtig ist, wogegen etwas abgesichert und welcher Wert geschützt werden soll. Sicherheitssysteme müssen also spezifisch abgestimmt werden. Heutzutage werden unterschiedliche Sicherheitsmaßnahmen oft gestaffelt angewandt.

Selbstverständlich ist nicht zu leugnen, dass es Sicherheitslücken gibt. Ein Hauptgrund der Schwächen heutiger IT-Systeme liegt in der Software-Entwicklung. Hier wird das Thema Sicherheit nicht von Anfang an konsequent mitbedacht. Häufig wenden sich die ITler erst zum Ende des Projekts der Datensicherheit und anderen sicherheitsrelevanten Fragestellungen zu und bessern im Nachhinein nach. Dass Sicherheit in solchen Fällen nicht ein Hauptkriterium, sondern als Add-on gesehen wird, ist problematisch.

Eine Gefahr für die Sicherheit steckt zudem in der zunehmenden Vernetzung, der Digitalisierung, dem Internet 4.0 und dem Internet of Things, und zwar sowohl im beruflichen als auch im privaten Alltag. Beispielsweise bringt das Smart-TV durch weitere Optionen gewiss einige Vorteile. Gleichzeitig birgt es aber auch die Gefahr, mit solchen Neuerungen leichtsinnig umzugehen und Sicherheitsaspekte nicht genügend zu berücksichtigten – neue Formen der Technologien bedürfen auch immer einer neuen Achtsamkeit im Umgang mit ihnen.

Die Daten, die beispielsweise bei selbst fahrenden Autos in Echtzeit benötigt werden, um das Fahren sicher zu gestalten, stellen neue Herausforderungen an die IT. Ebenso das Thema taktiles Internet, bei welchem man sich auf den Datentransfer ohne große Zeitverzögerung verlassen können muss, um beispielsweise Tele-Medizin zu ermöglichen. All diese zukunftsträchtigen Gebiete erfordern einen größeren Fokus auf das Thema Sicherheit, dem sich die IT-Welt stellen muss.

MF: Was war, beruflich gesehen, Ihr größter Erfolg? Und wie haben Sie diesen erreicht?

Prof. Eckert: Die Kombination aus meiner derzeitigen Professur an der TU München und der Gründung des Fraunhofer Instituts ist definitiv mein größter Karriereerfolg. Der Ruf an die Universität basiert auf langjähriger, erfolgreicher Arbeit im Vorfeld – gute Arbeit zahlt sich letztendlich immer aus. Und für die Leitung des Fraunhofer AISEC Instituts kam zu meinem Fachwissen, das ich mir sowohl in der Tiefe als auch in der Breite angeeignet habe, noch das Wissen aus Weiterbildungen und Management hinzu. Ich habe meinen oben genannten Tipp, immerzu die eigenen Grenzen zu überschreiten und Herausforderungen anzunehmen, beherzigt. Ich habe nie davor zurückgescheut, meine Komfortzone zu verlassen, selbst wenn es im ersten Augenblick schmerzhaft oder beängstigend war. Und diese Einstellung hat mir geholfen, dahin zu kommen, wo ich heute stehe.

MF: Wie schätzen Sie die Entwicklung der deutschen IT-Branche in den nächsten Jahren ein?

Prof. Eckert: Für diese Einschätzung möchte ich zwischen Kern-IT-Unternehmen und branchenfremden Unternehmen, die immer mehr IT-Wissen benötigen, unterscheiden. Schon bei den Kern-IT-Unternehmen, die Software entwickeln und andere klassische IT-Produkte herstellen, bewerte ich die Zukunft für angehende ITler sehr positiv. Die Trends der letzten Jahre waren stets positiv, und daran wird sich auch in den nächsten Jahren nicht viel ändern. Vor allem aber in den Anwendungsbranchen der IT sehe ich großes Potenzial. Siemens zum Beispiel arbeitet schon heute mit mehr Softwareentwicklern als SAP – gerade hier ist der Zukunftsmarkt sicherlich sehr vielversprechend.

Als Kernbotschaften lassen sich extrahieren: Neben der IT-Grundausbildung sollten Sie sich frühzeitig ein Expertenwissen jenseits der Komfortzone aufbauen. Ein guter Mentor kann Sie dabei unterstützen. Männer greifen oft auf ein funktionierendes Netzwerk zurück, Frauen sind dabei, es zu lernen. Beherzigen Sie das Überschreiten der eigenen Grenzen, und suchen Sie bewusst unsicheres Terrain. Achten Sie darauf, dass Authentizität den wichtigsten Erfolgsfaktor darstellt.

Halten Sie Balance!

- ▶ Erst informieren, dann wirken lassen und später entscheiden.
- ▶ Nicht vorschnell aufgeben, beharrlich bleiben.
- ▶ Sich fordern, aber nicht überfordern.

Gestalten Sie Ihre IT-Karriere!

- ▶ Kontakt, Kontakt, Kontakt!
- ▶ Besinnen Sie sich auf Ihre Stärken.
- ▶ Treten Sie selbstbewusst auf.
- ▶ Riskieren Sie etwas.
- ▶ Schlagen Sie dabei einen authentischen Weg ein.
- ▶ Suchen Sie nach kreativen Möglichkeiten.
- ▶ Gehen Sie an Ihre Grenzen.
- ▶ Denken Sie an ungewöhnliche Herangehensweisen.

13 Die eigene Perspektive

In diesem Überblick werden wichtige Aspekte und Erkenntnisse gebündelt: Finden Sie Ihre ganz individuelle Perspektive zum Umgang mit dem Thema Karriere.

Die ITK-Branche ist eine kurzlebige Branche, die ständigen Veränderungen unterworfen ist. Deshalb ist es für Sie wichtig, zu lernen, mit diesen ständigen Neuerungen umzugehen. Was brauchen Sie dazu? Eine stets aktuelle Recherche ist unerlässlich – ganz unabhängig davon, was gerade Ihr angestrebtes Ziel ist. Sie sollten flexibel und aufgeschlossen mit Ihrer Situation umgehen. Vielleicht ist es sinnvoll, einen kompetenten Berater zu konsultieren?

Die Meinungen der Experten lassen sich wie folgt auf den Punkt bringen:

- Die ITK-Branche boomt.
- Arbeitsplätze sind reichlich vorhanden und können freier gestaltet werden.
- Eine solide Grundausbildung mit stetiger Weiterbildung ist Basis einer guten Karriere.
- Weiche Faktoren werden immer wichtiger.
- Selbstbewusstsein ohne Übertreibung kommt gut an.
- Auch der Arbeitnehmer darf Wünsche anmelden.
- Nutzen Sie das vorhandene Beratungsangebot.
- Die Vermittlung von Arbeitsplätzen erfolgt immer passgenauer und schneller.
- Informatiker werden dringend benötigt.

Jede Karriere ist so einzigartig wie der Mensch, der dahinter steht. Kommen Sie aus Ihrer Komfortzone – da passiert nämlich nichts Außergewöhnliches –, fangen Sie an zu experimentieren und kommunizieren! Feilen Sie an Ihren Kompetenzen. Setzen Sie sich bewusst Ziele. Dann können Sie sich mit allen Kräften Ihrer Karriere zuwenden. Darauf kommt es heute an, um den entscheidenden Wettbewerbsvorsprung zu erhalten. Dafür brauchen Sie v. a. Mut, Energie, Durchhaltevermögen, Zuversicht und vielleicht auch das Quäntchen Glück, die richtigen Kontakte zur richtigen Zeit zu treffen.

Bauen Sie sich ein Netzwerk auf: Empfehlungen und Beziehungen sind der Schlüssel zum Erfolg. Engagieren Sie sich, und fordern Sie auch etwas zurück. Die Bilanz von »Geben und Nehmen« sollte ausgeglichen sein.

Legen Sie Ihrer Jobwahl stimmige Kriterien zugrunde, die Ihrem Innersten entsprechen. Es macht keinen Sinn, sich nur an äußeren Anforderungen zu orientieren. Dazu sollten Sie sich zunächst selbst besser kennenlernen: Denn je besser Sie sich einschätzen, desto stärker, fokussierter, mutiger und selbstbewusster werden Sie. Nutzen Sie die sieben Schritte zum persönlichen Erfolg:

1. Beschäftigen Sie sich mit Ihrer Persönlichkeit.
   Wer bin ich? Was macht mich aus? Woran glaube ich? Wie stelle ich mir meine Zukunft vor? Welche Ziele möchte ich erreichen?

2. Werden Sie sich Ihrer Stärken bewusst.
   Was bringe ich mit? Was kann ich schon? Was fällt mir schwer? Was möchte ich noch lernen?

3. Lernen Sie Selbstfreundlichkeit.
   Nehmen Sie sich so an, wie Sie sind. Vertrauen Sie auf Ihre Wahrnehmung, Instinkte und Fähigkeiten. Gehen Sie auch dann freundlich mit sich selbst um, wenn etwas nicht so läuft, wie Sie es gern hätten.

4. Rechnen Sie mit dem Besten.
   Entscheiden Sie sich, optimistisch in die Welt zu blicken. Entwickeln Sie realistische Visionen. Bedienen Sie sich dabei kreativer Techniken.

5. Nehmen Sie Hürden sportlich.
   Gehen Sie davon aus, dass Veränderungen in der heutigen Zeit zum Leben dazugehören. Sehen Sie Wachstumsprozesse nicht als Übel, sondern als notwendige Herausforderung.

6. Legen Sie Wert auf gute Beziehungen.
   Nicht nur für Ihr privates, sondern auch für Ihr berufliches Umfeld – stellen Sie sich die Frage: Wie fühle ich mich mit meinem Gegenüber? Es kommt auf die Qualität der Beziehung an, ähnliche Werte, ein Geben und Nehmen.

7. Suchen Sie sich bewusst einen Unterstützer.
   Große Ziele erreicht man häufig nicht allein – Suchen Sie sich einen Coach Ihres Vertrauens, um Ihre persönlichen Vorstellungen umzusetzen.

Für Ihre weitere Entwicklung wünsche ich Ihnen:

▶ Offenheit für neue Erfahrungen,
▶ außergewöhnliche Spezialisierungen und
▶ Authentizität als Erfolgsfaktor!

Abbildung 13.1: Smiley (www.morguefile.com, by dhester 2005)

Referenzen

1. Gabler Wirtschaftslexikon (2014), 6 Einzelbände (18. Auflage). Wiesbaden: Springer Gabler. Suche: »Karriere«.

2. BITKOM/Fraunhofer IAO (Hrsg.) (2014). *Industrie 4.0 – Volkswirtschaftliches Potenzial für Deutschland.* https://www.bitkom.org/Publikationen/2014/Studien/Studie-Industrie-4-0-Volkswirtschaftliches-Potenzial-fuer-Deutschland/Studie_Industrie_40.pdf. Abrufdatum: 06.04.2016.

3. Fischer, Margret (2016). *Wie Coaching Ihre Führungskommunikation verbessert. Neue Erkenntnisse als Schlüssel zum Unternehmenserfolg.* Saarbrücken: Akademiker.

4. Kurzlechner, Werner (2012). *IT-Jobs mit Zukunft* (Computerwoche, 2012). http://www.computerwoche.de/a/6-it-jobs-mit-zukunft,2496166. Abrufdatum: 06.04.2016.

5. Palme, Inga/Ljubic, Natascha (2014). *Social Media Manager im Beruf.* Merkers-Kieselback: NEPA.

6. Mai, Jochen: *Tipps für Karriere, Job und Bewerbung.* http://karrierebibel.de. Abrufdatum: 06.04.2016.

7. Böger, Tim/Bierbach, Philip: *Aktuelle Gehälter für alle Branchen.* http://www.gehalt.de. Abrufdatum: 06.04.2016.

8. Kontio, Carina (2014). *Gehaltsübersicht für 2015. Wie viel Ihr Chef Ihnen mehr zahlen sollte: Tabelle IT-Gehälter.* Handelsblatt (online). http://www.handelsblatt.com/unternehmen/beruf-und-buero/buero-special/gehaltsuebersicht-fuer-2015-tabelle-it-berufe/10752686-5.html. Abrufdatum: 06.04.2016.

9. Bouchard, Thomas J./McGue, Matt (2003). *Genetic and environmental influences on human psychological differences.* Journal of Neurobiology, 54, S. 4–45.

10. Shaver, Kelly/Scott, Linda (1991). *Person, Process, Choice: The Psychology of New Venture Creation.* Enterpreneurship Theory and Practice, Winter 1991, S. 23–45. http://www.cemi.com.au/sites/all/publications/Shaver%20and%20Scott%201991.pdf. Abrufdatum: 06.04.2016.

Referenzen

11 Grichnick, Dietmar/Brettel, Malte/Koropp, Christian/Mauer, René (2010). *Entrepreneurship. Unternehmerisches Denken, Entschieden und Handeln in innovativen und technologischen Unternehmungen.* Stuttgart: Schäfer-Poeschel.

12 Gabler Wirtschaftslexikon: A-Z : *die ganze Welt der Wirtschaft: Betriebswirtschaft, Volkswirtschaft, Recht, Steuern* (2001). Wiesbaden: Gabler. http://wirtschaftslexikon.gabler.de/Archiv/569839/soziale-medien-v4.html, Suche:»Freelancer«. Abrufdatum: 06.04.2016.

13 Beispiele für gestiegene IT-Nachfrage: Der Tagesspiegel, WBS Training (28.01.2016). *Bedarf an IT-Fachkräften um 15 Prozent gestiegen / WBS Training analysiert Stellenmarkt für IT-Berufe.* http://www.tagesspiegel.de/advertorials/ots/wbs-training-ag-bedarf-an-it-fachkraeften-um-15-prozent-gestiegen-wbs-training-analysiert-stellenmarkt-fuer-it-berufe/12890326.html. Abrufdatum: 06.04.2016.
Computerwoche, Ina Hönicke (27.05.2014). *Arbeitsmarkt für IT-Profis zieht spürbar an. Netzwerk-Admins und Berater heiß begehrt.* http://www.computerwoche.de/a/netzwerk-admins-und-berater-heiss-begehrt,3062057. Abrufdatum: 06.04.2016.

14 BITKOM (2015). *ITK-Arbeitsmarkt.* https://www.bitkom.org/Marktdaten/ITK-Arbeitsmarkt/index.jsp; »100.000 Freiberufler IT-Bereich«. Abrufdatum: 06.04.2016.

15 Gabler Wirtschaftslexikon: A-Z : *die ganze Welt der Wirtschaft: Betriebswirtschaft, Volkswirtschaft, Recht, Steuern* (2001). Wiesbaden: Gabler. http://wirtschaftslexikon.gabler.de/Archiv/569839/soziale-medien-v4.html, Suche:»Fremdwahrnehmung«. Abrufdatum: 06.04.2016.

16 Hesse, Jürgen/Schrader, Hans Christian (2014): *Das große Hesse/Schrader Bewerbungshandbuch: Alles, was Sie für ein erfolgreiches Berufsleben wissen müssen.* Freising: Stark.

17 Greif, Siegfried (2008). *Coaching und ergebnisorientierte Selbstreflexion: Theorie, Forschung und Praxis des Einzel- und Gruppencoachings.* Göttingen: Hogrefe.

18 Künzli, Hansjörg (2009). *Wirksamkeitsforschung im Führungskräftecoaching.* Organisationsberatung, Supervision, Coaching (OSC), 1, S. 1–15.

19 Weltgesundheitsorganisation WHO (1991). *Ziele zur »Gesundheit für alle«. Die Gesundheitspolitik für Europa.* Kopenhagen.

20 Fischer, Margret (in press). *Einsatz von Coaching in der Wirtschaft. Wie kann externes Führungskräfte-Coaching in Unternehmen wirken* (S. 255–263). In

Wegener, Robert/Deplazes, Silvia/Hasenbein, Melanie/Künzli, Hansjörg/ Uebelhart, Beat/Ryter, Annamarie (Hrsg.): Coaching als individuelle Antwort auf gesellschaftliche Entwicklungen. Wiesbaden: Springer.

21   Bundes Psychotherapeuten Kammer (2012). *BPtK-Studie zur Arbeitsunfähigkeit: Psychische Erkrankungen und Burnout*. *http://www.bptk.de/uploads/ media/20120606_AU-Studie-2012.pdf*. Abrufdatum: 06.04.2016.

22   Deutsches Ärzteblatt, PP, Heft 7, Juli 2012. *Psychische Erkrankungen, Burn-Out und Arbeitsunfähigkeit: Immer häufiger überfordert.* *http://www.aerzteblatt.de/archiv/127533/Psychische-Erkrankungen-Burn-Out-und-Arbeitsunfaehigkeit-Immer-haeufiger-ueberfordert*. Abrufdatum 06.04.2016.

23   K + S Aktiengesellschaft (Hrsg.) (2014). *Nachhaltigkeitsbericht 2014. Kassel.* Online erhältlich unter: *http://www.k-plus-s.com/de/pdf/2014/nb2014.pdf*. Abrufdatum 06.04.2016.

24   Karl, Dorothee/Fischer, Margret (2013). *Prevention and Communication: A Most Effective Tailored Treatment Strategies for Burnout*. In Bährer-Kohler, Sabine (Hrsg.), Burnout for Experts. Prevention in the Context of Living and Working (S. 185–200). New York, Heidelberg: Springer.

25   Antonovsky, Aaron (1985). *Health, Stress and Coping*. San Fransisco: Jossey Bass.

26   Bandura, Albert/Walters, Richard H. (1970). *Social Learning and personality development*. London (u. a.): Holt, Rinehart and Winston.

27   Bährer-Kohler, Sabine (Hrsg.), *Burnout for Experts. Prevention in the Context of Living and Working*. New York, Heidelberg: Springer.

28   Rosenberg, Marshall B. (2012). *Gewaltfreie Kommunikation: Eine Sprache des Lebens* (10. Auflage) *Paderborn:* Junfermann

29   Rogers, Carl R. (1993). *Der neue Mensch*. (5. Auflage). Stuttgart: Klett-Cotta.

30   Fischer-Epe, Maren (2011). *Coaching: Miteinander Ziele erreichen*. (4. Auflage). Reinbek: Rowohlt.

31   Rohrschneider, Uta/Friedrichs, Sarah/Lorenz, Michael (2010). *Erfolgsfaktor Potenzialanalyse: Aktuelles Praxiswissen zu Methode und Umsetzung in der modernen Personalentwicklung*. Wiesbaden: Springer Gabler.

32   Hossiep, Rüdiger/Mühlhaus, Oliver (2015). *Personalauswahl und -entwicklung mit Persönlichkeitstests* (2. Auflage). Göttingen: Hogrefe.

33 Asendorpf, Jens B./Neyer, Franz J. (2012). *Psychologie der Persönlichkeit* (5. Auflage). Berlin: Springer.

34 Costa, Paul T./McCrae, Robert R. (1987). *Validation of the five-factor model of personality across instruments and observers.* Journal of Personality and Social Psychology, 52, S. 81–90.

35 Stiftung Warentest (2014). *Persönlichkeitstests im Internet.* Online-Testbericht 07/14. https://www.test.de/Persoenlichkeitstests-im-Internet-Was-bin-ich-4727586-4730411/. Abrufdatum: 06.04.2016.

36 Satow, Lars (2011). *Improvements in Recruitment Processes: Selection of Employees with Online Tests and the Big Five Personality Model.* http://nbn-resolving.de/urn:nbn:de:0168-ssoar-268593 Abrufdatum: 06.04.2016.

37 Dauth, Georg (2012). *Führen mit dem DiSG* (3. Auflage). Offenbach: Gabal.

38 Rogers, Carl R. (1993). *Der neue Mensch* (5. Auflage). Stuttgart: Klett-Cotta.

39 Harter, Susanne (2002). *Authenticity.* In Snyder, Charles. R./Lopez, Steve J. (Eds.), Handbook of positive psychology (pp. 382-394). Oxford, England: Oxford University Press.

40 Kernis, Michael H./Goldman, Brian M. (2006). *A multicomponent conceptualization of authenticity. Theory and research.* Advances in experimental Social Psychology, 38, S. 283–357.

41 Limberger, Yasemine (2013). *IT-Survival Guide. Karriere- und Alltagsratgeber für die IT-Branche.* Frankfurt a. M.: entwickler.press.

42 Bensberg, Frank/Vogel, Daniel (2013). *IT-Kompetenzbarometer – Was der Arbeitsmarkt von IT-Fachkräften erwartet.* In e-learning & education (eleed), Iss. 9.

43 Wirtz, Markus A. (Hrsg.) (2014). *Dorsch – Lexikon der Psychologie* (17. Auflage). Bern: Huber, Suche: »Selbstkonzept«. Abrufdatum 06.04.2016.

44 Fischer, Margret (2014). *Wirkung von Personzentriertem Coaching auf die Führungskommunikation in Unternehmen.* Gesprächspsychotherapie und Personzentrierte Beratung, 1, S. 30-37.

45 Malik, Fredmund (2014). *Führen Leisten Leben: Wirksames Management für eine neue Welt.* Frankfurt, New York: Campus Verlag.

46 Goleman, Daniel (2007). *EQ. Emotionale Intelligenz* (19. Auflage). München: dtv.

47 Bruck, Walter/Weber, Susanne (2000). *Appreciative Inquiry Summit – der nächste Schritt in der Evolution der Großgruppenarbeit.* In: Königswieser, Roswitha/Keil, Marion (Hrsg.), Das Feuer großer Gruppen. Konzepte, Designs, Praxisbeispiele für Großgruppenveranstaltungen (S. 164–178). Stuttgart: Klett-Cotta.

48 Hogrefe, Glossar: *Differenzielle Psychologie.* *http://www.hogrefe.de/buecher/lehrbuecher/psychlehrbuchplus/lehrbuecher/ differentielle-psychologie-persoenlichkeitstheorien/glossar/.* Suche: »Fremdeinschätzung«. Abrufdatum: 06.04.2016.

49 Knobbe, Thorsten/Leis, Mario (2002). *Arbeitszeugnisse.* München: Gräfe und Unzer.

50 Peterson, Christopher, & Seligman, Martin E. P. (2004). *Character strengths and virtues: A handbook and classification.* New York: Oxford University Press. Washington, DC: American Psychological Association.

51 Gabler Wirtschaftslexikon (online). Suche: »Arbeitsplatzanalyse«. Abrufdatum: 06.04.2016.

52 Reichel, René/Rabenstein, Reinhold (2001). *Kreativ beraten.* Münster: Ökotopia.

53 Moritz Förster (2014). BITKOM: *Viele Berufstätige arbeiten im Home Office* (IX – Magazin für professionelle Informationstechnik). *http://heise.de/-2265241.* Abrufdatum: 06.04.2016.

54 Kastenholz, Laura (2015). *ITK-Studie: Deutscher ITK-Markt – Wachstumsprognose für 2015.* Im Interview: Herr Prof. Kempf, Präsident der BITKOM. Abgerufen unter *https://webmagazin.de/e-business/deutscher-itkmarkt-einewachstumsprognose-fuer-2015-41550000.* Abrufdatum: 06.04.2016.

55 BITKOM (2015). *Deutscher ITK-Markt wächst um 1,5 Prozent.* *https://www.bitkom.org/Presse/Presseinformation/Deutscher-ITK-Marktwaechst-um-15-Prozent.html.* Abrufdatum: 06.04.2016.

56 Konjunkturbarometer der BITKOM. *https://www.bitkom.org/Marktdaten/ITK-Konjunktur/index.jsp.* Abrufdatum: 06.04.2016.

57 eco Trend Report 2020: *100 Experten aus der IT- Branche befragt* (eco/euromarcom pr GmbH, 2014). *https://www.eco.de/wp-content/blogs.dir/eco-trend-report-2020.pdf.* Abrufdatum: 06.04.2016.

58 Gartner Inc. (2014). *Gartner Identifies the Top 10 Strategic Technology Trends for 2015.* http://www.gartner.com/newsroom/id/2867917. Abrufdatum: 06.04.2016.

59 Gartner Inc. (2014). *Top 10 Strategic Predictions for 2015 and beyond.* http://www.gartnerinfo.com/exp/top_10_strategic_predictions_269904.pdf. Abrufdatum: 06.04.2016.

60 Weinert, Ansfried B. (1992): *Lehrbuch der Organisationspsychologie* (3. Auflage). Weinheim: Psychologie Verlags Union.

61 von Rosenstiel, Lutz (2000). *Grundlagen der Organisationspsychologie* (4. Auflage). Stuttgart: Schäffer- Poeschel.

62 Rothlin, Phillippe/Werder, Peter R. (2007): *Diagnose Boreout: Warum Unterforderung im Job krank macht.* München: Redline.

63 Mast, Claudia (2006): *Unternehmenskommunikation* (2. Auflage). Stuttgart: Lucius&Lucius.

64 European Communication Monitor (2014). *Trends in communication management and public relations.* Brüssel: Chart version (*www.communicationmonitor.eu*). Abrufdatum: 06.04.2016.

65 Schick, Siegfried (2010). *Interne Unternehmenskommunikation.* Stuttgart: Schäffer-Poeschel.

66 Sawetz, Josef (2015). *Kommunikations- und Marketingpsychologie. Medien, Konsum, Individuum, Kollektivitat: Grundlagen kommunikativer und persuasiver Prozesse aus Psychologie, Neurowissenschaften, Evolutionsbiologie, Systemtheorie und Semiotik* (7. Auflage). Wien: personalexpert.

67 Watzlawick, Paul/Beavin, Janet H./Jackson, Don D. (1969). *Menschliche Kommunikation. Formen, Störungen, Paradoxien.* Bern: Hans Huber.

68 Shannon, Claude E./Weaver, Warren (1949). *The mathematical theory of communication.* University of Illinois Press, Urbana Champaign.

69 Schulz von Thun, Friedemann (2009 a): *Störungen und Klärungen : allgemeine Psychologie der Kommunikation* (Bd. 17489: Reihe rororo-Sachbuch). Reinbek: Rowohlt.

70 Schulz von Thun, Friedemann (2009 b): *Stile, Werte und Persönlichkeitsentwicklung, differentielle Psychologie der Kommunikation* (Bd. 18496: Reihe rororo-Sachbuch). Reinbek: Rowohlt.

71 Gesellschaft für Personzentrierte Psychotherapie und Beratung: *http://www.gwg-ev.org*. Abrufdatum: 06.04.2016.

72 Online-Lexikon der Psychologie und Pädagogik, *http://lexikon.stangl.eu/10551/konfliktfaehigkeit/*. Suche: »Konfliktfähigkeit«. Abrufdatum: 06.04.2016.

73 Fischer-Epe, Maren/Epe, Claus (2007). *Selbstcoaching: Hintergrundwissen, Anregungen und Übungen zur persönlichen Entwicklung*. Reinbek: Rowohlt.

74 Glasl, Friedrich (2009). *Konfliktmanagement. Ein Handbuch für Führungskräfte, Beraterinnen und Berater*. Bern (u .a.): Haupt.

75 Erster Arbeitskreis Social Media B2B-Kommunikation (2014). Ergebnisse der 4. Studie: B2B und Social Media – »Winning Team« oder unvereinbare Gegensätze? *http://www.ak-socialmedia-b2b.de/wp-content/uploads/2014/09/Management_Summary_2014.pdf/*. Abrufdatum: 17.03.2016.

76 Witte, Christoph (2016). Blog »IT-Rebellen«. *http://it-rebellen.de*. Abrufdatum: 16.03.2016.

77 BITKOM (2015). *Jeder Fünfte nutzt soziale Netzwerke als Nachrichtenquelle*. *https://www.bitkom.org/Presse/Presseinformation/Jeder-Fuenfte-nutzt-soziale-Netzwerke-als-Nachrichtenquelle.html*. Abrufdatum: 09.02.2016.

78 Screenshot Xing am Beispiel der Xing-Gruppe »IT-Connection« 9/2013. Impressum XING. *https://www.xing.com/imprint*. Abrufdatum: 17.01.2016

79 Winter, Cornelia (16.01.2013). Gesellschaft für Informatik e. V. *Datenschutzfeindliche soziale Netzwerke besser meiden*. *https://www.gi.de/index.php?id=3740&tx_ttnews[tt_news]=1588&cHash=141548e20c6cbc1bf2ddc1b16c897d9a*. Abrufdatum 06.04.2016.

80 Tagesschau (11.02.2016), *Twitter legt Quartalszahlen vor. Weniger Nutzer und rote Zahlen*. *http://www.tagesschau.de/wirtschaft/twitter-quartal-101.html*. Abrufdatum: 06.04.2016.

81 Screenshot *Twitter am Beispiel Bill Gates* 10/2014.

82 Screenshot *Klout am Beispiel Marc Andreesen* 10/2014.

83 Bill Gates im Interview: »Warren Buffett and Bill Gates: Keeping America Great«. US-Sender CNBC (12.11.2009).

84 Steve Jobs, Apple-Kampagne »Think Different« (1997).
85 Frei übersetzt nach Steve Jobs' Stanford Commencement Address (2005).
86 The Apple History Channel, Steve Jobs Stanford Commencement Speech (2005). https://www.youtube.com/watch?v=D1R-jKKp3NA. Abrufdatum: 06.04.2016.
87 Pressestimmen zu Steve Jobs: Die autorisierte Biografie des Apple-Gründers. http://buch2016.com/3442744911/Steve-Jobs-autorisierte-Biografie-Apple-Gr%C3%BCnders.html. Abrufdatum: 06.04.2016.
88 Sheahan, Dave (2007). Youtube: *Motivational - Bill Gates Speech at Harvard (2007)*. https://www.youtube.com/watch?v=iADTpgRXYrk. Abrufdatum: 06.04.2016.
89 Hasso-Plattner-Institut (2015). Hasso Plattner verknüpft Wirtschaft und Wissenschaft: http://hpi.de/das-hpi/stifter.html. Abrufdatum: 06.04.2016.
90 Peymani, Bijan (2008). *Wieder universaler denken.* (PDF; 644 kB) Zeitverlag, 20. November 2008. (Anzeige/Interview).
91 Hasso-Plattner-Institut (2014). Youtube-Kanal HPI, 17.01.2014, https://www.youtube.com/watch?v=-8Anep2t9EM&feature=youtu.be, Aufrufdatum 01.02.2016.
92 Kröher, Michael O. R./ Müller, Eva (2006). Interview – »*Die Welt erobern«: Deutschland mangelt es an ambitionierten Unternehmern.* manager magazin, 5, S. 144–153.
93 Vaske, Heinrich/Mesmer, Alexandra/Freimark, Alexander (2011). *Top 100 – Das Computerwoche Ranking, Die bedeutendsten Persönlichkeiten in der deutschen IT.* IDG Business Media.
94 Vogt, Fabian (2015). *Die 20 reichsten IT-Persönlichkeiten der Welt* (Computerworld.ch). http://www.computerworld.ch/news/it-branche/artikel/die-reichsten-it-unternehmer-der-welt-67435/. Abrufdatum: 17.03.2016.
95 Bandura, Albert (1997). *Self-efficacy.* New York: W.H. Freeman and Company.
96 Knörzer, Wolfgang/Amler, Wolfgang/Rupp, Robert (2011). *Mentale Stärke entwickeln. Das Heidelberger Kompetenztraining in der schulischen Praxis.* Weinheim, Basel: Beltz.

97 Dilts, Robert (2006). *Die Veränderung von Glaubenssystemen: NLP-Glaubensarbeit* (6. Auflage). Paderborn: Junfermann.

98 Winter, Uta/Lindemann, Gerhard (2003). *Berufsstart und Karriere in IT-Branche und Medien.* Bielefeld: W. Bertelsmann.

99 Abdelhamid, Michaela/Buschmann, Dirk/Kramer, Regine/Reulein, Dunja/Wettlaufer, Ralf/Zwick, Volker (2010). *Berufs- und Karriere-Planer IT und e-business* 2010. Wiesbaden: Gabler.

100 Gesellschaft für Informatik (2005). *Positionspapier: Was ist Informatik?* https://www.gi.de/themen/was-ist-informatik.html. Abrufdatum: 17.03.2016.

101 Schmidt, Kirstin (2015). *Das sind Deutschlands beste Unis. Hochschulranking: Die Top Ten der deutschen Universitäten.* http://www.wiwo.de/erfolg/campus-mba/hochschulranking-die-top-ten-der-deutschen-universitaeten/12071228.html. Abrufdatum: 17.03.2016.

102 Schmidt, Kirstin (2015). *Das sind Deutschlands beste Unis. Hochschulranking: Die Top Ten der deutschen Universitäten.* http://www.wiwo.de/erfolg/campus-mba/hochschulranking-die-top-ten-der-deutschen-universitaeten/12071228.html. Abrufdatum: 17.03.2016.

Bildnachweise

Nutzungsrecht mir freundlicher Genehmigung von:

- ▶ BITKOM
  Abbildung 2.7, 6.1 bis 6.4, 6.6, 12.2, 12.4
- ▶ Statista
  Abbildung 1.1, 2.3, 2.4, 3.2, 6.5, 12.5
- ▶ King University
  Abbildung 2.1
- ▶ PersonalMarkt Services GmbH
  Abbildung 2.2
- ▶ Gulp
  Abbildung 2.5
- ▶ Twago
  Abbildung 2.6
- ▶ Morguefile
  Abbildung 5.2, 8.8, 13.1
- ▶ ManpowerGroup
  Abbildung 6.7
- ▶ IT-Rebellen
  Abbildung 8.2
- ▶ Leverage New Age Media
  Abbildung 8.1
- ▶ LinkedInsiders
  Abbildung 8.4
- ▶ Berufsziel Social Media
  Abbildung 8.9

Allen Interviewpartnern herzlichen Dank für die Überlassung Ihrer Portraits.

Abkürzungsverzeichnis

AIFB	Institut für Angewandte Informatik und Formale Beschreibungsverfahren
B2B	Business-to-Business
B2C	Business-to-Customer
B5T	Big-Five-Persönlichkeitstest
BIP	Bochumer Inventar zur berufsbezogenen Persönlichkeitsbeschreibung
BITKOM	Bundesverband Informationswirtschaft, Telekommunikation und neue Medien e. V.
BVMW	Bundesverband mittelständischer Wirtschaft
BWL	Betriebswirtschaftslehre
CE	Consumer Electronics
CEO	Chief Executive Officer
CIO	Chief Information Officer
DV	Datenverarbeitung
GI	Gesellschaft für Informatik e. V.
HPI	Hasso-Plattner-Institut
ICD	International Statistical Classification of Diseases and Related Health Problems
IHK	Industrie- und Handelskammer
IK	Informatik
IPS	Internal Positioning Systems
IT	Informationstechnik
ITK	Informations- und Telekommunikationsbranche
KfW	Kreditanstalt für Wiederaufbau
KIT	Karlsruher Institut für Technologie
RKW	Rationalisierungs- und Innovationszentrum der Deutschen Wirtschaft
RWTH	Rheinisch-Westfälische Technische Hochschule
Tech	Technology
TU	Technische Universität
WHO	World Health Organization

Die E-Book-Flatrate für unsere
digitale SAP-Bibliothek

Mobil, flexibel und praxisnah!

Mehr Informationen unter:
http://onleihe.espresso-tutorials.com

Sie haben das Buch gelesen und sind mit unserem Werk zufrieden? Bitte schreiben Sie uns eine Rezension!

Unser Newsletter	
	Wir informieren Sie über Neuerscheinungen und exklusive Gratisdownloads in unserem Newsletter. Melden Sie sich noch heute an unter *http://newsletter.espresso-tutorials.com*

A Die Autorin

Margret Fischer unterstützt als selbstständiger Coach und Personalentwicklerin Menschen sowie Unternehmen in Veränderungs- und Entwicklungsprozessen. Die studierte Volkswirtin und Kommunikationswissenschaftlerin blickt auf zehn Jahre Führungserfahrung als Organisations- und Bereichsleiterin eines großen Konzerns im Bereich Gesundheitswesen zurück.

2003 gründete sie ihr eigenes Unternehmen echt. coaching®, wo sie Kunden mit ihrer Coachingmethode schnell und praxisnah zu den gewünschten individuellen Zielen führt. Neben Einzel- und Unternehmensbegleitung bietet Margret Fischer regelmäßig Seminare und Vorträge zu Themen wie z. B. Führungskommunikation, Entrepreneurship und Burn-out-Prävention an. Sie ist 1. Vorsitzende der Deutschen Coaching Gesellschaft (DCG) e. V., bildet andere Coaches aus und hat zudem Lehraufträge für Marketing und Kommunikation. In ihre Tätigkeiten fließen interdisziplinäre Fähigkeiten aus Wirtschaft, Kommunikation, Psychologie und praktischer Führungserfahrung ein.

Nehmen Sie gerne Kontakt auf: *info@coaching-heidelberg.de*

http://www.coaching-heidelberg.de
http://www.echt-coachingausbildung.de
http://www.decg.de
Internetseite zum Buch: *www.fit-itkarriere.de*

B Index

A

Absolventen 11, 30, 84, 117, 161, 195, 221, 234
Affirmationen 216
Akquise 199, 211
Akzeptanz 149
Angestelltenverhältnis 38, 44
Anschreiben 32, 199
Appearoo *Siehe* soziale Medien
Arbeitgeber 204
Arbeitszeugnis 106
Arbeitszufriedenheit 37, 129
Ausbildung 96, 229
Ausstrahlung 138, 210
Authentizität 58, 83, 144, 240

B

Bedürfnisse 32, 84, 129, 191
Bewerbung 32, 57, 106, 138
BITKOM 46, 117, 122
Bodyleasing 46
Bore-out 133
Burn-out 61, 133
   Resilienz 186
   Schutzfaktoren 64
   Stressempfindung 110
   Stressresistenz 40
Business-Plan 43, 52, 53

C

Coaching 55, 60
   Selbstcoaching 65

D

Digitalisierung 117, 121, 189, 191, 240

E

Empathie 149
Entscheidungsschwierigkeiten 21
Entwicklung der deutschen IT-Branche 189, 191, 240
Erfolg 103, 181, 191, 240
   Misserfolg 110
   externe Faktoren 130

F

Facebook *Siehe* soziale Medien
Fähigkeiten 49, 75, 91, 96, 133, 144, 240
Feedback 109
Frauen in der IT 240
Fraunhofer-Institut 16, 236
Freiraum 65
Führung 49, 101, 195

G

Gehaltsverhandlung 33
Generation Y 49
Gesellschaft für Informatik 170, 232, 237
Glaubenssätze 215
Globalisierung 191
Google+ *Siehe* soziale Medien

H

Hard Skills 91, 96
Hindernisse 21, 213

I

Industrie 4.0 120, 195
Informatik 16, 187, 189, 231, 232, 237

Informations- und
Telekommunikationsbranche 16, 17, 119, 189, 195, 225
interne Faktoren 129
IT 16, 27, 49, 125, 240
IT-Arbeitgeber 225
IT-Arbeitsmarkt 27, 122
IT-Arbeitsplatz 17, 115
  Arbeitsplatzanalyse 115
  digitaler Arbeitsplatz 117
IT-Berufe 235
  App-Entwickler 28
  Business-Architekt 28
  Cloud-Architekt 28
  Daten-Wissenschaftler 28
  Geschäftsführer 35
  IT-Leiter 35
  Mobile-Experte 28
  Social Media Manager 30
  Social-Media-Architekt 28
IT-Blogs 227
IT-Experten 11, 16, 30, 46, 92, 95, 122, 161, 195, 197
ITK-Branche Deutschland 118
  Consumer Electronics 118
  Informationstechnik 118
  Telekommunikationsdienste 118
IT-Kompetenzbarometer 96
IT-Persönlichkeiten 181

J

Jobbörsen 225
  Metajobbörsen 223
Jobsuche 160, 195, 219

K

Kaltakquise 199
Karriere-Coaching 55, 57
Karrierepotenzial 75

Kommunikation 30, 68, 80, 95, 135, 137, 155, 191, 240
  Gesprächsführung 146
  Kommunikationsentwicklung 145
  Kommunikationsmodell 139
  Kommunikationspsychologie 137
  Kommunikationsschulung 143
Kompetenzen 17, 75, 91, 102, 133
  fachliche Kompetenz 94
  methodische Kompetenz 96
  persönliche Kompetenz 97
  Selbstwirksamkeitserwartung 209
  soziale Kompetenz 76, 98, 106, 197
Konfliktfähigkeit 150
  Eskalationsstufen 152
Konfliktregulierung 152
Kongruenz *Siehe* Authentizität

L

lebenslanges Lernen 31
Lebenslauf 32, 33, 54, 165, 205
  Foto 32
LinkedIn *Siehe* soziale Medien

M

Matching 49, 221, 223
Mikroblogging 171
Motivation 130, 131

N

Netzwerken 92, 240

O

Offenheit für Erfahrungen 78, 80, 143, 181, 185

P

Personalführung 48
Persönlichkeit 17, 75, 77, 97, 151, 203
  Persönlichkeitsentwicklung 82, 143

Persönlichkeitstest 78
Personzentrierter Ansatz 68
Pinterest *Siehe* soziale Medien
Privates Umfeld 22, 84, 159
Projektanbieter 46

Q

Quereinsteiger 11, 91, 195, 230

S

SAP 35, 39, 95, 187, 188, 190, 191, 240
Selbsterfahrung 144
Selbstkommunikation 145
Selbstkonzept 98, 149
   Selbstbewusstsein 21, 209
   Selbstdarstellung 202
   Selbstverwirklichung 98
   Selbstwahrnehmung 98, 143, 148
Selbstmarketing 33, 199
Selbstständigkeit 38, 44, 46
   Contracting 220
   Freelancer 41, 46, 49
   Freiberufler 41, 220
   Projektarbeit 46
Situationsanalyse 22
Skype 159
Social Media *Siehe* soziale Medien
Soft Skills 15, 41, 59, 76, 91, 96, 102, 206, 221
soziale Medien 136, 155
   Appearoo 174
   Blogs 163
   Facebook 169
   Google+ 174
   LinkedIn 167
   Pinterest 174
   Shitstorm 30
   Twitter 171
   Xing 165

YouTube 173
Standortbestimmung 18, 20
Stärken 91, 111, 133, 187, 206
Schwächen 111
Studium 231, 237
   Duales Studium 235
   Hochschulen 231
   Studierfähigkeitstest 235

T

Tech-Hochburgen 35
Twitter *Siehe* soziale Medien

V

Vernetzung 16, 35, 99, 117, 155, 191, 240
Vorbild 208
Vorstellungsgespräch 202, 204
   Elevator Pitch 202

W

Warmakquise 199
Werte 84, 191

X

Xing *Siehe* soziale Medien

Y

Youtube *Siehe* soziale Medien

Z

Zeitmanagement 70
Zeugnis 32
Ziele 87, 132
Zufriedenheits-Radar 71
Zukunftsprognosen 124, 125, 177
Zukunftsvision 89, 206

C Disclaimer

Die in diesem Werk wiedergegebenen Gebrauchsnamen, Handelsnamen, Warenbezeichnungen usw. können auch ohne besondere Kennzeichnung Marken sein und als solche den gesetzlichen Bestimmungen unterliegen. Sämtliche in diesem Werk abgedruckten Bildschirmabzüge unterliegen dem Urheberrecht der SAP SE, Dietmar-Hopp-Allee 16, 69190 Walldorf.

In dieser Publikation wird auf Produkte der SAP SE Bezug genommen. SAP, R/3, SAP NetWeaver, Duet, PartnerEdge, ByDesign, SAP BusinessObjects Explorer, StreamWork und weitere im Text erwähnte SAP-Produkte und Dienstleistungen sowie die entsprechenden Logos sind Marken oder eingetragene Marken der SAP SE in Deutschland und anderen Ländern. Business Objects und das Business-Objects-Logo, BusinessObjects, Crystal Reports, Crystal Decisions, Web Intelligence, Xcelsius und andere im Text erwähnte Business-Objects-Produkte und Dienstleistungen sowie die entsprechenden Logos sind Marken oder eingetragene Marken der Business Objects Software Ltd. Business Objects ist ein Unternehmen der SAP SE. Sybase und Adaptive Server, iAnywhere, Sybase 365, SQL Anywhere und weitere im Text erwähnte Sybase-Produkte und -Dienstleistungen sowie die entsprechenden Logos sind Marken oder eingetragene Marken der Sybase Inc. Sybase ist ein Unternehmen der SAP SE. Alle anderen Namen von Produkten und Dienstleistungen sind Marken der jeweiligen Firmen. Die Angaben im Text sind unverbindlich und dienen lediglich zu Informationszwecken. Produkte können länderspezifische Unterschiede aufweisen.

Der SAP-Konzern übernimmt keinerlei Haftung oder Garantie für Fehler oder Unvollständigkeiten in dieser Publikation. Der SAP-Konzern steht lediglich für Produkte und Dienstleistungen nach der Maßgabe ein, die in der Vereinbarung über die jeweiligen Produkte und Dienstleistungen ausdrücklich geregelt ist. Aus den in dieser Publikation enthaltenen Informationen ergibt sich keine weiterführende Haftung.

Weitere Bücher von Espresso Tutorials

Peter Niemeier:

Schnelleinstieg ins SAP®-Finanzwesen (FI)

- ▶ Grundlagen der Buchhaltung
- ▶ Buchungsbeispiele für Haupt-, Debitoren und Kreditorenbuchhaltung
- ▶ Organisationseinheiten in der Anlagenbuchhaltung
- ▶ Zahlreiche Übungsaufgaben

http://5041.espresso-tutorials.com

Andreas Unkelbach, Martin Munzel:

Schnelleinstieg ins SAP® Controlling (CO)

- ▶ Gemeinkostencontrolling (CO-OM)
- ▶ Produktcostencontrolling (CO-PC)
- ▶ Ergebnis- und Marktsegmentrechnung (CO-PA)
- ▶ Profitcenter-Rechnung (EC-PCA)

http://4004.espresso-tutorials.com

Claudia Jost:

Schnelleinstieg in die SAP®-Einkaufsprozesse (MM)

- ▶ Stammdaten, Bestellanforderung und Wareneingang im Kontext
- ▶ Durchgängiges, nachvollziehbares Beispiel mit vielen Screenshots
- ▶ SAP-MM-Hauptprozess verständlich erklärt

http://5004.espresso-tutorials.com

Christine Kühlberger:

Schnelleinstieg in die SAP®-Vertriebsprozesse (SD)

▶ Darstellung des Vertriebsprozesses anhand eines durchgängigen Beispiels

▶ Überblick über die Organisationseinheiten im Vertrieb

▶ Erläuterung der wesentlichen Stammdaten

▶ Anlegen von Auswertungen

http://5093.espresso-tutorials.com

Björn Weber:

Schnelleinstieg in die SAP®-Produktionsprozesse (PP)

▶ Stammdaten, Mengenbedarfsplanung und Fertigungsaufträge im Kontext

▶ Durchgängiges, nachvollziehbares Beispiel mit vielen Screenshots

▶ SAP-MM-Hauptprozess verständlich erklärt

http://5005.espresso-tutorials.com

Dr. Boris Rubarth:

Schnelleinstieg in ABAP®

▶ Schritt-für-Schritt-Anleitungen für Anfänger

▶ Hilfen für Ihre erste eigenen ABAP-Anwendung

▶ Nachvollziehbare Erläuterungen und Code-Beispiele

▶ Tipps und Tricks für das Programmieren in ABAP

http://5033.espresso-tutorials.com